P2P网络借贷的实务与法律分析

王 勇◎著

Practice and Legal Analysis of P2P

解读P2P网络借贷法律争议的最新著作
为您的投资保驾护航

人民出版社

序

  以 P2P 网络借贷为代表的互联网金融已经成为了民众的日常投资领域。这项金融领域的创新形式在给我国金融系统注入活力的同时,也给我国的规范、政策制定者与适用者带来了巨大挑战。因此正如本书研究思路所示,很有必要对我国的 P2P 网贷进行全局性的回顾、研究和反思。为此,本书选取了历史发展、问题与现状、刑事风险与刑法规制、民法规制和金融行政法规制五个具有代表性的问题领域来探讨 P2P 网贷模式发展过程中所出现的问题与应对措施,行文严谨、内容翔实。

  我国 P2P 网贷是在经济发展水平仍然较低、监管相对宽松、没有完善征信系统、民众习惯刚性兑付的环境下发展起来的,对其规模应予以严格控制。早在 2015 年年初笔者便呼吁,我国目前尚不适合大规模发展 P2P,而应压缩规模、出台监管办法,让 P2P 网贷回归小规模、普惠的定位,以及与价值链、金融链、产业链相结合的现实方向。笔者在发表于《中国社会科学》2015 年第 4 期的《互联网金融的法律规制——基于信息工具的视角》一文中亦提出应对 P2P 网贷等互联网金融行业实行审慎监管,完善市场准入制度,根据 P2P 网贷平台的法律地位确立其市场准入机制,包括最低注册资本金、风险资本金和风险预警系统等要求。

  然而由于法律的滞后性与监管的缺位,我国 P2P 网贷行业在发展初期"野蛮生长",平台良莠不齐,非法吸收公众存款、集资诈骗、挪用侵占备付金等刑事风险挥之不去,直至出现 P2P 网贷平台大规模逾期、"跑路"、倒闭的"爆雷潮"。从 2007 年我国第一家小额借贷网站成立,到 2018 年监管逐步落地、全国各地出现一轮又一轮的"爆雷潮",从而捏碎 P2P 网贷行业的泡沫竟然整整经历了 11 年。目前,P2P 网贷平台合规检查及备案工作正分批次进行,存量平台持续出清,行业正进入"良币驱逐劣币"的发展阶段。这些事实恰好印证了笔者上述观点的正确性,即合理控制 P2P 网贷行业规模,实施审慎监管,完善市场准入。

面对金融创新,监管者及时出面划定合规界限是十分必要的。互联网金融风险专项整治工作和 P2P 网络借贷风险专项整治工作开展以来,P2P 网贷行业总体风险水平显著下降,监管制度机制逐步完善,体现了监管者力图在金融模式创新与行业健康发展之间取得平衡,这是值得嘉许的。但是,监管者在弥补过去监管缺位的过程中或多或少地出现了"划指标""一刀切"等不适当做法,适应互联网金融特点的监管体制机制仍有待进一步完善。2018 年 6 月发生的"爆雷潮"或许让监管部门感到芒刺在背,但优胜劣汰是所有行业发展必须遵循的规律,不能因为短时间内出现问题就一味地否认它甚至打压它,而应转变监管思路。

笔者在《互联网金融的法律规制——基于信息工具的视角》一文中曾提出,面对我国现行管制型立法对互联网金融信用风险规制失灵,催生刚性兑付和过度依赖担保,抑制竞争且加剧信息不对称的种种弊端,监管者应重新厘定信息工具范式,发挥信息工具之风险预警作用。与之相承,笔者在发表于《中国社会科学》2018 年第 5 期的《监管科技:金融科技的监管挑战与维度建构》一文中进一步将监管者应用信息工具发展为监管科技,即在传统金融监管维度之外加之以科技维度,形成双维监管体系,以技术驱动型的监管思路应对金融科技发展对金融监管的挑战,采用与金融科技发展相匹配的科技驱动型监管模式回应金融科技监管的特殊性,以契合金融科技创新的技术性本质特征。这种监管思路转变亦是应对 P2P 网贷平台拥抱金融科技的应有之义。

法律规制对金融创新所应干预的边界如何划定? 监管如何做到更加有效率? 这些都是学界今后在对金融创新法律规制的研究中需要进一步探讨和解决的问题。

总而言之,本书对 P2P 网贷法律规制问题的研究是值得赞赏的。本书结合了理论和实务,内容十分具有可读性,有关章节对 P2P 网贷平台的相关法律实务具有指导性和启发性,特此推荐。

是为序。

杨 东

中国人民大学法学院教授

目　录

引　言

根据2016年8月中国银监会、工业和信息化部、公安部、国家互联网信息办公室联合发布的《网络借贷信息中介机构业务活动管理暂行办法》,P2P(Peer-to-Peer Lending)网络借贷是一种依托于网络而形成的新型金融服务模式,性质上属于小额民间借贷,其方式灵活、手续简便,为个人提供了新的融资渠道和融资便利,是现有银行体系的有益补充。我国P2P网络借贷未来的发展面临着个人信用体系不健全、相关法律法规缺失和行业自律性较差等障碍。作为一项金融创新,P2P网络借贷在发展初期遇到一些问题难以避免,在对其进行规范的同时,应给予其一定的发展空间。

2007年我国第一家小额借贷网站成立后,多家P2P网络借贷平台如雨后春笋般相继涌现,并呈现出交易规模日益放大、影响范围渐趋广泛的发展态势,形成了以拍拍贷、宜信、红岭创投为代表的三种不同模式的P2P网络借贷平台。相对于传统银行借贷,P2P网贷投资具有门槛低、收益高、期限灵活的特点,尤其因为高收益而备受广大投资者青睐,作为一种新的主流理财选择,逐步渗透到普通大众的日常投资。基于此,短短数十年内,P2P网贷投资群体日益庞大,市场规模与日俱增。2017年我国P2P网贷投资总人数已突破2000万;截至2017年年末,行业累计成交量60091.23亿元,突破6万亿元大关,同比上升88.68%,整体发展态势强劲。

　　与市场高速发展相脱节的是投资者对 P2P 网贷知识的匮乏,普通投资者缺乏平台识别和风险判断能力,因此在投资决策上也处于被动地位,很难作出理性的投资抉择,由此滋生了网贷行业乱象丛生。近两年来,伴随行业监管政策的出台与落实,大量问题平台倒闭或"跑路"。2017 年正常运营的 P2P 网贷平台数量从 8000 家骤减至不到 2000 家。不少投资人损失惨重,因此形成对 P2P 网贷平台违法的误解,甚至对整个行业失去信任与信心。

　　2011 年下半年以来,自称"中国最严谨网络借贷平台"的哈哈贷发布了关闭通告,银监会随即印发了《中国银监会办公厅关于人人贷有关风险提示的通知》,要求银行业金融机构严防民间借贷风险向银行体系蔓延。一石激起千层浪,我国 P2P 网络借贷的法律定位、风险状况和发展走向等成为热议的焦点。

　　本书首先从 P2P 网贷的发展谈起,开宗明义的界定 P2P 网贷的内涵及其历史的发展,通过梳理国内外主要平台的发展历程尽量全面地向读者展现 P2P 的发展脉络。其次通过选取主要的 P2P 网贷平台,对比和分析当下 P2P 网贷的主要经营模式及其差异。最后立足我国实践,分别从刑事、民事、行政微观角度系统分析 P2P 网贷平台在不同领域反映出的法律问题。

第一章　P2P 网络借贷的历史发展

P2P(Peer to Peer)即个人对个人,最初来自计算机术语,原意是指一种在对等者(peer)之间分配任务和工作负载的分布式应用架构。在借贷领域的 P2P 显然是对 P2P 原初概念进行了延伸,意指将小额闲散资金聚集起来借贷给资金需求方,而 P2P 网贷平台在此过程中充当中介,集提供信息和监管于一体,促使借贷过程顺利完成。[①]

P2P 网贷最初是由"微额贷款"发展而来的,它由诺贝尔和平奖获得者、孟加拉国经济学家穆罕默德·尤努斯(Muhammad Yunus)教授提出。[②] P2P 网贷模式最初的原型是由英国人理查德·杜瓦(Richard Dewar)、詹姆斯·亚历山大(James Alexander)、萨拉·马休斯(Sarah Matthews)和大卫·尼克尔森(David Nicholson)4 位青年人共同提出。2005 年 3 月,由其创办的全球首家 P2P 网贷平台协议空间在伦敦上线运营。

[①]　参见杨立等:《P2P 网贷投资学》,中国金融出版社 2018 年版,第 3 页。

[②]　尤努斯在早年的一项乡村研究调查中发现,一名农妇每日从高利贷者手中获得贷款购买原告材料编竹凳,编好后将竹凳还给高利贷者,而她自己却只能从这项劳动中获取微薄利润。在当时,村子里这样的村民数量不少,尤努斯认为:造成他们穷困的根源并非是懒惰或缺乏智慧等个人问题,而是一个结构性的问题:缺少资本。这使穷人们不能把钱攒下来去做进一步的投资。一些放贷者提供的借贷利率高达每月 10%,甚至每周 10%。所以不管村民们再怎么努力劳作,都无法摆脱贫穷的困境。于是,尤努斯教授借款给这些贫困村民,来为他们制作竹凳提供资金援助,让村民们免受高利贷剥削。同时,积极游说银行参与到这项为村民提供贷款的活动中来,于是诞生了"乡村银行"。

第一节　域外不同国家的发展

从第一家 P2P 网贷平台协议空间(Zopa)创办至今,P2P 网贷行业已发展逾 10 年,其运作模式已从最初的 P2P 模式扩展为 P2B 模式(即个人对企业模式),并为众多中小企业拓宽了融资渠道。

P2P 网贷起源于英国,发展却在美国。P2P 网贷于 2006 年引入美国,随着美国首家网贷平台繁荣(Prosper)的兴起,P2P 网贷模式就一直在创新发展。繁荣起初的运营模式基于协议空间,之后又做了些许创新。其利率的计算方式不再是依据资金需求者的信用等级制定,而是通过荷兰式拍卖来决定借贷利率,通过不断降低借款利率来匹配投资者意愿。与此同时,繁荣在信息公开方面的举措表现为将其运营数据在网上披露,供社会机构或者学术界进行分析研究,以此来促进繁荣的发展。

除了在利率制定方式上及信息披露方面的创新,繁荣平台还向智能化方向发展,并开发了手机应用——繁荣日常(Prosper Daily),这是一个与 P2P 网贷完全不同的业务。繁荣日常是一个个人财务管理手机应用,功能丰富,包含了信用分数查询、个人资产负债表生成、信用卡支付、识别可疑交易等。

同样在美国,之后成立的借贷俱乐部(Lending Club),曾一度将美国推向全球第一大 P2P 网贷市场。借贷俱乐部是一个专门提供线上信贷服务的平台,主要承担交易服务媒介的作用,其同时面对美国投资者和国际个人投资者,但国际个人投资者受限较多且审核流程严格复杂。该平台目前更偏重机构投资者,已与包括高盛银行在内的诸多机构达成了战略合作。

目前,P2P 网贷的影响力已遍布全球,各国都有相应的 P2P 网贷平台,如德国的奥克斯财富(Auxmoney)、日本的阿库什(Aqush)、韩国的筹资宝(Profunding)、巴西的费尔布雷斯(Fairplace)等。且随着 P2P网贷行业的快速发展,其规模有愈发变大的趋势,据调查机构"透明度市场调查"(Transparency Market Research)的调查估计:预计到 2024年,全球范围内 P2P 网贷行业的年复合增长率在 2016—2024 年间将达到 48.2%。另一调查机构"调查和市场"(Research and Markets)则估计全球 P2P 网贷行业在 2016—2020 年市场借贷行业的行业规模将从 1500 亿美元增长至 4900 亿美元。[①]

一、协议空间的发展历程

协议空间于 2005 年 3 月在英国成立,是世界上最早成立的 P2P 网络贷款平台。协议空间减免了银行实体中介的开销,通过向借款者提供低利率贷款和投资者高收益的回报,连续 4 年均获得"最佳信用贷款提供者"。据协议空间官网上的最新数据,目前伦敦总部员工数超过 200 名,在英国的总借款额累计达 24.6 亿英镑,拥有超过 6 万名活跃的个人投资者,已发出了超过 27.7 万笔的借款(平均每笔 6600 英镑)。从 2012 年起,协议空间进入快速增长的阶段,借贷量从 2.5 亿英镑上涨到如今的 24.6 亿英镑。

协议空间采取的风险控制措施包括:第一,平台上的贷款申请者必须经过平台身份和信用核查、风险评估,专家团队保证所有的借款者都拥有一个良好的借贷历史,具有大额的无担保贷款和较差偿还历史的会员都是不允许借款的。第二,出借人的资金必须分散投资。第三,当证实借款者偿还比较困难时,平台会派出信息收集机构跟进,当法律确认借款者违约时,投资者可以获得协议空间保证金的全部追偿,包括本金和利息,使得借出者无需担心投资资金无法收回,而保证金是由借款

---

① 参见杨立等:《P2P 网贷投资学》,中国金融出版社 2018 年版,第 3 页。

者成功借款之后需要支付的一笔费用组成的。

二、繁荣的发展历程

繁荣是美国第一个 P2P 网贷平台,成立于 2006 年 2 月,后被认定为不合法,在 2008 年年初被勒令关闭,2009 年重新开业。[①] 截至 2014 年 2 月,繁荣拥有会员数已经达到 221 万,总计成功贷款额超过 9.07 亿美元。[②] 在这个平台上,借款者可以提出 7500—35000 美元的无担保贷款,根据繁荣平台划分的 7 个信用等级(AA、A、B、C、D、E、HR)、不同的借款利率范围(见表 1-1),借款者说明自己所能承受的最高借款利率、借款理由、财务状况等,与此同时,投资者可以通过观察借款者的信用评级、历史交易记录、个人借款描述、朋友背书、社区情况、小组隶属情况以及推荐次数等,来决定自己的投资决策。

表 1-1　繁荣的信用等级与对应贷款数额

繁荣的信用等级	最大贷款数额(美元)
AA	35000
A	35000
B	35000
C	30000
D	25000
E	10000
HR	7500

犹如荷兰式拍卖,出借人通过一步一步地降低利率进行拍卖,满标后,平台按照利率高低和借款总额,将提出低利率的出借人进行组合,

---

① 参见零壹财经·零壹智库:《中国 P2P 借贷服务行业发展报告 2017》,中国经济出版社 2018 年版,第 249 页。
② 参见缪莲英:《P2P 网络借贷中社会资本对违约风险影响研究——以繁荣和拍拍贷为例》,华侨大学 2014 年硕士学位论文。

作为成功竞标者。繁荣提供匹配借款者和投资者的中介服务,负责交易过程中的前期所有环节,包括贷款支付和收集符合借贷双方要求的借款人和出借人。①

繁荣采取的风险控制措施包括:会员可以建立自己的社区,邀请朋友、家人、同事参与到繁荣市场,这样可以提高借款或投资的可信度。或者会员可以加入小组,在繁荣的大平台上,找到一个小平台,更容易实现成员与成员之间的借贷,也增加了会员借款指令的可信程度。或者会员可以通过邀请朋友或所属小组的组长为其借款指令进行推荐,被推荐的次数越多,投资者越相信借款者的素质和还款能力。

从 2009 年 7 月 13 日到 2012 年 12 月 31 日,繁荣平台共促成38467 个成功借款指令,累计本金借出额 2.64 亿美元,单笔平均借款金额为 6867 美元。在这期间,65% 的借款指令仍在进行中,22.8% 的借款已还完,剩下 11.5% 的借款违约未还,包括逾期 1 至 30 天、30 至120 天以及违约不还的情况。②

三、借贷俱乐部发展历程

借贷俱乐部是一家会员制的网络借贷公司,成立于 2006 年,定位为在线交易服务的信息服务中介。为个人和企业提供包括无担保个人贷款、超基本消费放款、无担保教育与病人金融贷款和无担保小型企业贷款等服务。同时,为投资人提供以定期和信用特色为基础的资产证券化产品。2014 年成为美国第一家上市的 P2P 网贷企业。截至 2018年 8 月,借贷俱乐部股价为 4.09 美元,总市值为 17.16 亿美元。

借贷俱乐部最核心的模式,是帮助借贷者和投资者减少成本,和普通银行以及一些信用机构相比,个人对个人的方式,使得资金流和管理

---

① 参见水名岳、符拓求:《中国式 P2P 网贷》,中国出版集团东方出版中心 2016 年版,第128 页。

② 资料来源:繁荣公司 2012 年年报。

更直接、更透明，从而减少了资金链两端人群的支出。对于借贷者来说降低了还款利息，而对于投资者来说回报率更高。

借贷俱乐部的基本业务流程大致分为以下几步，借款人提交贷款申请；借贷俱乐部生成借款人信用报告，一旦审核通过，借贷俱乐部会根据不同的贷款申请进行差别定价，即根据借款人的具体信用数据对每笔贷款申请制定不同的借款利率；然后由银行 Web Bank 发放贷款。

借贷俱乐部代表了国外 P2P 网贷发展的典型模式，平台本身只是做中介平台，撮合贷款人和投资人，投资人的风险盈亏需自负。而在我国，由于"个人征信"并没有一个完备、统一、公开的查询系统，国内大多数 P2P 平台为降低投资人的风险，也为吸引更多投资人，承诺本息保障、风险保证金、第三方担保等措施，这样一来，平台本身却异化成信用中介。近期，我国 P2P 网贷行业正面临大洗牌，持续"爆雷"带来的流动性危机，再次引发了监管层对网贷平台信息中介定位的明确属性与现实中无法回避的信用中介的模糊属性之间矛盾的争论。

第二节　国内的兴起、发展及现状

2007 年 P2P 网贷正式登陆中国，拍拍贷是国内首家 P2P 网贷平台，其模式与繁荣类似。借款者通过网站公布的不同信用评级的指导利率，设置自己的借款利率。出借人根据借款者的信用评级，结合借款者上传的资料综合判断借款者的风险程度，然后决定是否将自己的一部分钱投给该借款者。网站会作最终的欺诈检测审核，对于那些涉嫌欺诈的借款者，网站处于保护出借人的目的会否决该笔借款交易。

自 2007 年国内第一家网贷平台拍拍贷成立算起，P2P 网贷至今已在中国发展近几年，据 2006 年 4 月在美国旧金山召开的峰会指出，中国、美国、英国已发展成为全球最为活跃的三大 P2P 借贷市场，其中在

2014年,中国网贷行业成交量达2528亿元,英国达153亿元,美国超过366亿元,以上数据充分表明,在全球范围内,中国的P2P网贷市场规模最大,且不管是从业务、规模、资本支持上还是从监管措施上,都有了较大的突破。

从业务上看,与国外类似,早期国内的P2P网贷模式也仅限于纯线上交易模式,主要通过P2P网贷平台将资金需求者和投资者联系起来。纯线上模式的特点在于平台充分利用了互联网技术与轻资产经营,使其运营成本低、操作简单、速度快、范围广、服务群体多。

不过,由于中国经济的特殊性以及信用评级体系的不完善,纯线上业务模式在国内面临较大的风险,早期的此类平台纷纷倒闭或是转型,拍拍贷是为数不多能坚持下来的平台之一,此种现实情况更催生出线下或线下线上相结合等多种交易模式,其服务范围不再是针对个人对个人的借贷,而是发展成为个人对企业、个人对政府等多种主体。业务模式也不再局限于信贷或者非信贷中的汽车和房产的抵(质)押,而是扩大到以应收账款、订单、预付账款、股权等其他资产抵(质)押的多种业务模式。

从规模上看,P2P网贷在中国经历了一个从无到有、从少到多的过程。2007年引进之初并未受到重视,P2P网贷平台数量较少,鲜有人涉足。直到2010年才陆陆续续出现一些试水者。到了2012年,我国P2P网贷行业进入到全面爆发期,网贷平台如雨后春笋般涌现,据统计,2012年的网贷平台数量累计高达2000多家,交易规模突破百亿元。就这样,P2P网贷开始被大众熟知并出现了一大批创业者。

从2013年起,P2P网贷更是以几近疯狂的趋势增长,平均每天都有1—2家新平台成立,《2016年全国P2P网贷行业半年报》数据显示:截至2016年6月底,我国的P2P网贷平台数量累计达2349家,整个网贷行业累计成交量达到了22075.06亿元,2016年上半年累计成交量为8422.85亿元。

伴随着爆发式增长,平台问题也不断涌现,如"跑路"、倒闭、坏账等消息不绝于耳。截至 2015 年年底,出现问题的平台累计突破千家,其中仅 2015 年全年出现的问题平台就高达 896 家,为历年之最。各界人士纷纷将矛头指向 P2P 网贷行业,同时 2015 年发生的"e 租宝"事件更是将我国网贷行业推向了风口浪尖。当然,从 2016 年开始,问题平台数量占停业及问题平台数量的比例开始不断下降,2015 年年底该项数值约为 60.38%,2016 年 6 月已经下降至 44.68%,这意味着良性退出的平台数量占比明显上升了。

一、各大平台发展状况

(一)拍拍贷

拍拍贷网站(www.ppdai.com)于 2007 年 8 月正式上线,目前运营网站的主体是"上海拍拍贷金融信息服务有限公司",公司位于国际金融中心——上海。拍拍贷是中国第一家 P2P(个人对个人)网络借贷平台,也是国内首家 P2P 纯信用无担保网络借贷平台,截止到 2015 年 6 月底,服务人数接近 700 万,是国内用户规模最大的 P2P 网贷平台之一。[①]

拍拍贷是 P2P 网贷行业最特殊的一家公司。拍拍贷创始人张俊等人有对理想平台模式的坚守,因此,相较于其他平台或担保、或抵押、或垫付本息的模式,拍拍贷选择了最简单的平台模式——平台不承诺垫付本息,在垫付和担保成为行业大趋势面前顽固坚持,逐渐成为现今 P2P 网贷平台的边缘企业,也导致拍拍贷平台交易额增长缓慢。成立于 2009 年的人人贷,2013 年平台交易额达到 15.69 亿元;创立于 2009 年的红岭创投,2012 年平台交易额就已经达到了 14 亿元。而拍拍贷

---

① 参见程俊骏:《我国 P2P 网贷平台发展现状及问题研究》,《电子商务》2015 年 5 月上旬刊。

2013 年的交易额才刚突破 10 亿元,2014 年交易额也仅为 10.45 亿元,但到 2015 年上半年,拍拍贷的交易额超过了 13 亿元,实现了业绩突破。

拍拍贷借鉴了英国协议空间和美国繁荣的"人人"概念,希望人人都可以参与到借贷的过程中,因此拍拍贷决定走小额贷款这条路,去覆盖最底层的群众,解决他们借贷需求,把依托互联网技术的这种操作简单、安全透明的 P2P 借贷交易方式带到人们的生活中。门槛低、便捷的理财方式、收益稳定是拍拍贷打造的互联网理财模式。[①]

拍拍贷打造的理财模式还有一个显著的特点——纯信用无担保。拍拍贷认为,可以通过教育投资者识别风险和控制风险的能力来降低用户投资的风险。[②] 除了这个方法外,拍拍贷小额投资的模式本身就是用分散投资的模式帮助用户规避了一部分风险。[③] 2015 年,拍拍贷还推出了风险准备金计划——"逾期就赔"标成交时,提取一定比例的金额放入"风险备用金账户"。借款出现严重逾期时(即逾期超过 30 天),根据"风险备用金账户使用规则",通过"风险备用金"向理财人垫付此笔借款的剩余出借本金或本息(具体情况视投资标的类型的具体垫付规则为准),拍拍贷也会定期推出托管报告,以实现透明和公开。[④]

2015 年注定是 P2P 网贷行业跌宕起伏的一年,就在红岭创投出现大额坏账的同时,国办 107 号文《关于加强影子银行监管有关问题的通知》出台,首次将 P2P 网贷等新型互联网金融业务归入了影子银行之列,并在监管责任分工中指出:"第三方理财和非金融机构资产证券化、网络金融活动等,由人民银行会同有关部门共同研究制定办法。"

---

① 参见王紫薇、袁中华、钟鑫:《中国 P2P 网络小额信贷运营模式研究——基于"拍拍贷"、"宜农贷"的案例分析》,《新金融》2012 年第 2 期。

② 参见徐征:《拍拍贷信贷风险及控制机制研究》,《财会通讯》2018 年第 2 期。

③ 参见艾金娣:《P2P 网络借贷平台风险防范》,《中国金融》2012 年第 14 期。

④ 参见胡金焱、宋唯实:《借贷意愿、融资效率与违约风险——网络借贷市场参与者的性别差异研究》,《东岳论丛》2018 年第 3 期。

国办 107 号文一面世,业内一片风声鹤唳。被纳入影子银行监管,意味着嵌入了资金池、理财产品模式的 P2P 网贷平台,可能会迎来资本金监管条例。这对于 P2P 网贷行业来说是坏消息的国办 107 号文,对于拍拍贷则是天降的福音,拍拍贷无担保模式可谓是等到了"胜利的曙光"。

在资本市场,拍拍贷这种无担保模式也得到了肯定。

2011 年 8 月,拍拍贷获得清华大学旗下基金金信资本的天使轮投资;2012 年 10 月,拍拍贷成为首家完成 A 轮融资的网贷平台,获得红杉资本千万美元级别投资;2014 年 4 月,拍拍贷在北京钓鱼台国宾馆宣布完成 B 轮融资——1.3 亿美元,是国内 P2P 行业首个完成 B 轮融资的网贷平台,投资机构分别为光速安振中国创业投资、红杉资本(即纽交所上市公司诺亚财富)。

拍拍贷无担保的模式得到了资本的认可,却让很多投资人在拍拍贷平台上找不到安全感,这也是拍拍贷成交额低的原因。为了赢得投资人的信赖,拍拍贷将获得的融资更多地用在了平台信用审核体系和风控模型的建设上。2011 年 11 月,拍拍贷获得的来自红杉资本的 A 轮融资大部分都用在了风控模型的建立上。而 B 轮融资资金则主要用于加强建设网络征信系统,提升 IT 技术水平及高级人才招聘等。

(二)人人贷

人人贷(www.renrendai.com),系人人友信集团旗下公司的独立品牌,2010 年 5 月正式上线。截止到 2018 年年末,人人贷的成交金额超过 763 亿元,成功帮助他们通过信用获得融资借款,或通过自主出借获得稳定收益。

人人贷旨在打造一个人人参与、人人自由、人人平等的互联网个人金融服务平台。作为中国最早的一批基于互联网的 P2P 信用借贷服务平台,人人贷以其诚信、透明、公平、高效、创新的特征赢得了良好的用户口碑。① 现在,人人贷已成为行业内最具影响力的品牌之一。

人人贷作为网络中介服务机构,发挥自身优势,自上线以来,陆续推出多个特色理财产品。2012 年 5 月开发了智能理财标,7 月开发了机构担保标,12 月上线了优选理财计划;2013 年 10 月 14 日推出全新的人人贷网页,并上线债券转让功能;2014 年 6 月,平台手机客户端上线,9 月全新 U 计划上线。截止到 2015 年 4 月,人人贷 P2P 网贷平台上理财产品分为三类:U 计划、散标投资、债权转让。

1. U 计划

U 计划取代了之前的优先理财项目,是人人贷推出的便捷高效的自动投标工具。U 计划在用户认可的标的范围内,对符合要求的标的进行自动投标,且回款本金在相应期限内自动复投,期限结束后 U 计划会通过人人贷债权转让平台进行转让退出。该计划所对应的标的均100%适用于人人贷本金保障计划并由系统实现标的分散投资。出借所获利息收益可选择每月复投或提取,更好地满足用户多样化的理财需求。

2. 散标投资

平台提供信用认证标、机构担保标、实地认证标等多类产品,用户根据审核后的信息,自选合适的借款标的,构建符合个人意愿的投资组合。

散标投资与 U 计划不同,散标是不同人投资同一项目,按照个人的意愿进行投资组合,而非系统自动进行投标。与 U 计划相比,散标的门槛更低,期限更短。

3. 债权转让

债权转让产品是人人贷平台在 2014 年下半年上线的一款投资产品。该产品有平台债权转让功能,用户可自行转让资金组合中符合条

---

① 参见张金艳:《论我国"人人贷"的发展现状、主要风险及法律防范》,《西南金融》2013年第 3 期。

件的债权,也可购买其他用户转让的债权,从而获得转让收益及借款标的后续收益。

最先采取债权转让模式的是宜信,但宜信首创的是线下债权转让模式,将某一自然人作为第一出借人,由有闲置资金的第一出借人先放款给需要借款的用户,然后再把获得的债权打包成类固定收益的产品,并将其销售给投资理财客户。这一模式让宜信备受关注,也有很多P2P 网贷平台效仿,很多投资人和研究 P2P 网贷行业的人从道德、法律的角度质疑这一模式,称宜信会在其中形成资金池,而且存在极高的道德风险。① 而人人贷开展的线上债权转让业务是为了帮助用户提高投资的流动性,在需要流动资金的时候,出售其名下拥有的符合相应条件的债权给其他投资人,从而通过转让获得流动资金,这一过程和宜信的闲暇债权转让有很大的不同,但也存在道德风险等问题。②

随着人人贷产品的迭代创新,人人贷始终保持着不错的平台交易额,而且占领着重要的行业地位。

(三)宜信

世界上第一个提出个人小额信贷理念的是尤努斯,2006 年,曾师从尤努斯的唐宁在北京创立了中国首家 P2P 小额信用贷款服务机构——宜信。可以说,宜信是我国第一家做小额贷款的企业,但是宜信最初的模式并不是单纯的线上贷款,不像人人贷一样先采取单纯的线上模式,再逐步向线上和线下结合的方式转移,而是从一开始就采取线下的模式。③

---

① 参见赵礼强、刘霜:《P2P 网贷借款人逾期率的实证研究——以"人人贷"为例》,《科技和产业》2018 年第 7 期。
② 参见钱金叶、杨飞:《中国 P2P 网络借贷的发展现状及前景》,《金融论坛》2012 年第 1 期。
③ 参见尤瑞章、张晓霞:《P2P 在线借贷的中外比较分析——兼论对我国的启示》,《金融发展评论》2010 年第 3 期。

宜信公司创建于 2006 年,总部位于北京。成立以来,宜信致力于成为中国普惠金融、财务管理及互联网金融旗舰企业,坚持以模式创新、技术创新和理念创新服务中国高成长性人群和大众富裕阶层。宜信发展飞速,2008 年至 2010 年每年的增长率都达到了 200% 以上。而 2007 年上线的拍拍贷,2013 年上半年的交易量只有 2 亿多元,远远低于宜信的网站交易量,其中最大的一个原因是拍拍贷没有线下业务,不对借款进行担保,是单纯的 P2P 网贷平台。

支持宜信迅速发展,与其他 P2P 网贷平台截然不同的是其"有中国特色的"平台模式——线下债权转让。宜信的债权转让模式其实是利用了我国《中华人民共和国合同法》第 80 条的规定:"债权人转让权利的,应当通知债务人,未经通知,该转让对债务人不发生效力。"但宜信的做法是,由宜信控制人唐宁以其个人名义充当资金中介,借款人向唐宁个人借款,然后唐宁再将为数众多的债权分拆、用不同期限组合等模式打包转让给真实资金出让方,从中赚取高额利息差,也就是说,唐宁可以以个人借款的方式借给借款人 100 万元,从而获得了一笔 100 万元一年期的债权,之后再通过宜信的平台把这笔债权进行金额和期限两个方面的拆分,拆分之后,100 万元债权的销售难度就降低了,再加上宜信的担保机制和信用审核机制,对社会上闲置的资金具有很大的吸引力。但宜信这种方式让其自身无法独立于交易之外,而是成为中介资金的枢纽平台,也就是常说的"影子银行"。①

宜信的模式在 P2P 网贷行业中的特殊性,屡次成为行业焦点和政策关注的对象。2012 年,全国人大财经委员会副主任委员、央行前副行长吴晓灵曾指出,一些公司采用自然人给人贷款,并再将贷款卖给自然人以吸收资金,承诺在一定期限内还本付息的模式,恰恰符合最高人民法院对非法集资的定义。2013 年 8 月 8 日,采取宜信债权转让模式

---

① 参见朱琳:《对人人贷公司法律性质的分类研究——以"拍拍贷"和"宜信"为例》,《金融法苑》2012 年第 2 期。

的网赢天下在经营了4个多月后公开宣布,由于经营不善及诸多因素造成投资者的投资款不能按时提现,目前已全面停止所有网贷业务的运行,仅负责对之前欠款的还款安排。2013年8月13日,央行副行长刘士余在中国互联网大会上明确指出,互联网金融有两个底线不能碰:一是非法吸收公共存款;二是非法集资。同时对P2P网贷平台明确警示,他强调,P2P网贷平台如果做成线下,脱离了平台操作功能之后,就会演变成资金池,成为影子银行。业内人士普遍认为,刘士余的讲话直指宜信线下P2P模式。

互联网金融行业,金融是核心,互联网只是一种实现方式。① 对于宜信的线下债权模式是否是真的P2P网贷,本书认为国内没有从法律政策的层面上界定P2P网贷平台的概念,P2P网贷应该是一个什么样的模式,国内外也没有一个明确的说法,在国外,有繁荣、协议空间、借贷俱乐部等模式,国内"有中国特色的"宜信模式、以陆金所为代表的担保模式等。因此在概念上无法确定宜信是不是P2P网贷,对真伪P2P网贷平台的讨论也是不需要的,正所谓"存在即是合理"。

(四)红岭创投

红岭创投是深圳市红岭创投电子商务股份有限公司旗下的互联网金融服务平台,于2009年3月正式上线运营。红岭创投是国内最早的一批P2P网贷平台之一,也是目前深圳地区资历最老、规模最大的平台。②

自2009年3月至2014年12月31日,红岭创投共实现了186.79亿元的累积成功投资,共计512585笔借款,平台共有341060名注册用

---

① 参见娄飞鹏:《互联网金融支持小微企业融资的模式及启示》,《武汉金融》2014年第4期。

② 参见王皓:《我国P2P网贷平台发展模式研究——以红岭创投为例》,南京大学2016年硕士学位论文。

户。在 2014 年 3 月 27 日之前,累积坏账率仅为 0.686%,远低于 P2P 网贷行业水平。

但自 2014 年起,这位 P2P"元老"运作得似乎不太稳健。2014 年 8 月 28 日,红岭创投 CEO 周世平称红岭创投平台上广州纸业贷款项目出现 1 亿元坏账,这是 P2P 网贷行业有史以来被证实的数额最大的一笔坏账。[①] 一波未平一波又起,2015 年 2 月,红岭创投又被曝出现了 7000 万元的坏账。据悉,秉持着对客户负责的红岭创投已经第一时间表示,会为相应的本金利息兜底。[②]

红岭创投 2014 年 8 月 28 日的 1 亿元坏账和 2015 年年初的 7000 万元坏账彻底挑动了 P2P 网贷行业的神经。虽然红岭创投为两次坏账兜底,虽然 P2P 网贷行业类似级别坏账也很多,但都没有曝出来,而红岭创投曝出的两次坏账明显让投资人和 P2P 网贷行业开始质疑红岭创投的风控模式和能力,也在怀疑红岭创投的发展前景。

综合来看,红岭创投在大额借款的风控模式上做了很大的努力,但由于线上平台规模、从业人员经验不足以及互联网金融发展尚不完善等原因,红岭创投遭遇了两次大额的坏账,也让很多投资人的信心受挫,未来红岭创投的发展还未可知。[③]

(五)招财宝

2014 年 8 月 25 日,继余额宝之后阿里巴巴又推出了一款互联网金融创新产品——招财宝,阿里巴巴将招财宝称作投融资理财平台。

招财宝公司,全称为上海招财宝金融信息服务有限公司,为蚂蚁金融服务集团旗下子公司,独立负责招财宝投资理财开放平台的全面运

---

① 参见劳佳迪:《红岭创投陷亿元坏账风波》,《中国经济周刊》2014 年第 9 期。
② 参见向贞利:《P2P 网贷平台信息披露研究——以红岭创投 7000 万坏账事件为例》,《中国乡镇企业会计》2016 年第 8 期。
③ 参见吴可奕:《P2P 网络借贷运营风险研究——以"红岭创投"和借贷俱乐部为例》,《时代金融》2014 年第 35 期。

营。招财宝是一个投资理财的开放平台,招财宝平台主要有两大投资品种:第一类是中小企业和个人通过该平台发布的借款产品,由银行、保险公司等金融机构或大型担保机构提供本息保障;第二类是由各类金融机构或已获得金融监管机构认可的机构通过该平台发布的理财产品。投资人则可以通过该平台向融资人直接出借资金或购买理财产品,以获得收益回报。①

招财宝公司基于蚂蚁金服集团的金融大数据、云计算基础能力,在融资人、投资人与理财产品发布机构之间提供居间金融信息服务,以帮助各方完成投融资交易信息撮合。招财宝公司不发布任何理财产品或借款项目,不设立资金池,亦不为交易各方提供担保。②

招财宝是 P2P 网贷行业的一种产品。相较于其他 P2P 网贷平台,招财宝解决了金融借贷领域和 P2P 网贷领域的几大难题。

首先,招财宝承诺投资本息 100%保障。在中国,绝大多数 P2P 网贷平台存在资质平庸、知名度低、实力差等问题,再加上近年来 P2P 网贷平台频繁"跑路"的问题,P2P 网贷平台的信誉受到严重影响,并不能得到投资者的完全信任。针对这些问题,招财宝直接引入第三方中国融资担保有限公司和众安在线保险公司为平台上所有投资行为的本息进行 100%全额担保,如果出现坏账,担保公司和保险公司会自动全额赔付。本息保障这一方式解决了互联网投资理财的资金不安全和互联网金融存在的道德问题。

其次,招财宝提供随时提现功能,并保证提现不影响已过期限的投资利息。简单来说,就是同时做到了活期的灵活性和定期的高回报。③假如买入 1000 元,年收益率为 6%的产品,三个月后提前支取,按照提

---

① 参见项燕彪、兰王盛:《互联网"票据贷"兴起的缘由及其风险分析》,《浙江金融》2015年第 5 期。

② 参见甘兆雯:《蚂蚁金服的运行特征分析》,《特区经济》2017 年第 7 期。

③ 参见秦锦义、张宁:《灵活的定期理财——招财宝》,《电子商务》2016 年第 2 期。

现功能的规则,前三个月的 15 元收益也可以提取,那么这个人就可以提现 1015 元。提现功能保证了投资者资金灵活使用,以应对投资者临时用钱或者再投资的需求。在很多传统系的 P2P 网贷平台上是不允许临时提现的,比如人人贷,即使是它最新推出的 U 计划,也不能做到临时提现。

最后,招财宝有余额宝这一坚实后盾,招财宝利用余额宝庞大的用户群和资金池,提供投资产品预约服务。也就是说,余额宝用户可以通过招财宝平台提前预约投资产品,并设定投资上限、期望收益率和期限等信息,当平台上出现符合条件的投资产品时,系统就会依据预约顺序自动匹配和购买。而借助余额宝也保证了招财宝的理财产品能够临时提现,因为有余额宝这样的一个资金池。

有了上述三个优势功能的助力,招财宝在试运营期间的投资金额就超过了 110 亿元。虽然招财宝这三个优势看起来威力强劲,但它也隐藏了一些深层次的问题。

第一,招财宝平台产品年收益率偏低,产品收益率保持在 5%—7% 之间,虽高于银行的定期理财项目,但与其他高收益率的 P2P 网贷平台相比,优势并不明显,当然收益率偏低与招财宝业务模式复杂、关联受益方多有关,也是出于阿里巴巴和第三方担保公司考虑以及投资风险和全额赔付的压力所致。[1]

第二,阿里巴巴的招财宝和余额宝双手互搏,争抢对方的生意。上文中提到招财宝利用余额宝庞大的用户群和资金池来扩充自己的平台规模,虽然实现了余额宝和招财宝之间的资金流通,但招财宝规模的迅速扩大意味着余额宝资金的快速流失。[2]

---

[1] 参见钱金叶、杨飞:《中国 P2P 网络借贷的发展现状及前景》,《金融论坛》2012 年第 1 期。

[2] 参见水名岳、符拓求:《中国式 P2P 网贷》,中国出版集团东方出版中心 2016 年版,第 128 页。

第三,招财宝存在风险漏洞。招财宝平台上的借款产品全部由包括保险公司、银行在内的权威机构提供本息保障措施;理财产品全部为依法设立的权威机构发布,并由金融机构负责投资管理和收益兑付。①在资金安全方面,招财宝平台所有交易由支付宝提供第三方支付结算服务,理财产品到期资金将自动转入用户的余额宝账户,余额宝账户资金由众安保险承保,如账户被盗将由众安保险全额赔付。这样看,招财宝只是作为一个第三方的平台,招财宝背靠中国融资担保有限公司和众安在线保险公司两大担保公司,保证本息 100% 全额赔付,一旦出现坏账,两大担保公司会承担极大的风险,阿里巴巴也会遭受信誉损伤。另一方面,招财宝上线早期,可以借助余额宝和招财宝提供的预约服务保证招财宝理财产品随时提现,但一旦招财宝规模扩大,预约服务积累的资金不能满足随时提现的需求,也就没有办法做到随时提现了。

从 P2P 网贷概念的意义上说,传统意义上的 P2P 网贷平台同时满足借出和借入两项服务,而招财宝只能借出不能借入,从这个角度看,招财宝只能算作半个 P2P 网贷平台。而且投资人在招财宝上无法看到完整的项目以及借款者的信息,在信息的透明度上,招财宝并没有给予支持,用户无法自己判断投资风险;另一方面,招财宝提供的预约服务,根据用户填写的投资要求自动匹配相应的理财项目,而投资者没有选择项目的权利,这对于投资者来说存在很大的限制以及用户不友好。

总的来说,招财宝是阿里巴巴在互联网金融领域创新的一种产品。余额宝收益日渐降低,增长已大不如从前,一旦利率低于 4%,就与传统的银行存款无疑,也将无法留住用户,招财宝是阿里巴巴推出的理财产品,也是阿里巴巴巩固互联网金融产业的一项选择。②

---

① 参见尤瑞章、张晓霞:《P2P 在线借贷的中外比较分析——兼论对我国的启示》,《金融发展评论》2010 年第 3 期。

② 参见单良:《从余额宝到招财宝看网络金融对商业银行的影响》,《经贸实践》2016 年第 2 期。

（六）招商银行的小企业 e 家

小企业 e 家是招商银行于 2013 年 4 月正式推出的面向中小企业客户的互联网金融服务平台，这是国内商业银行互联网金融创新的第一家，也是招商银行在互联网金融领域的探索与尝试，该平台的本质是通过线上、线下相融合的信息见证服务，实现资金供给方与需求方之间对称的信息、资金交互。

根据招商银行的公开说明，小企业 e 家不是 P2P 网贷平台，而是投融资平台。目前，很多 P2P 网贷平台以承诺投资人本息的形式介入借贷双方的交易。招商银行的投融资平台——小企业 e 家的业务模式和流程安排都和 P2P 网贷平台大相径庭，作为投融资平台的小企业 e 家，其服务的本质是信息见证，提供的是借贷双方的信息交互服务，双方基于平台提供的信息通过第三方支付平台——中金之父完成交易，平台不会参加交易过程。[①]

在招商银行既有优势的基础上，小企业 e 家围绕中小企业"存、贷、汇"等基本金融需求，创新开发了企业在线信用评级、在线授信、创新型结算、在线理财等互联网金融产品，并实现了与银行中后台信贷管理系统、客户关系管理系统等的对接，初步形成了从客户接触、跟进营销、商机发掘、产品销售到在线业务办理的全链条 O2O 经营模式。同时，通过与广泛的第三方机构开展异业合作，小企业 e 家整合研发了 e+账户、商机平台、企业云服务、企业商城、在线财务管理、投融资平台等创新的互联网应用，打通和融合了企业在结算融资、投资理财、商机拓展、办公自动化、财务管理、供应链运营等多方面的行为，沉淀了传统银行难以获得的"大数据"。

小企业 e 家投融资平台是招商银行在互联网金融领域的全新尝试

---

① 参见李张珍：《互联网金融模式下的商业银行创新》，中国社会科学院研究生院 2014 年博士学位论文。

和探索,为用户提供了全新的安全便捷的财富保值和增值方式。小企业 e 家虽然是招商银行创建的线上产品,但招商银行不对平台上的融资产品、融资人归还本息承担任何形式的担保责任,但为了保证平台投资人的权益,招商银行会对融资人和融资项目以银行的标准开展线下尽职调查,并基于此对融资项目进行风险评估。线下的尽职调查内容包括融资人、资信状况、融资背景、还款来源等,还会对融资人的经营证件、营业场所等基本信息进行真实性和合法性的验证。[①]

截止到 2014 年年底,小企业 e 家注册用户 53.8 万户,累积互联网页面浏览量(Page View,PV)超过 1 亿次,完全打通了客户制度结算账户与收益高且安全性、流动性强的理财账户:在“存”方面,累积吸收和沉淀客户存款超过 900 亿元;在“贷”方面,累积实现中小企业低成本互联网融资总量超过 1000 亿元;在“汇”方面,将中小企业投融资需求与庞大社会资金及第三方机构渠道高效对接,平台累计交易结算笔数超过 20 万笔。

相对于 P2P 网贷平台,投融资平台让金融服务更加透明,能够最大限度地减少信息不对称和市场交易成本;同时有招商银行作为小企业 e 家的支持,小企业 e 家可以借助银行的风险识别和风险管控能力,并通过互联网技术,比如大数据技术等实现社会公众间信息和资金的开放、安全和有效交互与流动,促进社会普惠金融体系的建立,进一步解决中小企业融资难、融资成本高的难题,为中小企业的融资打造一个新的方式,并加快社会闲置资金的流动。[②]

小企业 e 家是招商银行在互联网金融行业中的探索和尝试,同时也是对线下业务的创新。类似小企业 e 家这样的网络平台是传统银行

---

① 参见倪向丽、陈姝妙:《商业银行互联网金融支持小微企业创业融资的新思考——基于招商银行“小企业 e 家”案例的研究》,《中国国际财经》2017 年第 16 期。

② 参见王溪:《P2P 网络借贷下的投资风险评价指标研究——以“小企业 e 家”为例》,《市场周刊》(理论研究)2016 年第 5 期。

重要的数据积累方式,线上的数据独占性会进一步强化线上平台战略的自然垄断性和传统银行的市场份额,主动构建互联网金融平台是招商银行在巨大压力下把握先机的方式。①

但 2015 年 6 月,首个杀入 P2P 网贷领域的招商银行低调地暂停了小企业 e 家的新标发新工作。招行发布公告表示,小企业 e 家近期将对 e+稳盈融资项目进行优化,6 月 15 日起 e+稳盈融资系列项目将暂缓发布。

二、中国针对 P2P 网贷行业的政策演变

从政策上看,为引导 P2P 网贷行业规范化发展,国内的监管政策相继出台。由于国内市场环境的特殊性,在政策尚不明朗、行业发展不成熟的情况下,P2P 网贷的野蛮增长让国家意识到问题的严重性。

2014 年 4 月,中国银监会发布了《关于办理非法集资刑事案件适用法律若干问题的意见》,明确规定 P2P 网贷平台要坚守四条红线:一是网贷平台的中介性质;二是平台本身不得提供担保;三是不得将归集资金搞资金池;四是不得非法吸收公众资金。

2014 年 9 月,中国银监会相关负责人在中国互联网金融创新与发展论坛上又提出了 P2P 网贷行业监管的十大原则:不能持有投资者的资金,不能建立资金池;落实实名制原则;P2P 机构是信息中介;P2P 需要有行业门槛;资金第三方托管,引进审计机制,避免非法集资;不得提供担保;明确收费机制,不盲目追求高利率融资项目;信息充分披露;加强行业自律;坚持小额化。

2015 年 7 月 31 日,中国人民银行发布《非银行支付机构网络支付业务管理办法(征求意见稿)》(以下简称《管理办法》),这个曾经因为"网购日限额 5000 元"而闹得沸沸扬扬的管理办法,也对 P2P 网贷与

---

① 参见蔡洋萍:《我国银行系 P2P 平台发展模式介绍及对策建议》,《金融理论与教学》2015 年第 3 期。

第三方支付资金业务的界限进行了明确规定。

至此,我国 P2P 网贷行业正式告别"无监管"时代,迎来了监管元年。2015 年 8 月,最高人民法院发布《最高人民法院关于审理民间借贷案件适用法律若干问题的规定》,首次将网络借贷纳入其中,标志着 P2P 网贷行业在司法上被正式承认。

2016 年 8 月,中国银监会向各家银行下发了《网络借贷信息中介机构业务活动管理暂行办法》(以下简称《办法》)。《办法》明确提出 P2P 网贷平台不得吸收公众存款、不得归集资金设立资金池、不得自身为出借人提供任何形式的担保、不得提供融资信息中介服务的高风险领域等内容,意在打击借网贷旗号从事非法集资等违法违规行为。

2016 年 10 月 13 日,国务院办公厅发布了《互联网金融风险专项整治工作实施方案》(以下简称《方案》)。按照中央有关部署,要求有关部门配合开展互联网金融领域专项整治,推动对民间融资借贷活动的规范和监管,最大限度地减少对社会稳定性的影响。《方案》明确规定 P2P 网贷平台应守住法律底线和政策红线,保证信息中介性质。《方案》同时指出房地产开发企业、房地产中介机构和互联网金融从业机构等如果未取得相关金融资质,不得利用 P2P 网络借贷平台从事房地产金融业务,严禁各类机构开展"首付贷"性质的业务。

2017 年 2 月 23 日,中国银监会发布《网络借贷资金存管业务指引》(以下简称《存管指引》)。《存管指引》经国务院审批,全文内容共计 5 章 29 条,这意味着网贷行业迎来了继备案登记之后又一合规细则的最终落地。《存管指引》通过资金存管机制,加强对网贷资金交易流转环节的监督管理,防范网贷资金挪用风险,保护投资人资金安全。在《存管指引》提出的存管业务三大基本原则中,"分账管理"位列首位,即商业银行为网贷机构提供资金存管服务,对网贷机构自由资金、存管资金分开保管、分账核算,此外按照"新老划断"原则,给已经开展网贷资金存管业务的机构预留六个月的过渡期。基于此,2017 年各大 P2P

网贷平台争相引进银行存管机制,不少优质平台已经上线银行资金存管服务。

2017年4月,P2P网贷行业监管再一次升级,互联网金融风险专项整治工作领导小组办公室下发《关于对互联网平台与各类交易场所合作从事违法违规业务开展清理整顿的通知》,要求2017年7月15日前,各互联网平台应停止与各类交易场所开展违规业务,同时妥善化解存量违法违规业务。

《通知》出台后,各大网贷平台纷纷下架了上海黄金交易所的产品。而作为大额信贷为主的老牌P2P网贷平台红岭创投,也于2017年7月底宣布3年内完成清算、主动退出该领域。然而,互联网金融行业的复杂程度远比想象中的更高,各地的具体执行并未能够按照原计划时间表推进。随后,中国人民银行等部门联合发布的《关于进一步做好互联网金融专项整治清理整顿工作的通知》显示,整改验收的期限将延至2018年6月底。

2017年对P2P网贷行业来说注定是不平凡的一年。纵观P2P网贷行业发展之路,并非一帆风顺,迅猛增长的同时面临着诸多挑战。但从资本表现上看,P2P网贷行业毫不逊色于科技等热门行业。从2015—2017年P2P网贷市场主要所在国获得风投的平台数量以及融资总额情况来看,全球范围内各大资本均对P2P网贷行业青睐有加。

总体而言,在政策与资本并进的大环境下,P2P网贷行业整体呈现规范发展的态势,实力不够的平台将逐步退出这个舞台,未来行业前景仍然值得期待。

第三节　P2P的创新、优势

P2P网贷行业在我国发展至今,已走过12个年头。从2007年基于互联网行业产生的萌芽,到 2012 年以温州试点改革为起点的迅速扩张,再到 2013 年以后陆续出现的行业乱象进而带来倒闭潮,直至 2017 年逐步走向行业成熟阶段,P2P 网络借贷先后面临信息不对称、平台"跑路"、同质化竞争、监管乏力等多重问题与挑战,其中蕴藏的高风险也一直存在。

目前 P2P 网贷行业发展格局正是基于对这些难题的攻克而逐步得以完善。首先,技术的创新不断优化平台,催生新型竞争产品;其次,产业链融合带动 P2P 网贷行业垂直精细化,反哺传统行业的发展;最后,各层管理机制的健全不断加强风险的可控性,为投资者增加信心。相信未来 P2P 网贷投资的发展,也将沿着这些方向继续下去,引导 P2P 网贷投资向普惠金融行进。

一、技术创新提升 P2P 网贷综合实力

金融科技创新为 P2P 网贷行业发展带来了空前机遇。利用大数据,在消除信息不对称的同时,提升借贷效率及资金利用率,使 P2P 网络借贷相对于传统金融更受欢迎。许多行业参与者赶上了金融科技的班车,在金融大行业优胜劣汰的环境下,逐步脱颖而出。

一方面,随着 P2P 网贷行业进入规范发展阶段,未来网贷平台的关键竞争力将体现在金融系统的运维方面,操作简洁、用户体验好的 P2P 网贷平台将成为理财市场的佼佼者。互联网发展迅速,各种移动端成为人们工作、生活的重要工具,加之 PC 端的用户也不断向移动端转移,因此,合规的 P2P 网贷平台的移动端会更受投资人青睐,移动端投资将成为未来的发展趋势。

另一方面,随着大数据系统技术的发展,以替代传统投资理财顾问而生的智能投顾平台在国内外逐渐兴起,将为广大投资者带来前所未有的理财体验,或将掀起整个网贷投资行业的热潮。智能投顾(Robo-Adviser),顾名思义就是"人工智能+投资顾问",是指运用大数据识别用户投资偏好,再结合用户投资偏好及理财目标为其推荐合适的理财

项目。准确衡量智能投顾的标准如下:通过大数据获得用户个性化风险偏好及其变化规律;根据用户个性化的风险偏好数据,结合算法模型定制个性化的资产配置方案;利用互联网对用户个性化的资产配置方案进行跟踪调整;不追求不顾风险的高收益,在用户可承受的范围内实现收益最大化。目前,国内外智能投顾领域的代表性公司和产品有借贷机器人(Lending Robot)、个人资产(Personal Capital)、未来建议(Future Advisor)、星火智投等。

二、平台垂直精细化,反哺传统行业

P2P 网贷市场细分主要体现在投资段和资产端,如业务链的细分、投资者人群的细分以及相应的需求细分等方面。针对不同的精细化需求,平台逐渐呈现出垂直专业化发展趋势。

监管时代,行业内业务细分进程必将不断加速,产生大量专注于某一类投资者或者某一类资产等垂直细分型 P2P 网贷平台,如中小企业贷款、房地产贷款、票据贷款、学生贷款等多种类型。

目前,网络投资理财行业细分越来越明显,由于竞争压力巨大,P2P 网贷平台面临着严峻的形势。P2P 网贷平台目前缺少独立的风控体系,要在市场内发展,就需要平台从市场主体出发,从监管者角度考虑,专注产业垂直细分,做个性化、精细化产品。理清自己的行业发展模式,专注于一个精细市场,才能更加全面且深入地掌握行业的信息,专业化实现市场化的个性需求,有利于进一步发展。

与此同时,P2P 的垂直精细化发展,又将反哺传统行业,解决以往一些行业融资难的困局,为传统行业注入资金,带动行业创新发展。

三、各层管理逐步健全,加强风险控制

(一)监管层面

P2P 网络借贷行业运营至今,一直行走在灰色地带,伴随着诸多质

疑。政府机构日益重视创新金融发展,不断调整和适应,从最初的严厉管控到现如今的支持性管理,以促进行业良性发展。

就目前而言,监管主力在于加大信息披露力度,促进互联网金融平台信息透明化。中国银监会在 2017 年 4 月 12 日印发的《关于切实弥补监管短板提升监管效能的通知》中透露,其正在制定《网络借贷信息中介机构业务活动信息披露指引》。紧随其后,中国互联网金融协会向协会会员单位下发的《关于召开集中式信息披露平台接入培训会议的通知》中提到,由协会组织搭建的集中式信息披露平台将于近期上线试运行。《网络借贷信息中介机构业务活动信息披露指引》的下发和集中式信息披露平台的上线,表明信息披露力度在逐步加大,这将大大促进平台透明度的提升。

此外,各级金融监管部门也陆续开展行业调研,各个行业自律组织也开始兴起。中国小额信贷研究院、中国小额信贷联盟、小额信贷服务中介机构联合会、P2P 网络借贷平台联席会议等机构相继成立。

(二)行业层面

随着 P2P 网贷行业的整合发展,担保机构、银行存管、信征机构、评级机构等第三方配套体系将不断简明和改善,从多方位确保行业风险可控,构建安全的网贷投资环境。

去担保化是大势所趋。目前,由于国内社会征信体系的缺失,多数 P2P 网贷平台为分散风险,同时也为取信投资者,纷纷引入担保机制。P2P 网贷平台与担保公司合作进行资金担保的模式主要分为两种:一是平台自身有担保公司;二是与第三方担保公司进行合作。诸多 P2P 网贷平台"跑路"事件的发生,表明 P2P 网贷平台自担保所导致的风险不容小视,因此,为了促进整个行业的健康发展,P2P 网贷平台去担保化是必然趋势。P2P 网贷平台去担保,不是不保障投资人权益,而是在投资人权益保护与去担保之间建立一个立足点,实现行业发展与投资者权益保护共赢的目的。在投资人权益保障形式上将会更加丰富化，风险准备金、保险保障等都有可能成为主流，较好地解决风险负担、责任划分问题。

P2P 银行存管关乎用户的资金安全，也是平台合规运营的标志之一。尽管有业内人士指出，银行资金存管的隐形门槛，可能会加速 P2P 网贷行业优胜劣汰的进程，但是从长期来看，能有效避免以往出现的非法集资、诈骗等现象的发生，从源头控制平台道德风险，总体而言，银行存管的开放将有利于行业的长远发展。

此外，第三方征信机构、评级机构基于客观的尽职调查和风控体系，对 P2P 网贷平台形成了一定程度的行业监测，为平台提供了积极的成长与竞争环境。

（三）平台层面

市场竞争日益激烈的环境下，P2P 网贷平台应当加强自身管理，建立风险控制体系。作为信息中介的网贷平台，风控能力被视为核心竞争力。目前，我国的征信体系正处在加速建设完善阶段。在可以遇见的未来，我国的征信一定是传统征信与大数据征信的有效结合。互联网金融的大数据风控并不是完全改变传统风控，而是在丰富传统风控数据维度的基础上实现对金融风险的立体、动态、实时监测。例如，通过互联网的海量存储优势，从财富、安全、守约、消费、社交等几个维度来评判，为用户建立信用报告，形成以大数据为基础的海量数据库。目前，各大 P2P 网贷平台已经建立或者正在建立基于大数据的风控模型，以提升自身平台的风控能力。其中，国内较为领先的有星火钱包推出的互联网金融风险管理（Internet Financial Risk Manager，IFRM）风控体系。这一风控体系的特色在于，在买方视角的基础上，进行线上和线下的结合，并依靠 P2P 网贷行业大数据库以及智能监测分析系统，尽可能地降低信息不对称性，从而对入选平台进行综合评价。

第二章　P2P 网络借贷平台的问题与现状

第一节　P2P 网络借贷平台的业务模式

一、居间模式与债权转让模式

从网贷平台自身角色的不同来看,P2P 网贷平台的经营模式可以划分为两种不同的类型:一种类型是,网贷平台仅承担信息整合的任务,作为信息中介参与进来;另外一种类型是,把已经存在的债权放到网贷平台上进行转让,在法律关系上属于债权的让与,债权的受让一方通过债权产生的利息获取收益。P2P 网络借贷的兴起是由于现有的金融体系难以满足规模巨大的融资需求。P2P 网络借贷主要依托于互联网平台,发挥网络平台的信息优势,为需要融资的一方和拥有大量闲散资金并有投资意愿的一方之间搭建信息平台和交易平台,并从中抽取手续费、管理费等费用作为赢利点。这种作为"中介"的 P2P 网络借贷平台是兴起之初的 P2P 网贷的形态。居间模式下的 P2P 网贷平台所扮演的角色是信息中介,本身并不成为资金在法律意义上的拥有者,它只是利用网络整合信息的巨大优势,通过建立平台的方式汇集有借款意愿的借款人和出借能力的出借人,通过对双方信息的筛选和匹配,进而向出借人推荐借款人,并由二者达成借贷合同,平台通过从中赚取手续费的方式来赢利。换言之,P2P 网贷平台采取的是将分散的、额度较小的资金集中起来,根据一定的信用评估规则和借款规则,借给资金需求方的一种商业模式。[1] 这种模式之下,网贷平台既不是资金的流出方,也不是资金的流入方,也不承担储蓄资金的任务,而仅仅是利用其所汇集的巨大信息提供中介服务。因此,从法律关系上讲,此种经营模式下的网贷平台与出借人、借款人之间所签订的都只是居间合同。这种不参与资金的流动而只是作为信息中介的模式也被称为"简单"居间模式,因为这种模式下并不掺杂复杂的交易架构。[2]

事实上,居间模式和债权转让模式之间并不是完全对立的关系,因为作为借贷居间平台的 P2P 网贷平台同样可以从事投资人在平台上获得的债权的转让业务,二者实质的差别也不在于网贷平台是否可以从事其他债权的转让业务,此时平台还是作为一个中介平台而开展经营活动。债权转让模式与居间模式的实质差别在于,平台是否作为债权人从事债权让与业务。如果网贷平台自己参与到债权转让模式的经营之中,那么他就不再是一个单纯的居间人,而是发放贷款的主体。网络借贷平台自兴起以来在我国已经有十余年的时间,从最初的"野蛮生长"到如今逐渐被纳入合法合规的管控之中,其经营模式和自身定位也经历了多次的变化。在域外,无论是美国、欧洲还是澳洲,网络借贷平台也都正处于蓬勃发展的过程当中。从比较的视角来看待网贷平台,能够更好地发现它的发展轨迹,获得更多启发。本部分以网络借贷的两种基本模式为切入点,首先从域外网络借贷平台经营模式的研究出发,以求对我国网络借贷平台的经营模式及网络借贷平台中可能存在的问题进行系统的分析和介绍。

---

① 彭龙、闫琳:《中美两国 P2P 网贷平台发展运营模式对比》,《国际论坛》2018 年第 3 期。

② 纪海龙:《P2P 网络借贷法律规制的德国经验及其启示》,《云南社会科学》2016 年第 5 期。

（一）美国的网贷平台：以借贷俱乐部和繁荣为例

在美国，最大的两家网贷平台分别是借贷俱乐部和繁荣，近期一些新的网贷平台，如目前专注于高等教育助学贷款市场的"社会资"助（Social Fiance）、专注于抵押贷款的"借贷之家"（Lending Home）以及2016 年刚刚成立的"升级"（Upgrade）等平台发展势头也颇为迅猛。总的来说，美国的 P2P 网贷平台中发展最成熟的是借贷俱乐部和繁荣，二者可以作为美国 P2P 的典型代表，且事实上已经占据了美国市场上最多的份额。而"升级"作为融合了科技因素的新兴网贷平台，又将会对美国网贷行业的未来发展产生积极影响。以下主要就这三个平台的不同经营模式展开介绍。

1. 借贷俱乐部

借贷俱乐部的经营模式可以划分成三个不同的阶段。

（1）第一阶段："本票模式"

"本票模式"是借贷俱乐部最初采取的模式。在这一模式中，具体操作流程如下：①借款人向借贷俱乐部提出借款申请；②借贷俱乐部审核并同意借款人的借款申请之后，要求借款人签发贷款本票并向借款人发放相应金额的贷款；③借贷俱乐部在平台上转让本票给投资人。[①]在整个操作流程中，借贷俱乐部平台的角色实际上是贷款本票转让的居间人，对于投资人无法追回投资的风险不承担违约责任。除此之外，借贷俱乐部还为平台上完成的每一笔交易提供相应的后续服务，典型如贷款到期后向借款人发出偿还贷款的提醒。这种模式下平台的赢利主要依靠收取客户的服务费。这样看来，借贷俱乐部早期的"本票模式"本质上是居间模式的形态，但此时平台还需要先行向借款人支付贷款，因此与上文提到的居间模式存在一定的差异。也正是这种先行

---

① 参见廖理、贺裴菲：《从借贷俱乐部业务模式转变看 P2P 金融监管》，《清华金融评论》2014 年第 2 期。

向借款人付款的行为使借贷俱乐部的发展不得不面对执照取得和利率限制等问题。因为在美国,各个州均要求贷款业务的经营者在本州获得执业牌照,且符合该州自行设定的利率界限。因此,借贷俱乐部如果想要扩大其业务范围就必须要获得其他州的借款执照,并且还要保障其借款利率低于其开展的业务所在州的利率限额,这无疑极大地限制了借贷俱乐部向全国范围扩张的步伐。

(2)第二阶段:"银行模式"

为了解决上述问题,借贷俱乐部逐渐放弃了"本票模式",而转向"银行模式"。相比于"本票模式",银行模式的优势在于,借贷俱乐部不再是向借款人发放贷款的主体,因此也不会再成为出借方,从而得以避免了逐一取得各个州借款牌照的麻烦,有利于其快速地向全国范围发展。此种模式之下,向借款人发放贷款的主体是借贷俱乐部的合作银行,在其具体的操作流程上除了贷款是银行发放以外,其余与"本票模式"完全相同。值得一提的是,借贷俱乐部选择的合作银行是在犹他州注册的维伯银行(WebBank),这一银行选择能够帮助借贷俱乐部避开利率上的麻烦,也是推动其向全国发展的巨大优势之一。因为根据美国《1980 年存款机构解除管制与货币控制法案》(DIDMCA)的规定,由美国联邦存款保险公司(FDIC)提供存款保险的银行可以将贷款最高利率选定为:贷款发生州的最高利率或该银行所在州的最高利率,即可以向其他州输出利率。而维伯银行不仅由美国联邦存款保险公司承保,其所在的犹他州并未对借款利率设定上限。这样一来,借贷俱乐部就可以向美国其他州发放无利率上限的贷款。在这种模式下,借贷俱乐部需要维伯银行支付一定的费用,而维伯银行在出售贷款时也需要向借贷俱乐部支付一定的费用,二者之间的差额就构成了借贷俱乐部的营业收入。

(3)第三阶段:"证券模式"

但是上述"银行模式"并未能持续太久,2008 年美国证券交易委员会(U.S.Securities and Exchange Commission,简称为 SEC)将借贷俱乐部的经营模式认定为是证券发行行为,要求借贷俱乐部进行整改。原因在于,根据美国《1933 年证券法》的规定,证券也包括投资合同。而关于投资合同的定义,美国最高法院在一则判例中予以明确:"投资者将钱投资于一共同业务,并且仅仅依赖他人的努力即可获取利润"的安排即为投资合同。① 美国法上的其他判例也表明,美国法中的证券法主要用于规制投资行为,因此如何给投资安排命名并不影响对其是否属于证券的认定。② 为此,借贷俱乐部不得不停业整顿,转入"证券模式"。其中最大的差别在于,证券模式之下,借贷俱乐部的定位不再是中介机构的角色,而是扮演着证券发行人的角色。亦即,平台上的投资人购买的是借贷俱乐部发行的"债券",投资人是借贷俱乐部的债权人,其与借款人之间也就不存在借贷法律关系。美国证券交易委员会这么做的目的是为了把借贷俱乐部放在美国证券监管的体系之下。这种监管的直接效果就是借贷俱乐部必须要履行相应的信息披露义务。

在监管的压力下转为证券模式之后,借贷俱乐部成为放款人,在资产端解决融资问题就是重中之重。借贷俱乐部主要有三种融资方式:其一,是发行可以由普通投资者通过平台直接认购的债权凭证(borrower payment dependent notes),可选择的贷款类型只有个人贷款,且有最高额限制。这种公开募集的债券的具体操作流程为:①借款人向借贷俱乐部提出借款申请;②平台审核通过后,由合作银行维伯银行放款给借款人;③作银行维伯银行出售债权给借贷俱乐部;④借贷俱乐部发行债权凭证,投资人在平台上购买债权凭证,成为借贷俱乐部的无担保债权人。其二,是以私募的方式发行信托凭证,只有合格投资者才可以认购。其具体操作流程为:①借款人向借贷俱乐部提出借款申请;

---

① SEC v.W.J.Howey Co.,328 U.S.293 (1946).参见朱伟一编:《美国证券法判例和解析》,中国政法大学出版社 2013 年版,第 3 页。

② Reves v.Ernst & Young,494 U.S.56,61(1990).

②平台审核通过后,由合作银行维伯银行放款给借款人;③合作银行维伯银行出售债权给借贷俱乐部;④借贷俱乐部设立的信托从平台处获得债权;⑤私募基金寻求合格投资者作为基金的有限合伙人;⑥基金投资信托发行信托凭证。其三,是直接出售债权,其目标客户是以银行为主的机构投资者,机构投资人购买贷款后便拥有贷款的全部权利和本金利息。其具体操作流程相对简单,只需要机构投资者直接从借贷俱乐部的平台上购买债权即可。此外,借贷俱乐部还多次参与了债权的证券化项目,2017 年更是作为项目发起人发行债券。

综上,借贷俱乐部在其上线之后一共经历了两次模式转变,每一次转变都是受制于美国监管体系的必然选择。不同的是,第一次转变是为了寻求更大发展的自发行为,而后一次则是在监管机构要求下迫不得已进行的转变,前一次转变并未导致其"中介性质"的改变,后一次转变则直接导致了借贷俱乐部从最开始的中介人转变为发行证券的债权人。

2. 繁荣

繁荣在 2008 年同样被勒令整改,但是由于繁荣未能及时达到美国证券交易委员会的整改要求,因此直到 2009 年才重新运营,目前是全美第二大的网络借贷平台。繁荣的运营模式可以分为两个阶段:

(1)第一阶段:"反向拍卖模式"

反向拍卖模式中,平台本身处于中介人的地位,不参与借贷关系。虽然也是处于中介人的地位,但繁荣的模式与前述借贷俱乐部的本票模式还存在一些区别,因为繁荣甚至都不曾短暂地作为出借人放款。其具体操作模式为:①由借款人在繁荣上申请借款,平台审核通过后会将借款申请在平台上展示出来;②投资人自行决定是否放款,各个投资人自行设定利率,由借款人自行选择最低利率的一方作为出借人。后来,由于美国证券交易委员会的要求繁荣暂时停止业务,重新上线之后,则采取了平台根据借款人风险的不同设置固定利率,然后由投资人选择不同的风险收益水平的借款人进行出借,但平台本身并不承担违约的风险。不过2010年之后繁荣彻底放弃了这种模式。这也是为了达到美国证券交易委员会的监管要求而不得不进行的放弃。在以上两种模式中,繁荣都是处于中介机构的地位。

(2)第二阶段:"证券模式"

由于网络借贷业务受到美国证券交易委员会的全面监管,繁荣重新运营后采取的也是"证券模式"。具体来说,繁荣与维伯银行合作,首先由借款人发出申请,平台审核通过后,由维伯银行向其发放贷款,之后维伯银行再将债权转让给繁荣,再由繁荣以"资产支持证券"的形式出售给投资人。此时,繁荣直接成为借款人的债权人,而投资人是繁荣的债权人。在偿还本金和支付利息的过程中,借款人将利息按期支付给繁荣,繁荣扣除必要的服务费等赢利之后再作为收益支付给投资人。

综上,繁荣最终也采取了和借贷俱乐部一样的债权转让模式,二者都可以对债权进行证券化处理,这是美国法中的监管体系所决定的,通过将它们纳入证券法的监管体系,实现了对它们的规制和管理。

3. 升级

升级成立于2016年,是美国新兴的网络借贷平台,其创始人曾是美国第一大网贷平台借贷俱乐部的创始人之一。在经营模式上,升级与上述两个平台类似,也是采取与犹他州的维伯银行合作的模式,由该银行向借款人提供资金,银行再将债权转让给平台,再由专业机构对平台获得的债权进行资产的证券化设计。从这点上来看,升级与借贷俱乐部、繁荣均无不同,但是其在发行对象上主要以机构投资者为主,这与借贷俱乐部也针对普通大众开放投资不同。有报道称,升级结合了区块链的技术,如果这一消息属实,则将会是升级的一个巨大优势所在。因为借贷俱乐部在2016年年初曾出现过伪造贷款数据的事件,其向专门进行资产证券化处理的公司销售的贷款存在多处伪造瑕疵,这件事也直接导致了时任借贷俱乐部负责人的拉普兰奇尔(Laplanche)

的离职,并创办了升级。区块链技术的引入则可以更好地避免这一问题的发生,即通过给每一笔交易加注时间标记并创建不可修改的记录,以加强数据真实性。从这个角度来看,升级虽然现在的规模还远不如前二者,在模式上也必须要受制于监管而无更多的创新,但是在金融与科技手段的融合上,升级或许可以走得更远。

(二)英国的网贷平台:以协议空间和筹资社群(Funding Circle)为例

1. 协议空间

全球第一家 P2P 网络借贷平台协议空间在英国获得不俗的成绩,并先后在美国、意大利和日本等国家开设分公司,但最终都以关闭告终。协议空间是典型的采取居间模式的网络平台,具体操作流程为:(1)投资者向其开设的协议空间账户中充值;(2)借款人向平台提出申请,平台审核通过;(3)投资人从其账户的余额中向借款人发放贷款。此外,投资人也可以在平台上转让其对借款人的未到期债权。协议空间平台上的借款利率是根据借款人的具体情况来确定的,利率越高也就意味着风险越大。协议空间的主要赢利点包括两类:其一是针对借款人收取的服务费和交易费;其二是针对投资人转让债权时收取的债权转让费。

协议空间的经营模式总体上较为简单,是最为简单的居间模式,平台自身只是信息中介,但随着其于 2018 年 8 月再次获得 4400 万英镑的融资后,已经有了争取银行牌照的计划。这意味着协议空间已经开始新的战略布局,从单纯的居间模式转向可以从事存款业务和贷款业务的平台。事实上,想要取得银行牌照的 P2P 网贷平台并非独此一家,美国的社会资助也曾计划争取银行牌照。

2. 筹资社群

筹资社群成立于 2010 年 8 月,其业务范围不限于英国本土,还进军美国、德国、挪威和西班牙(后退出)等国家和地区,具有全球化的发展趋势。以下就其在英国本土的经营模式进行介绍:筹资社群采取的经营模式也是以撮合交易的居间模式为主,由平台上的投资人直接向借款人出借。而筹资社群的获利模式主要是收取撮合交易的服务费等。操作流程也类似于拍卖模式,由投资人给定利率,再由借款人选择较低的利率贷款,具体包括三种:手动竞拍、自动竞拍和债权让与,第一个是由投资人自行决定,第二个是由平台根据投资人设定的需求数据进行选择,第三个则是整笔债权的让与。

(三)德国的网贷平台:以奥克斯财富为例

德国最主要的两家网贷平台分别是奥克斯财富和斯玛瓦(Smava)。斯玛瓦成立于 2007 年 2 月,是德国第一家 P2P 网络借贷平台。奥克斯财富于 2007 年上线,是目前德国最大的 P2P 网络借贷平台,位于德国城市杜塞尔多夫,以下就其经营模式做详细介绍。

奥克斯财富是一家专注于个人借贷业务和消费借贷业务的网络平台。首先,德国的金融监管体制决定了 P2P 网络平台采取简单的居间模式开展经营存在法律风险。《德国金融业法》第一条中涉及了"存款"的定义,所谓存款是指,"接受他人金钱作为存款,或自公众接受需无条件归还的金钱,且还款义务并未被证券化为不记名债券或指示债券,是否应支付利息在所不计"。这一规定概括了存款业务概念的核心:需要无条件归还且自公众处获得。因此,如果不具有银行资质的经营者吸收公众存款达到一定数额即会引发监管。虽然 P2P 网贷平台在居间模式中不属于直接吸收存款的一方,只有借款人才是,但根据上述《德国金融业法》第三十七条的规定,"某主体虽然自己没有非法吸收公众存款,但如果其帮助他人开展和实行非法吸收公众存款活动的,金融监管部门有权禁止其从事该种活动"。因此,居间模式下的 P2P 网贷平台在德国会遭遇法律风险而不可行。事实上,在德国,按照监管机构的要求,只有银行才可以发放贷款,在无 P2P 网贷平台参与的情形下,由借款人向银行借款,银行再将债权作为产品出让给投资人,此时并不需要 P2P 网贷平台的介入。如果 P2P 网贷平台要参与到其中来,那么必须选择与一家银行合作,接受银行的债权,面向投资者出售,即所谓的债权转让模式。

包括奥克斯财富在内的德国网贷平台采取的都是债权转让模式。奥克斯财富的合作银行是史丹利百得(SWK),史丹利百得会对向平台提出申请的借款人打分以确定利率,然后放贷给借款人,并对借款人取得的债权,挂在网贷公司的平台上,由投资者展开竞标。此时,按德国法的规定,网贷平台从事的是投资中介业务,原则上需要取得相应的投资中介业务牌照,但是如果网贷平台不占有客户的资金,则无须取得该牌照。[①] 此外,德国法同时要求,P2P 网贷平台不得对债权的期限进行拆分。最后,德国法中的债权转让模式并未纳入证券法之下进行监管,由于投资债权的行为属于对债务人保证还本付息行为的投资,为《德国财产投资法》第一条的规定所包含,故而德国法主要通过该法律就网络借贷的问题对投资者加以保护。

(四)法国的网贷平台:以联盟贷款(Prêt d'union)为例

与德国和美国相类似,法国的网贷平台也是自一开始就和银行紧密联系在一起的,需要取得银行牌照或者与银行合作。法国的第一大网贷平台是联盟贷款,于 2009 年由法国国家银行出资设立,也是法国的第一家网贷平台。作为由银行出资设立的网贷平台,联盟贷款自其创立时起就具有得天独厚、无可比拟的优势。值得注意的是,联盟贷款平台本身不提供任何形式的担保,投资者需要自担风险。在具体的操作模式上,联盟贷款平台的投资者既可以选择单个借款标的进行投资,

---

① 纪海龙:《P2P 网络借贷法律规制的德国经验及其启示》,《云南社会科学》2016 年第 5 期,第 119 页。

也可以接受联盟贷款提供的 5 个"投资基金"以投资到平台的各个标的。

从这四个国家的状况进行对比分析可知,P2P 网络借贷的鼻祖协议空间采纳的是撮合交易的信息中介的模式,美国法上的借贷俱乐部和繁荣虽然都是以居间模式开始,但是随着监管机构的介入已被归入现有的监管体系内开展经营活动,升级则自其创立之初就因为要接受证券法体系的监管而采取了"证券模式"。在德国,由于存在复杂的监管法规,居间模式的路径则是从一开始就被否定,债权转让模式成为现行监管体系下的必然选择。在法国的监管体系下,P2P 网贷平台以银行牌照为基础,因此完全可以从事任何银行业务。这四个国家的金融监管体系均较为完善,P2P 网络借贷的发展必须要与现有的监管体系相适应,换言之,在很大程度上,正是不同国家各自的监管体制塑造了各自 P2P 网贷行业的模式选择。

二、我国的 P2P 网贷模式选择

我国的 P2P 网络借贷起步也很早,但是由于监管体系的不健全,P2P 网贷平台的发展始终伴随着漏洞百出的问题平台,良莠不齐、鱼龙混杂。直到近几年来,随着相关的网贷监管政策和法律法规的不断健全,诸多平台被强制要求进行整改,国内的 P2P 网贷平台才走向了良性的发展道路,本部分拟从我国第一家 P2P 网贷平台的兴起开始讲述,对近十年来 P2P 网贷平台发展中存在的乱象以及现有监管体制下 P2P 网贷平台的应有形态做较为详细的介绍。

(一)居间模式

我国的金融实践中,采用居间模式的 P2P 网贷平台最典型的就是成立较早的"拍拍贷"。拍拍贷的平台本身一般不参与借款,更多具备的是信息匹配、工具支持和提供各种服务的功能。如今,拍拍贷典型的个人借款业务具体运作模式为:(1)打开"拍拍贷"的官方网站,借款人选择"我要借款",然后逐一把自己的借款原因、借款金额、预期年利率、借款期限填写在上面,借款人的借款申请会被投资人看到;(2)投资人可以根据其显示的信用等级及个人详情进行投标,如果资金筹措期内,投标资金总额达到借款人的需求,拍拍贷的工作人员就会对借款人进行审核,审核通过后则意味着此次借款宣告成功,借款人将按月向放款人还本付息;(3)若未能在规定期限内筹到所需资金,该项借款计划则为流标。此外,在"拍拍贷"的平台上,还可以进行债权转让业务,即投资人将其在平台上获取的债权挂出转让给其他投资人,这种模式下,债权是直接由出让人转让给受让人,平台本身不接受债权,仍然属于居间模式。

(二)债权转让模式

作为与居间模式相对立的债权转让模式,是指第三人将其对借款人已经成立的债权转让给网贷平台,网贷平台取得债权后成为借款人的债权人,收取借款人的利息,网贷平台再将债权进行拆分重组后将其出售给投资者,投资者从网贷平台处获得投资收益。因此在法律关系的架构上就存在多个法律关系,但总的来说,在借款人和平台之间形成借款的法律关系,在平台与投资人之间形成投资理财的法律关系。显然,此时平台已经不再是单纯地提供信息中介服务,而是作为信用中介机构参与经营活动中来,承担信用风险,在资金的流通过程中以自己的信用作为担保,保证投资者的本金和利息的安全。[1]

债权转让模式相比于居间模式具有更大的灵活性。因为在居间模式下,由于平台不主动进行干预,出借人出于对自己资金安全的担忧,可能对借款人的借款金额、借款期限等均有一定的预期,如果达不到预期,则无法促成交易。换言之,在居间模式下,出借人与借款人之间的

---

[1]　参见零壹财经·零壹智库:《中国 P2P 借贷服务行业发展报告 2017》,中国经济出版社 2018 年版,第 281 页。

联系是"匹配"出来的。而在债权转让的模式下,出借人对借款进行干预,此种干预的显著特征就是由与平台相关的专业放贷人先在借款人一侧将资金借出,然后再由平台对其享有的债权进行切割,这种切割可以将借款金额和借款期限设计成达到出借人想要的标准,从而满足出借人的不同需求。因此可以说,在债权转让模式下,出借人与借款人之间的联系是"设计"出来的。

　　从以上介绍的域外的 P2P 债权转让模式来看,最先向借款人形成债权的都是银行,如美国的维伯银行等,但是我国逐渐发展出来的网贷债权转让模式却不是银行在参与,而是由个人以自己的名义向借款人放款形成债权,亦即所谓的"专业放款人"。这类专业放款人实质上是网贷平台的高管或者员工。我国金融实践中这种通过专业放款人进行的债权转让模式的典型代表就是宜信财富,以至于这种模式甚至被称为"宜信模式"。其具体运作模式为:(1)借款人提出借款申请,在进行审查之后由宜信创始人唐宁或者其他公司高管、员工作为初始的借款人以其个人名义以自有资金出借并取得对借款人的债权;(2)平台将债权进行数额和期限的错配后再面向投资人作为理财产品进行销售,获取资金;(3)之后平台可以通过使用从投资人处获得的资金发放贷款。同时,在这种模式下,线上平台的作用仅限于提供交易的信息,而具体交易手续的办理、交易程序的完成都是通过线下理财门店来完成的。一方面,是专业放款人与借款人之间的自然人借贷关系;另一方面,则是网贷平台以理财产品的名义兜售拆分错配过的债权。这种复杂的交易架构设计的经济根源是为了通过将"匹配"改为"设计"而更好地实现产品的销售;而其法律根源则在于我国法律上禁止除银行以外的法人及其他机构组织从事发放贷款的活动,但是自然人之间的借款合同是《中华人民共和国合同法》所明确允许的。[①] 如果自然人以此

---

　　① 冯果、蒋莎莎:《论我国 P2P 网络带宽平台的异化及其监督》,《法商研究》2013 年第 5 期。

为业,从而使其成为一种营业行为,虽然目前法律尚未明确禁止,但不排除存在法律风险的可能。国务院原法制办(现已并入司法部)曾经起草并征求意见的《非存款类放贷组织条例(征求意见稿)》就曾尝试对商业银行以外的放贷人增设行政许可。针对宜信的线下模式存在大量批评的声音:

(1)有观点提出,在宜信主导的所谓"线下交易"模式中,P2P 网络贷款平台借助其创始人之手巧妙地实现了债权资产证券化,并通过理财产品的出售等形成资金池,使其具备银行拥有的吸储、放贷及理财等诸多功能。① P2P 网贷平台只有最初利用了自有资金,之后完全是依靠从投资者那里吸纳来的资金进行放贷并收取利息,再定期返还给投资者一定的收益(相当于银行利息),完全是利用资金池进行吸储和放贷的业务,相当于是"影子银行"。而按照《中华人民共和国商业银行法》的相关规定,"未经国务院银行业监督管理机构批准,任何单位和个人不得从事吸收公众存款等商业银行业务,任何单位不得在名称中使用'银行'字样"。按照这种观点,宜信主导下的债权转让模式无疑违反了法律的强制性规定。

(2)另外一种观点则侧重债权拆分的角度,认为在债权转让模式下,对债权进行金额拆分和期限拆分,使原本"一对一""一对多"或"多对一"的 P2P 网络借贷关系变为"多对多"的债权关系,实质上就是利用债权的拆分和转让进行资产证券化。②

事实上,这种为我国独创的"线上+线下"的模式已经很大程度上抛开了平台,虽然这符合我国目前征信体制不完善的状况下加强对借款人的信用审核的趋势,但是毫无疑问会导致资产端与资金端的失衡(投资涌入而可投资的项目不足)、成本畸高而大大挤占网贷平台的赢

---

① 冯果、蒋莎莎:《论我国 P2P 网络带宽平台的异化及其监督》,《法商研究》2013 年第 5 期。
② 易燕:《网络借贷法律监管比较研究》,《河北法学》2015 年第 3 期。

利空间。同时从投资人保护的角度来看,这种线下模式中网贷平台扮演着使用投资人财产用于出借贷款的角色,是违反《中华人民共和国商业银行法》等法律的强制性规定从事着"影子银行"的行为。更为令人担忧的是,由于线下平台中从事投资的多是老年人等弱势群体,线下模式还为非法吸引公众存款、集资诈骗等行为大开方便之门。而且这种风险已经充分地暴露了出来,在线下模式最为活跃的早期,一大批 P2P 网贷平台纷纷开展此种模式,都已经纷纷"暴雷"。

典型案例:

"善林金融"①:善林金融成立于 2013 年,总部位于上海,在全国开设 1000 余家线下门店,招聘员工并进行培训后,通过广告宣传、电话推销及群众口口相传等方式,以允诺年化收益率 5.4%—15% 不等的高额利息为饵,向社会不特定公众销售所谓的"鑫月盈""鑫季丰""鑫年丰""政信通"等债权转让理财产品;自 2015 年 2 月起,又在互联网上开设"善林财富""善林宝""幸福钱庄""广群金融"等线上理财平台,对外大肆销售非法理财产品,涉案金额 600 余亿元。但事实上,"善林金融"对外宣称的投资项目根本不具备赢利能力,"善林金融"不过是通过推出各种不同期限、不同收益率的理财产品,吸收社会大众资金形成资金池,其通过借新还旧的方式偿还前期投资人到期本息,并供平台的实际控制人等任意使用。"善林金融"的线下模式不仅涉及非法吸储、非法销售理财产品,还涉及虚构标的、非法吸收公众存款等一系列违法犯罪行为。

正是基于此种原因,线下模式遭受了监管机构的严厉抵制,网络借贷平台今后在我国不能再开展线下业务,只能通过网贷平台开展线上业务。同时,这也意味着以宜信为代表的债权转让模式也必将走向终结。北京市监管部门于 2017 年下发的《网络借贷信息中介机构事实认

---

① 邬春阳:《"善林金融"特大集资诈骗案告破,揭开 P2P 金融理财非法集资外衣》,《中国防伪报道》2019 年第 2 期,第 26 页。

定及整改要求》中对宜信模式的诸多违法行为都作出了明令禁止,其中第 52 条即对宜信模式中通过公司高管放贷的行为作出了明确的禁止性规定,亦即"不得先通过专业放贷人向借款人提供资金,嗣后再向投资人转让债权,并将投资款直接划入专业放贷人账户"。

三、我国 P2P 网贷平台的违法模式

由于监管的缺位和平台定位的不明确,在一段时间内,既有网贷平台通过网贷平台的噱头大肆进行诈骗行为,也有网贷平台借债权转让模式的东风违法扩张。以下结合案例对这些违法模式做详细介绍。

(一)刚性兑付

从域外的 P2P 网贷发展来看,网贷行业多是采取无担保的信用贷款,虽然也会提取一定的风险保证金以应对逾期风险,但是网络借贷平台并不提供保本保息和回购以及类似的承诺。我国的网络借贷平台为了吸引投资者,常常提供保本保息的刚性兑付承诺。即使未明确提出,实践中也常常通过期限拆分和错配的方式予以实现。德国的网络借贷通过对债权拆分原则上只是对数额进行拆分,即将大额的债权拆分为小额的债权,但是却不对债权的期限进行错配。如将一笔两年期的债权先出让两个月,从而投资人两个月期满后要求支付本息的请求权便不能向借款人主张,而是只能向网贷平台或其关联公司主张。实践中的操作方式一般是在两个月到期后,网贷平台或其关联公司有义务赎回债权。一旦平台或平台的关联公司负担赎回债权的义务,那么平台便负担了保本付息的义务。[①] 期限错配存在的问题也引起了监管机构的高度注意,《互联网金融风险专项整治工作实施方案》中明确提出,"P2P 借贷平台不得代替客户承诺保本保息、期限错配、期限拆分"。

[①]　纪海龙:《P2P 网络借贷法律规制的德国经验及其启示》,《云南社会科学》2016 年第 5 期。

（二）自设资金池

在我国网络借贷的 P2P 平台上有一种极其危险的违法行为,即设立资金池。这是大量"暴雷"的网贷平台都会采取的一种经营方式。所谓资金池,从其字面含义理解就是把资金都放在一个池子里,亦即存在一个机构,负责不断地吸入资金和放出资金,保障资金的不断注入和流出,使资金池事实上呈现一种不断变化的状态。银行的模式就是典型的资金池模式,银行的典型业务模式包括不断地吸收储蓄和放出贷款。自设资金池的网贷平台即是将投资者的资金都存在平台的账户之中,这样一来就可能产生网贷平台随意地挪用投资者资金的道德风险,危害极大。而且资金池的方式也具有极大的流动性风险,被挪用的资金池又需要新注入的资金不断地进行补充,平台能够持续所依靠的完全是后面的投资者所投入的资金,一旦流入的资金无法满足流出的资金的需求,那么整个平台就会崩溃,会发生我们所常见的一系列"跑路"事件,这也就是我们通常所说的"庞氏骗局"。因此,我国监管规则中通常对自设资金池的行为严令禁止,只有银行等少数金融机构可以从事此类业务。

与之相对的是由第三方机构对银行资金的存管或托管,第三方对资金的托管下,由第三方对投资者的资金运行进行监管管理,以防止网贷平台对资金的挪用,但是根据第三方托管模式的不同,平台对资金的控制力也不同,托管后可能存在的挪用风险也是不同的。自设资金池是大多数违法的网贷平台都要采取的一种行为,因为只有自设资金池才能实现对资金的挪用。

典型案例:

"钱宝网"和"唐小僧"①:钱宝网被警方立案调查的时间是 2017 年

---

① 宋杰:《起底钱宝网七年大骗局》,《中国经济周刊》2018 年第 2 期,第 32 页。

12月29日,根据警方披露的信息,据平台主要负责人张某本人的供述和警方的初步调查,张某等犯罪嫌疑人以钱宝网为平台,收取用户保证金,采用吸收新用户资金、用于兑付老用户本金及收益等方式,向社会不特定公众吸收巨额资金,涉嫌非法集资犯罪活动。而唐小僧平台在2018年6月被警方立案调查,根据相关报道显示,唐小僧平台更是始终没有将资金放在银行进行存管。事实上,此类自设资金池的网贷平台都具有某些鲜明的特征和表现。首先,这些网贷平台都会给出极高的收益率。"钱宝网"的收益率足以达到60%—70%,而"唐小僧"的收益率也可以达到40%左右,钱宝网凭借诸如"看广告,获佣金"等花样繁多、引人瞩目的方式吸引了大量的投资者,才得以维持5年的时间。其次,此类网贷平台为了快速地吸纳新资金,防止资金链断掉,还必须要把长期项目拆分成短期项目向投资者售出。最后,由于会存在大量的虚假项目,因此,很多项目的介绍信息都语焉不详。

"宝丰创投"①:正鼓公司于2013年8月1日成立,股东和实际控制人是孙某。正鼓公司从事的是担保投资业务,主要是向不特定第三人吸收公众存款后将该笔款项放给第三方,公司既没有融资的资质也没有报批报备。2013年8月21日,正鼓公司在网上设置了网站,"宝丰创投"在该网址上发布招标融资信息让社会不特定人员进行投资,最初用了"秒标"来吸引人,后改为"月标"。投资人在网站上申请一个账号注册后就可以进行投资。正鼓公司用于接收款项的银行账户是孙某本人的个人银行账户,共有招商银行、农业银行、建设银行及工商银行4个账号,投资人将钱转到孙某的个人账户后,孙某随即就会将钱用网银转走,共吸收了2000万元左右的资金。宝丰创投平台上所显示的标的则都是关联人孙某锋的项目,有夜总会装修、股权质押等,都是由孙某锋带着投资者到实地考察。孙某锋为正鼓公司提供的担保均为无

---

① 该案例参见广东省高级人民法院(2016)粤刑终357号民事裁定书。

法实现财产权利的虚假担保,其收到的被害人的资金亦未用于项目经营,而是用于偿还本案外的个人债务或被挥霍。最终案发时,正鼓公司尚未归还被害人投资款 17992396.02 元人民币。根据《最高人民法院关于审理非法集资刑事案件具体应用法律若干问题的解释》的有关规定,集资后不用于生产经营活动或者用于生产经营活动与筹集资金规模明显不成比例,或肆意挥霍集资款,致使集资款不能返还的,应当认定具有"非法占有为目的",属于集资诈骗行为。孙某和孙某锋的行为最终被认定为集资诈骗罪。

"徽金所"[①]:徐某、杨某与蒋某发起设立了安徽哲成金融信息服务有限公司,哲成公司先后搭建并运营了名为"一方金融"和"徽金所"的两个互联网融资平台。通过互联网、电话、散发传单等方式向社会公开宣传其是开展互联网融资中介业务,并在网络平台上发布融资标的(含部分虚假标的),承诺给予8%—12%不等的年化收益率,按月付息到期还本,大量吸引社会公众投资。实际上哲成公司并非从事融资中介业务,而是将通过第三方支付平台收取的投资款转入该公司账户或者财务人员杨某的个人账户,甚至直接转入哲成公司的账户,再将所吸收的资金用于对外放贷赚取利息差,并采取用后期吸收的资金偿还前期投资人的本金计利息的方式来维持公司的运转。

车贷汇[②]:邵某系深圳市汇银通金融信息服务有限公司(以下简称汇银通公司)的法定代表人,"车贷汇"为汇银通公司旗下运营的网贷平台,"车贷汇"网贷平台自2014年6月开始上线营业。"车贷汇"自上线运营以来,一直面向不特定投资人进行融资,汇银通公司通过其下设的营业部积极开发借款客户,并利用自有资金先行把借款支付给借款人,再将借款信息发布至"车贷汇"网贷平台通过债权转让的模式向投资人融资,融资后再由汇银通公司自行出借给其他借款人谋取利息

---

① 该案例参见合肥市中级人民法院(2017)皖 01 刑终 569 号民事裁定书。
② 广东省深圳市宝安区人民法院(2016)粤 0306 刑初 3037 号刑事判决书。

差,形成资金池的运作模式。此外,汇银通公司同时与深圳市神州通宝金融服务有限公司(另案处理)旗下运营的"神州通宝"网贷平台进行合作,双方签订融资协议,汇银通公司将借款人的汽车完成抵押放贷后,以债权的形式整体打包给深圳市神州通宝金融服务有限公司,由"神州通宝"网贷平台发标吸收投资资金,融资后再由汇银通公司自行出借给其他借款人谋取利息差,形成资金池的运作模式。

"车贷汇"的投资方式分为线上和线下两种。线上模式中,投资人可通过"车贷汇"网贷平台网站注册账户后进行线上或线下充值并投标获取收益,线上充值使用宝付支付、连连银通、双乾支付三家第三方支付平台。线下模式的充值则直接转账至邵某的中国农业银行个人账户或支付宝账户,转账成功后由汇银通公司出纳在"车贷汇"网贷平台后台修改注册账户信息并进行备注,线下投资款作为汇银通公司自有资金由邵某的中国民生银行账户进行操作。最终,经法院审理认为,邵某非法吸收公众存款,数额巨大,其行为已构成了非法吸收公众存款罪。

(三)虚假标

虚假标是不合规的网贷平台惯常采用的一种欺骗手段。由于网贷平台上的投资都是线上审核,除了可能遇到借款人信用造假之外,还可能遇到的是平台伪造投资标的欺骗投资人的情形。虚假标的在大量的"暴雷"网贷平台中均有涉及,通过虚假标的吸引投资者投资从而达到自设资金池的目的。虚假标主要具有如下特征:首先,在标的的信息披露上十分模糊,由于虚假标的的资料均为伪造,极其不完善,所以对外公布的信息上必然会十分模糊。其次,虚构标的也需要真实的身份信息,因此往往是公司的大量内部人员在平台上借款,且会出现同一个人在平台上反复借款的情形,有些平台甚至为了规避同一个人多次出现的情形,而盗用他人的身份资料信息在他人不知情的情况下伪造材料发布虚假标的。为了增强投资者的投资信心,网贷平台纷纷采取手段去保证平台上的标的是真实有效的。其中的典型代表如网贷平台微贷网推出的"投资人监督委员会",投资人监督委员会由投资人自愿组成,主要负责的工作是定期对贷款标的进行审查,以排除存在虚假标的的可能,任何投资者都可以自愿申请加入。总的来说,投资人监督委员会的设立不仅增强了投资者的信心,还保证了微贷网平台上的标的质量,至今为止,微贷网尚未出现虚假标的。

典型案例:

e 速贷[①]:网贷平台 e 速贷成立于 2009 年,由广东汇融投资股份有限公司投资设立,于 2016 年 5 月被公安机关认定为存在非法吸收公众存款的行为。根据法院判决[②]查明的事实显示,e 速贷公司主要涉及以下违法违规行为:

(1)设立资金池。在平台设立之初,平台负责人简某先行以个人或者公司员工名义与借款人签订借款合同、抵押担保合同等,再将相关材料制作成一定金额的标发布在 e 速贷平台上供投资人购买,投资人以注册的虚拟账号将资金通过第三方支付平台在线充值到汇融公司的虚拟账号,通过上述方式取得的资金均先行流入由简某控制和支配的以公司高管个人名义开设的银行账户中,再汇款到借款人账户。e 速贷的这种行为使得资金完全控制在平台负责人的手中,未能做到将出借人的资金与平台及平台相关人的资金分别管理。

(2)发布虚假标的。根据判决书中犯罪嫌疑人简某的供述,他们在经营 e 速贷平台的过程中,曾经发布大量的虚假标的,均是盗用未曾在平台上提出过借款请求的人的身份信息和资料,然后利用该人的身份信息制定虚假的《借款合同》《保证合同》《抵押财产清单》等材料,

---

① 关于该案例参见广东省高级人民法院(2018)粤刑终 481 号裁定书。

② 《简彗星非法吸收公众存款罪、挪用资金罪等二审刑事裁定书》,广东省高级人民法院(2018)粤刑终 481 号裁定书。

再陆续以该人的名义将这些资料在 e 速贷平台上提出借款申请。通过发布虚假标的所取得的金钱均归简某及平台随意使用。从平台的标的类型来看,一般也会出现短期标的多、预期收益率极高的局面,通过这种方式大量吸引投资者的投资以快速补充资金池。

总的来说,e 速贷自其成立之初就缺乏规范的管理和运用,通过私设资金池、虚构借款标的等方式,大量吸收公众资金,挪作他用。

前海融资租赁①:前海融资租赁(天津)有限公司设立于 2013 年 2 月,名义上的经营范围包括融资租赁业务、租赁业务、向国内外购买租赁财产、租赁财产的残值处理及维修、租赁交易咨询和担保,但实际开展经营的仅为车贷业务。2013 年 10 月 28 日,前海融资租赁(天津)有限公司与深圳市贷帮金融信息服务有限公司(以下简称贷帮公司)签订《委托债权流转协议》。前海融资租赁(天津)有限公司将经营的车贷等债权,以债权流转、转让的名义,以年化 14.5% 的利率转让出去,并承诺债权逾期回购,委托贷帮公司在其互联网金融交易平台贷帮网发布,由贷帮网会员认购。贷帮公司将前海融资租赁(天津)有限公司每个债权等额分成若干份,并对每个会员购买比例作出限制。此外,前海融资租赁(天津)有限公司与深圳市人人聚财金融信息服务有限公司(以下简称人人聚财公司)于 2013 年 12 月 2 日签订《合作协议》,2013 年 12 月 12 日签订《债权转让合作协议》《债权转让担保协议》,2014 年 5 月 6 日签订《合作补充协议》。前海融资租赁(天津)有限公司将经营的车贷等债权,以债权流转、转让的名义,以年化 15%—18% 的利率转让出去,并承诺债权逾期回购,委托人人聚财公司在其互联网金融交易平台人人聚财网发布,由会员按比例认购。具体操作模式为:前海融资租赁(天津)有限公司把相关信息交给贷帮公司和人人聚财公司,两个平台将信息发布后把钱支付给前海融资租赁(天津)有限公

---

① 深圳市福田区人民法院(2016)粤 0304 刑初 518 号民事判决书。

司,到期后前海融资租赁(天津)有限公司偿还本息。贷帮公司收取融资款的 14.5% 作为收益,而人人聚财为 18% 左右。因贷帮公司对债权资料的审查存在漏洞,前海融资租赁(天津)有限公司提供给贷帮公司的 147 笔债权资料自身或与提供给人人聚财公司的债权资料之间存在债务人重复、借款用途不一致的虚假债权,共计数十笔。前海融资租赁(天津)有限公司通过贷帮公司、人人聚财公司募集的资金,除转入公司法定代表人刘某账户的 114.8 万元人民币以外,其余款项均转入袁某的母亲宗某账户。转入宗某账户的款项,除回购到期债权、支付利息外,绝大部分由被告人袁某转给前海融资租赁(天津)有限公司重庆分公司、巴中分公司负责人王某用于高息放贷和高息放贷给四川南充籍女子陈某。2014 年 5 月 19 日,前海融资租赁(天津)有限公司资金链断裂,随后公安机关介入,法院审理认为其变相吸收公众存款,扰乱金融秩序,数额较大,构成非法吸收公众存款罪。

中大财富①:甘某戊于 2010 年设立广州市环宇投资有限公司(以下简称"环宇公司"),并于 2014 年 2 月成立"中大财富"网贷平台,从事 P2P 网络借贷业务。开台运行初期从事的是撮合交易的中介服务,在平台上向不特定人群发布借款方及放贷方的相关信息,包括借贷双方的基本情况、资金需求情况、借款利息等。通过这个平台促成双方达成借贷协议,在网络管理平台上投资的投资者可以收取约 22% 的年利息,环宇公司可以收取 8% 的中介服务费作为利润。经营初期的主要借款人为广州市环宇纺织品市场的商户。环宇公司的理财产品是"商户贷",即与三家专业市场管理公司(广州市环宇纺织品市场经营管理公司、武汉金某乙市场经营管理公司、广州市大时代网络批发城)合作,给市场有资金周转需求的商户做资金中介,通过吸取公司投资人资金转贷给商户获利。具体而言,商户有借款需求时,就在"中大财富"

---

① 广东省广州市中级人民法院(2015)穗中法刑二初字第 188 号民事判决书。

P2P 网贷平台发布借款招标,然后贷款人在"中大财富"P2P 网贷平台注册后,看见平台上的借款招标以及标的利息情况,就向标的投标。环宇公司收取投资人客户投资款的方式:一种是通过第三方支付平台转至环宇公司账户,一种是网银转账,转至夏某甲私人账户。然后平台再将资金交给借款人,借款人在合同到期后将本金和利息交换平台,平台再转交到贷款人的账户内。如果招标实际收到的投资贷款金额没有达到标的指定的借款金额,老板会用虚拟账号使用公司资金将贷款资金补满,让该标的顺利进行,交给借款人。

环宇公司与客户、商户的三方合同都是网上签订的,名称:借贷担保合同;由投资人(甲方)使用中大财富账户的资金余额作为投资资金、借款商户(乙方)、见证人环宇公司(丙方)、广某投资集团有限责任公司与三家专业市场管理公司中的一家组成担保联合体(丁方)共同签订合同;分 1 个月、2 个月、3 个月、6 个月 4 种期限,年息 20.4%—22.4%不等,环宇公司收取利息的 8%手续费作为中介费用。广州大时代网络服装批发市场、武汉金某乙物业管理有限公司与环宇公司在业务上有合作意向,这两家公司扮演着担保人或者见证人的角色。广某投资集团有限责任公司是环宇公司的关联公司,由甘某戊实际控制。而广州市环宇纺织品市场经营管理公司法定代表人甘某新是甘某戊的亲属,亦具有关联关系。

在宣传手段上,"中大财富"通过公司企划部安排,参加金融博览会推广公司理财产品,开展投资人线下见面会等,通过业务员推广、讲解,吸引投资人关注公司的网站,网上注册成为公司会员,之后充值成为 VIP 客户,自助选择理财产品,网上跟公司签订合同,投资公司的理财产品。

"中大财富"平台上的每一笔借款都要预留实际贷款数额的 10%作为风险保证金,用于应对借贷关系的风险,环宇公司将保证金存入关联人"夏某甲"的银行账户。甘某戊的妻子夏某每月提供一份风险保证金的截图上传至"中大财富"P2P 网贷平台公示。

但是由于"中大财富"平台一直未能赢利,甘某戊迫于自己所欠高利贷的还款压力,自 2014 年 5 月起,环宇公司即停止接受之前借款人的真实借款请求,不再将这些借款招标放在"中大财富"平台上,而是开始虚构借款人并以年利息 22.4% 的高回报为手段吸引投资者,并用这些借款偿还自己所欠高利贷。甘某戊拿到了商户的租赁信息,虚构其借款需求,放在该平台作为招标;此外,还利用广州市环宇纺织品市场的员工身份证等信息,虚构其租赁广州市环宇纺织品市场档口的事实,伪造了租赁合同及广某投资集团有限责任公司的担保合同,然后再虚构这些档口借款需求,并放在该平台招标。之后再与这些信息被盗用的人达成协议,利用他们的银行卡办理委托支付,当有贷款人向他们贷款后便把资金从借款人的账户支付到甘某戊指定的账户中。因此,借款人的投资资金就变相由甘某戊随意支配并挪用。从 2014 年 5 月开始,到 2015 年 1 月止,甘某戊等人以虚构借款需求的方式在"中大财富"网贷平台共募集资金 6000 多万元。2015 年 1 月,公安机关介入调查,经审理认为,甘某戊等构成集资诈骗罪。

(四)自融

自融往往是借助推出虚假标的手段设立资金池以达到将资金挪用于平台实际控制人自有的实体企业。平台实际控制人自己的企业可能已经面临资金紧张的局面,但是又无法从正规的企业融资渠道如银行等获取资金,因此只能通过设立网贷平台的方式为自己的实体企业"输血"。由于平台本质上是面向公众经营的,因此自融本质上构成了吸收公众资金的非法集资行为,不过是借助了新兴的互联网手段和 P2P 网络借贷平台的外衣。

自融与虚假标、自设资金池之间是紧密关联的。由于自融目的下缺乏真实的项目,因此必须要依靠虚假标来吸引公众的投资,投资者的投资也不可以交给第三方支付机构托管,否则自融平台无法挪用资金,因此自设资金池也是必需的。因此,在"暴雷"的网贷平台的调查结果和法院裁判中可以发现,三者往往是相伴而生的。当然,平台的实际控制人自设资金池也可以用于其他目的,如为了个人的享乐而挥霍投资人的资金。典型如网贷平台"e租宝",根据相关报道显示,e租宝的实际控制人丁某在平台设立期间,不断地从平台中随意取用资金,生活极度奢侈。或者在"庞氏骗局"中为了维持平台运营而"以新还旧"。

涉嫌违法自融的网贷平台通常具有以下特征:首先,从其内在来看,自融平台往往都需要利用中间账户或者私人账户介入到资金往来之中形成资金池,并挪用该资金投资自己的实体项目、垫付逾期项目和代偿坏账等。[1] 从其外在表现来看,自融平台由于为了保持其资金链不断裂,往往具有以下几种特征:第一,自融平台发布的项目借款的时间短,周转快,以便其可以快速地借款还钱,保障平台的资金链不断裂。第二,平台借款人高度集中,单笔投资额巨大。在自融的情形下,由于并无真实的借款人,因此所有的借款人都是与平台有高度联系的人。第三,虚构借款标的。自融的平台不仅借款人是平台的关联人,往往借款项目也是虚构的,因此平台上关于借款标的的介绍往往不够详细。第四,同一实际控制人投资并控制多家网贷平台,以便可以更大限度地扩充资金池。[2]

典型案例:

e租宝[3][4]:2014 年 2 月,安徽钰诚集团收购了金易融(北京)网络

---

[1]　孔庆波:《P2P 网贷平台涉嫌违法违规自融行为特征分析》,《辽宁公安司法管理干部学院学报》2016 年第 3 期。

[2]　孔庆波:《P2P 网贷平台涉嫌违法违规自融行为特征分析》,《辽宁公安司法管理干部学院学报》2016 年第 3 期。

[3]　"王伟与郑玉琴保证合同纠纷案",江苏省盐城市中级人民法院(2018)苏 09 民终 2243 号民事判决书。

[4]　"马志民非法吸收公众存款罪一审刑事判决书",朝阳市双塔区人民法院(2017)辽 1302 刑初 220 号民事判决书。

科技有限公司运营的网络平台,并对其运营的网络平台进行改造。2014 年 7 月,钰诚集团将改造后的网络平台命名为"e 租宝",以网络金融业务的名义上线运营。e 租宝平台首先在宣传上做足功夫,以高利息、高回报等手段为诱饵,向社会公众公开推介,其承诺的年化收益往往可以达到 9%—14.6% 不等。正是在这种远远高于普通投资手段的高收益吸引之下,公众大量地购买该平台推出的所谓"理财产品"。e 租宝平台采用的是 A2P(Asset to Peer) 模式,意即融资租赁业务中形成的融资租赁债权资产通过互联网金融平台转让给普通投资者,其商业逻辑在于融资租赁企业向平台提出优质债权转让申请,平台对债权进行严密甄选之后将此类信息向投资者发布,普通投资者则可以进行信息选择并进行投资,从中获得投资回报,属于互联网金融垂直细分领域的创新模式。基于此,e 租宝平台分别开展了 e 租财富、e 租稳盈、e 租年享、e 租年丰、e 租富盈和 e 租富享 6 款投资产品,均为融资租赁债权转让,投资额为 1 元起,其中 5 款产品预期年化收益率超过 13%,存款期限分为 3 个月、6 个月和 12 个月。从法院判决书查明的案件事实中,可以更好地看出 e 租宝在具体交易中的操作,"2015 年 9 月 9 日,郑某与安徽钰诚融资租赁有限公司、上海仁立网络科技有限公司签订融资租赁债权转让合同一份,郑某通过钰诚公司购买了 e 租宝网络平台 e 租年享融资租赁债权转让项目第 625B 期,购买金额为 100000 元,预期年化利率约 14.6%,投资期限为 12 个月,投资当天计息,每三个月付息一次,到期还本金"。①

　　虽然 e 租宝的平台宣传很到位,遍布高铁、飞机,甚至投放到中央电视台,其收益回报也很喜人,但是这都无法改变其作为一个骗局的事实。首先,A2P 的模式本来属于互联网金融与融资租赁业务的结合,但前提是必须要有真正有价值的融资租赁业务的开展。根据法院查明

---

　　① "王伟与郑玉琴保证合同纠纷案",江苏省盐城市中级人民法院(2018)苏 09 民终 2243号民事判决书。

的案件事实,e 租宝平台最初上线的时候从事的确实有真实的融资租赁项目,但主要为钰诚集团下属的钰诚融资租赁公司开展的项目,具体操作为:(1)安徽钰诚融资租赁有限公司要找到融资租赁项目并最终取得债权,将取得的债权在中国人民银行融资租赁登记网上登记,登记完成后由中国人民银行网站自动进行审核,审核通过后会将该笔债权的编号和内容在银行租赁网页上滚动显示;(2)e 租宝之后会将该笔债权信息挂配到 e 租宝平台系统中并通过保理公司卖债权的形式将债权分割销售给投资人;(3)保理公司与投资人签订《债权保理协议》并购买一年期至三年期债权;(4)投资人购买的债权到期后,由保理公司进行赎回,将本金和利息返回给债权人并解除债权关系,然后再由安徽钰诚融资租赁有限公司将钱转给保理公司。

但是由于这种形式的融资租赁业务数量不足,平台的资金无法及时收回。随后,e 租宝平台的实际控制人开始尝试通过空壳公司签订虚假的《融资租赁协议》,虚假项目所获取的资金均由平台的实际控制人进行使用。截至 2015 年 7 月左右,e 租宝平台上的融资租赁项目就开始以每月 200 笔的速度递增,至今 e 租宝平台上挂出的融资租赁项目将近 1000 笔左右,空客公司数量 800 余家,项目中的 70% 都是虚假的。随着虚假项目数量的剧增,从平台上获取的租金也直接从第三方支付平台转入空壳公司的账户,再流入公司管理层以个人名义办理的储蓄卡中,挪作私用。①

最终,至 2015 年 12 月被查封时止,e 租宝平台累计交易发生额达 700 多亿元。警方初步查明,e 租宝实际吸收资金 500 余亿元,涉及投资人约 90 万名。e 租宝涉案金额之广、影响之巨令人震惊。

徽融通②:2013 年 2 月 17 日,周某、王某共同出资成立了安徽天贷

---

①　"马志民非法吸收公众存款罪一审刑事判决书",朝阳市双塔区人民法院(2017)辽 1302 刑初 220 号民事判决书。

②　合肥市蜀山区人民法院(2017)皖 0104 刑初 358 号刑事判决书。

网络信息技术有限公司(2014 年 4 月更名为安徽天贷金融咨询服务有限公司,以下简称天贷公司),周某任法定代表人,王某任总经理。2013 年 3 月,天贷公司设立"徽融通"网络投资平台,这是安徽省首个从事网络借贷业务的平台。"徽融通"的主要经营手段为通过互联网、电话等方式向社会公众进行宣传,向社会公众推广其 P2P 信贷投资模式,以发布借款标书为名,拉全国各地投资人进行投资。天贷公司虽然对外宣称为 P2P 网络借贷平台,作为中间平台为借款者发布借款信息、为出资者寻找借款信息,但其所宣称预期年利率高达 20% 以上,远高于银行同期利率。根据法院裁判中周某的供述,他是为了给自己的龙舒酒业吸收资金才成立的天贷公司,由于母公司龙舒酒业存在亏损,周某遂通过"徽融通"平台发布虚假标书、许以高额利息吸引他人投资,将投资款通过第三方支付平台转入他能够控制的公司财务人员个人账户,建立资金池,由他决定如何使用资金,投资款具体被用作龙舒酒业的经营、支付投资人本金及利息、借贷给他人、公司日常经营等业务,属于典型的自融行为。事实上,在 2015 年之后,"徽融通"平台上发布的所有项目均为虚假项目,在 2016 年,周某等人还尝试通过母公司的股权开展股权众筹计划,以补充资金池,防止资金断裂。最终在 2016 年 5 月,"徽融通"出现兑付危机。

融资城①:2009 年 3 月,董某通过其控股公司成立了深圳市融资城投资咨询有限公司(以下简称融资城),后于 2013 年 9 月 24 日更名为深圳市融资城网络服务中心有限公司。该平台成立后即提出"不担保、不兜底"的口号。融资城开展经营活动的过程中,面向社会公众对融资城的融资信息、融资方式、上市等进行广泛宣传。推广方式包括在博览会打广告、派宣传资料、打电话推广,到一些科技园区、协会、商会组织拜访进行推广等。融资城的投资产品主要是融资包(短期投资)、

---

① 广东省东莞市第一人民法院(2016)粤 1971 刑初 3137 号刑事判决书。

资产包(长期投资)以及购买公司的权益份额。融资城投资方式包括投资期限3个月、6个月、12个月不等、到期后年化收益20%的融资包;投资期限为2—5年,到期后最高年化收益可达200%的资产包;权益份额分为现金权益份额和置换权益份额,并宣称融资城在美国上市之后,权益份额可以兑换成投资公司聚宝盆公司持有的融资城的原始股份。投资人注册了平台的账户之后,就可以通过网银转账到总公司的监管通账户,然后将投资金额进行项目投资,投资到期后,投资的返款会转回客户的监管通账户,客户自行提现。融资城共有6—8个银行账户在融资城网络平台上接受投资者的投资。融资城网络平台的融资款的资金使用广发银行现金管理系统支出,该系统关联两个广发银行账号,两个账号的钱都来自融资城网络平台上提供投资者投资使用的7个银行账户。这两个银行账户的钱的去向有以下几种:一是支付投资网主的本金和收益,二是支付给融资方的融资款,三是融资城公司的日常费用支出,四是向融资城关联公司调拨资金。2016年1月,融资城网络平台由于涉及未经金融主管部门审批而实施公开吸收公众存款等行为而被警方立案调查。

(五)发行或者代销金融产品

金融资产交易所是为金融资产的交易提供场所的平台,能够解决双方信息不对称的问题,提高交易效率,本质仍然是产权交易平台,只不过其交易对象限于金融资产或从金融资产衍生而来的金融产品。我国最早的金融资产交易所是成立于2010年的北京金融资产交易所和天津金融资产交易所。经历了一番快速发展和清理整顿之后,大量的金融资产交易所被关闭,仅仅有9家(北京、天津、重庆、武汉、四川、大连、安徽、福建、河北)得以保留下来,金融资产交易所的资质审批权被收归国务院所有。而后地方成立了大量的金融资产交易中心(如赣南金融资产交易中心)和以互联网为依托的互联网金融资产交易中心

（如西安百金互联网金融资产交易中心）。上述机构的业务主要包括 4
类：（1）金融资产的交易（如应收账款）；（2）资产收益权的交易（如应
收账收益权、小贷资产收益权）；（3）融资业务（委托债权投资）；（4）提
供信息类服务。作为金融信息中介的 P2P 网贷平台本质上也是为了
解决信息不对称的问题而成立的，只不过它不是产权交易场所，而仅能
提供撮合交易的服务（当然也包括平台上债权的转让服务）。

　　所谓的 P2F 模式（Person to Financial Institution），是指个人对金融
机构的融资模式，其融资人（借款人）不是个人，而是银行等金融机构，
此时处于中介位置的机构从事的是金融产品的代销服务。而根据中国
证券监督管理委员会 2012 年发布的《证券公司代销金融产品管理规
定》第 3 条第 1 款的规定："证券公司代销金融产品，应当按照《证券公
司监督管理条例》和证监会的规定，取得代销金融产品业务资格"。就
此而言，网贷平台是无法从事 P2F 业务的，否则即属于非法金融活动，
但为地方金融资产交易中心代销金融产品此前却并无资质要求。

　　此外，为了体现网贷平台小额贷款的本质，网贷平台借款限额要求
逐渐出台。这一要求构成了网贷平台规避监管，与金融资产交易中心
展开合作的内在动因，亦即形式上作为金融资产交易中心理财产品的
引流平台的网贷平台，其本质上往往是把有融资需求的借款人的大额融
资需求在金交所进行包装，包装成各种债权转让、债权收益权转让和定
向融资计划等业务类型，再重新挂在平台上吸引投资者进行投资。这实
质上是利用金融资产交易中心的金融牌照实施的监管套利行为。根据
相关的数据统计，与金交中心开展过合作的网贷平台见表 2-1。

表 2-1　网贷平台与金融资产交易中心合作一览

序号	平台名称	金融资产交易中心名称
1	安心贷	互联网金融资产（西咸新区）交易中心
2	邦帮堂	温州金融资产交易中心

序号	平台名称	金融资产交易中心名称
3	博金贷	深圳前海航空航运交易中心
4	聚财富	河北金融资产交易中心
5	口贷网	大连京北互联网金融资产交易中心
6	真融宝	大连京北互联网金融资产交易中心
7	人人贷	南京金融资产交易中心
8	开鑫贷	江苏开金互联网金融资产交易中心
9	团贷网	大连京北互联网金融资产交易中心
10	小油菜	深圳亚太租赁资产交易中心

这种混乱的套利行为存在极大隐患,地方金融交易中心也并非完全可靠,投资人的权益依然得不到保障。为此,互联网金融风险专项整治工作领导小组办公室 2018 年出台了第 29 号文件《关于加大通过互联网开展资产管理业务整治力度及开展验收工作的通知》,明确互联网经营模式只是一种经营手段,利用互联网从事资产管理业务在本质上与普通的资产管理业务并无差别,依然属于需经特许经营的金融业务。因此,依托互联网公开发行、销售资产管理产品,须取得中央金融管理部门颁发的资产管理业务牌照或资产管理产品代销牌照。因此,未获得许可,而依托互联网以发行销售各类资产管理产品(包括但不限于"定向委托计划""定向融资计划""理财计划""资产管理计划""收益权转让")等方式公开募集资金的行为,应当明确为非法金融活动。互联网平台不得为各类交易场所代销(包括"引流"等方式变相提供代销服务)各类违规的资产管理产品。北京市监管部门下发的《网络借贷信息中介机构事实认定及整改要求》第 70 条也将网贷平台在资产端对接金融产品交易所的行为认定为违规而加以禁止。至此,网贷平台自己发行金融产品或者与金融交易所合作发行金融产品的做法都遭到了监管机构的严厉打击,该种模式的道路已经被彻

底堵死。

(六)资产证券化

资产证券化(ABS)起源于 20 世纪的美国,是指由发起人将自己拥有的债权转让给特殊的目的机构(SPV),再由该特殊目的机构对债权进行拆分重组的结构化安排,分散债权的风险,拆分重新组合各债权,通过一定的方式提高债权的信用级别,最终将非标准的债权变成可自由流通的标准化的证券,并在金融市场上出售给不特定的公众投资人。① 资产证券化的优势在于能够将某些资产剥离出去,具有破产隔离的效果,同时这些资产的出售也会带来可观的现金流,增强流动性。

我国网贷平台在实践过程中存在大量貌似资产证券化的行为,但是其中的大多数仅可以称为"类资产证券化",而非真正意义上的资产证券化。此种行为的典型模式主要是针对小额贷款公司的贷款债权,具体而言,小贷公司将其持有的债权出售给资产管理公司,然后再由资产管理公司通过网贷平台作为理财产品向投资者出售,投资者购买其中的部分份额。但这类模式只是在拆分债务基础上进行的债权让与,没有起到资产证券化所具有的诸如破产隔离等作用。随后又发展出了更进一步的操作手法,亦即通过金交所进行产品的转让,典型如网贷平台 PPmoney 的产品"安稳赢"。PPmoney 网贷平台推出了一款名字叫作"安稳盈系列小额信贷资产收益权投资计划"的产品,该产品是以小贷公司的债权为基础,并在金融资产交易所上进行挂牌转让,再由相关的关联公司购买后,在 PPmoney 的平台上向投资者进行出售。上述两种方式共同的特点在于都是小贷公司的债权作为资管计划的基础,并通过网贷平台进行销售。此种情形下,网贷平台提供的不再是金融信息的中介服务,而是扮演了理财产品的销售方或者为金融资产交易所

---

① 胡威:《资产证券化法律问题研究》,《浙江金融》2012 年第 1 期。

代售金融资产的角色。这种"类资产证券化"的模式在我国现有的监管体系下已经行不通了。

但如果改变其在资产证券化项目中的地位,网贷平台也并非完全不能开展资产证券化业务。由于我国监管规则对网贷平台的定位与美国不同,美国的网贷平台可以如借贷俱乐部作为发起人参与到资产证券化的过程中,而我国的网贷平台在资产证券化的参与过程中则可以作为借款人的服务方。网贷平台参与资产证券化的典型案例是宜人贷的"中金—宜人精英贷信托受益权资产支持专项计划",这是一个真正意义上的资产证券化。在这个资产证券化的结构中,宜人贷平台不再是最终产品的出售方,而是基于其信息中介的定位仅仅作为债务人(平台借款人)的服务方,在这个计划之中,原始的债务人是网贷平台上的借款人,而原始的权益人是宜信财富下属的基金公司,其手里拥有3292 笔贷款作为基础资产,随后其再将这笔基础资产卖给发起人中金公司,中金公司用于购买该笔基础资产的钱就来源于认购投资人的出资。中金公司对这笔基础资产进行处理后即形成该"资管计划"并在深交所的平台上出售给其他机构投资人。而网贷平台上借款人归还的本息则通过信托公司进入"资管计划",宜人贷在这里所发挥的是按时催收等作用,随后偿还的本金和利息被分发给持有该产品份额的投资人。这个资管计划是真正意义上的资产证券化,在它的结构设计上起到了破产隔离的作用,同时增强了债权资产的流动性,为今后 P2P 网贷平台的资产证券化模式具有借鉴意义。

(七)与区域性股权交易市场合作

我国的资产市场可以分为以下三种:第一是交易所市场,包括主板、中心板和创业板;场外市场(新三板)和区域性的股权交易市场(俗称"四板")。其中区域性的股权交易市场是为特定区域内的企业提供股权、债券转让和融资服务的私募市场,是我国资本市场多层次发展中必不可少的一部分。国内主要的区域性股权交易中心,如上海股权托管交易中心、浙江股权交易中心、深圳前海股权交易中心和广州股权交易中心等。此前,区域性股权交易市场上的一项重要业务就是销售私募债,网贷平台兴起后,不少网贷平台开始选择与区域性股权交易市场合作为其代销私募债。私募债券原本只能向特定的不超过 200 人的投资者发行,不得公开发行,但是区域性股权交易市场为了扩大私募债的发行,违规与网贷平台合作,利用网贷平台向不特定的社会公众公开发行,而且为了能够使普通投资者购买,网贷平台采取了拆分期限数额打造资产包的做法。这一做法使得公众投资人承担了巨大风险,也违背了区域性股权交易市场的设立初衷。在 2015 年,证监会出台了《关于请加强对区域性股权市场与互联网平台合作销售企业私募债行为监管的函》(以下简称"监管函")叫停了实践中的这种违规模式,根据监管函,此类合作模式突破了私募债券的人数上限、未对投资者资格进行审查、由少数几家机构作为其增信机构,风险高度集中。而在 2017 年国务院办公厅印发的《关于规范发展区域性股权市场的通知》,进一步要求区域性股权交易中心尽快取消私募债的发行。

典型案例:

"侨兴债"[①]与网贷平台招财宝:招财宝是这类合作模式的典型代表。侨兴债是侨兴集团旗下两家公司子公司,侨兴电讯和侨兴电信于 2014 年在区域性股价交易中心广东金融高新区股权交易中心有限公司发行 10 亿元私募企业债券,各分为 7 期。原本作为私募债券,不能向不特定的社会公众发行,但是为了尽快募集资金,偿还贷款,该笔债券由网贷平台招财宝在平台上拆分后作为理财产品向平台投资者公开销售,彼时的招财宝将自己定位为理财产品的销售平台。最终,侨兴债于 2016 年到期后出现逾期违约,违约金额共计 3.12 亿元。

---

① 案例详情参见杨东:《消费者保护与侨兴债事件》,《中国金融》2017 年第 7 期,第 73—74 页。

(八)网贷平台与助贷机构的合作

助贷业务是指专门的机构通过其自身的优势帮助借款人联系银行等金融机构,从而使借款人照比自己申请更加快捷地获得借款资金。专门从事助贷业务的机构是助贷机构,主要作用在于联系贷款,处于中介人的地位,其范围越来越呈现扩大的趋势,诸如小贷公司、担保公司,甚至是网贷平台等纷纷加入了助贷机构的行列。网贷平台作为资金的供给方,相比于银行等金融机构具有更明显的优势,受政策影响更小,资金供给也更加稳定,因而成了助贷业务的优先选择。最初与网贷平台合作的助贷业务主要体现为"债权转让模式",亦即助贷机构先向借款人放贷并且取得债权,再将该债权在网贷平台上转让。而随着 2016年监管政策的落地,二者合作的模式则转变为单纯的居间模式(助贷模式),后一种主要体现为推荐借款人到平台上借款。因为在债权转让模式中,助贷机构本身已经成为放款人,这对小贷公司来说并没有问题,但是对作为中介机构的网贷平台来说就已经违背了其信息中介的定位,因而违反了监管规定。此外,助贷模式对于资金方而言,本身也具有很积极的作用,即可以避免资金流入合作方(助贷机构)的账户,从而减少资金风险。

四、新发展

(一)监管制度对网贷平台的模式要求

鉴于实践中存在的网贷乱象,监管机构出台了一系列的规范性文件,以明确在我国现有的法律制度下,P2P 网贷平台的性质和定位。2016 年中国银行业监督管理委员会、中华人民共和国工业和信息化部、中华人民共和国公安部和国家互联网信息办公室共同发布了《网络借贷信息中介机构业务活动管理暂行办法》,该办法第二条即明确规定,"本规定所称的网络借贷信息中介机构是指依法设立,专门从事网络借贷信息中介业务活动的金融信息中介公司。该类机构以互联网为主要渠道,为借款人与出借人(即贷款人)实现直接借贷提供信息搜集、信息公布、资信评估、信息交互、借贷撮合等服务"。2016 年国务院办公厅发布的《互联网金融风险专项整治工作实施方案》亦提出,"P2P 网络借贷平台应守住法律底线和政策红线,落实信息中介性质,不得设立资金池,不得发放贷款,不得非法集资"。随后中国银行业监督管理委员会发布的《P2P 网络借贷风险专项整治工作实施方案》再次提出了网贷机构需满足信息中介的定性,其业务应当符合直接借贷的标准,即个体与个体之间通过互联网机构实现的直接借贷,不得触及业务"红线"等要求。从这些规范来看,我国的 P2P 网贷平台所能采取的模式仅能是"居间模式"。

(二)金融信息中介的义务

1. 金融信息中介网贷平台可以从事的行为

《网络借贷信息中介机构业务活动管理暂行办法》(以下简称《办法》)第 2 条第 2 款明确规定,网络借贷信息中介机构是指依法设立,专门从事网络借贷信息中介业务活动的金融信息中介公司,该类机构以互联网为主要渠道,为借款人与出借人(即贷款人)实现直接借贷提供信息搜集、信息公布、资信评估、信息交互、借贷撮合等服务。按照《办法》的相关规定,作为金融信息中介公司的网络借贷平台应当履行以下义务:

首先,从可为的角度来看,网贷平台首先负担依据法律法规及合同约定为出借人与借款人提供直接借贷信息的采集整理、甄别筛选、网上发布,以及资信评估、借贷撮合、融资咨询、在线争议解决等相关服务,可以说这是作为居间人的网贷平台在居间合同中所负担的主给付义务。其次,网贷平台还应当对出借人与借款人的资格条件、信息的真实性、融资项目的真实性、合法性进行必要审核;并采取措施防范欺诈行为,发现欺诈行为或其他损害出借人利益的情形,及时公告并终止相关网络借贷活动;持续开展网络借贷知识普及和风险教育活动,加强信息披露工作,引导出借人以小额分散的方式参与网络借贷,确保出借人充分知悉借贷风险;按照法律法规和网络借贷有关监管规定要求报送相关信息,其中网络借贷有关债权债务信息要及时向有关数据统计部门报送并登记;妥善保管出借人与借款人的资料和交易信息,不得删除、篡改,不得非法买卖、泄露出借人与借款人的基本信息和交易信息;依法履行客户身份识别、可疑交易报告、客户身份资料和交易记录保存等反洗钱和反恐怖融资义务;按照相关要求做好互联网信息内容管理、网络与信息安全相关工作等其他义务。

2. 金融信息中介网贷平台禁止从事的行为

《办法》也从禁为的角度明确了网贷平台不可从事的几种行为:第一,网贷平台不得为自身或变相为自身融资,所谓的变相为自身融资是指网贷平台不得通过设立关联公司的方式作为融资方参与到平台的业务中来。第二,网贷平台不得直接或间接接受、归集出借人的资金。这首先,平台自有的资金必须要与出借人的资金分开管理,独立核算,网贷平台不得通过开展借贷业务设立资金池。其次,何为间接接受、归集出借人的资金? 根据北京市出台的《网络借贷信息中介机构事实认定及整改要求》的相关规定,如果网贷平台采取的是以公司高管作为"投资人代表"的方法,则平台属于通过公司的高管间接接受了投资人的资金。第三,网贷平台不得直接或变相向出借人提供担保或者承诺保本保息,如果借贷平台提供刚性兑付的承诺,则无异于网贷平台介入到借贷关系中来,且扮演着类似于银行的准金融机构的角色,与其角色定位相违背。第四,网贷平台不得将融资项目的期限进行拆分,借款标的数额是可以拆分的,亦即虽然可由多个出借人成为借款人的按份债权人,但是同一笔借款必须同时到期,如前所述,如果可以允许网贷平台对借款的期限进行拆分,无异于间接地作出了对借款刚性兑付的承诺。第五,网贷平台不得自行或委托、授权第三方在互联网、固定电话、移动电话等电子渠道以外的物理场所进行宣传或推介融资项目,换言之,网贷平台只能在线上开展业务,不得在线下开展经营。第六,网贷平台原则上不得发放贷款,但是法律另有规定的可以有例外,这意味着网贷平台本身不能直接与融资方成立法律关系,否则亦与其信息中介的性质相违背,该规定也意味着网贷平台作为"超级放款人"的债权转让模式的终结。第七,网贷平台不得自行发售理财等金融产品募集资金,代销银行理财、券商资管、基金、保险或信托产品等金融产品,这表明网贷平台不得直接与投资人建立法律关系,而所谓的 P2F 模式并不能由作为信息中介平台的网贷平台开展。第八,网贷平台不得开展类资产证券化业务或实现以打包资产、证券化资产、信托资产、基金份额等形式的债权转让行为。换言之,在网贷平台上虽然允许债权的转让,但是此种债权转让仅限于在平台上通过出借取得的对借款人的债权转让,而具有资产证券化性质的债权转让行为,在平台上是禁止开展的。第九,网贷平台不得向借款用途为投资股票、场外配资、期货合约、结构化产品及其他衍生品等高风险的融资提供信息中介服务。作为提供金融信息服务的中介机构,网贷平台是定位在数额小、风险低的借贷,而不能涉足高风险的金融活动,与金融资产交易所等金融机构的合作,为其引流的模式更是应当禁止。

(三)网贷平台的信息中介定位实例:以宜人贷为例

监管政策在 2016 年逐渐出台和落实,截至 2018 年年底,其实施已经两年有余,我国的 P2P 网贷平台都进行了积极的整改,就目前来说,所有的合规平台都只能以居间人的身份开展经营活动。本书以曾经开创了"宜信模式"的宜人贷的现状为例,根据其平台官网上的公开资料对现阶段我国网贷平台的具体运行作简单介绍,在宜人贷平台的格式条款《宜人贷借款及服务协议》中,明确规定了 4 方主体:出借人、借款人、宜人贷平台和第三方支付结算机构。从该格式条款中对各方权利义务的规定可以勾勒出宜人贷平台的运营模式。根据该条款:

(1)互联网借贷平台(宜人贷)是提供专业 P2P 信用借款与理财咨询居间服务的互联网平台,并不是借贷关系的一方,平台的赢利模式是其收取的费用,包括借款人向宜人贷支付的平台管理费,亦即平台方为借款人提供借款信息咨询、信用咨询与评估、出借人推荐、还款提醒、账户管理等系列咨询及信用相关服务,而由借款人向(平台运营方)恒诚公司支付的报酬。出借人向宜人贷支付的平台服务费,亦即平台方为出借人提供出借咨询、财务规划、投资管理、账户管理、催收回款等服务,由出借人向(平台运营方)恒诚公司支付的报酬。

(2)由借款人直接向出借人借款,借贷关系仅在二者之间产生,借款人每月以等额本息的方式向出借人还款。在具体操作上,先是由借款方在网站上推出自己的借款金额、借款用途和个人偿还能力的相关信息,再由出借人进行投标,出借人在投标底线之上选择任意金额进行投标,直到借款人的融资需求金额被满足。此外,已经取得债权的出借人还可以进行债权转让操作。

(3)第三方支付机构即作为资金的存管方,与出借人、借款人之间分别成立委托关系,接受二者的指令开展相关的业务。

从总体上来说,我国 P2P 网络借贷平台在居间模式和债权转让模式的道路上经历了反复和最初的混乱之后,在政策的引导下,目前已经逐渐走向了统一的模式,亦即居间模式。但是也必须要看到,在网贷平台整改的大趋势下,必然会伴随着阵痛期。由于大量平台本身就是依靠违规的信用中介才能生存下来,整改成为信息中介之后,在与规模大、实力强的网贷平台竞争的过程当中,必然面临被淘汰的结局。因而在转型中会有大量的网贷平台黯然离场,如何应对其中潜在的风险,如何更好地促进网贷平台又好又快地实现居间模式的大整合,依然任重道远。

第二节　P2P 网络借贷的业务类型

从主体上来看,传统的网络借贷是从个人对个人的简单模式,因而被称为 P2P 模式,但是随着互联网金融的深入发展,网络借贷已经单纯地从个人对个人的借款模式转变为更加复杂的模式,P2C(个人对公司)、P2A(个人对资产)的模式也应运而生;从业务内容上来看,无论是居间模式,还是债权转让模式,必然都要反映到具体的业务经营当中,而业务种类的扩展和丰富也会导致网贷平台的经营模式更加细致复杂,展现出实践中的运作特点。本部分即主要从主体和内容两方面对网络借贷新发展出来的业务种类作详细介绍,以更好地展现我国金融实践中存在的网贷平台经营模式。

一、从 P2P 到 P2C、P2A、P2N、P2G、P2E、P2F

最传统的个人对个人的网贷平台模式已经逐渐被打破,总的来说,在坚持网贷平台信息中介地位的基础上,随着资产端和融资端主体愈发复杂化,越来越多的形式被发展出来。

(一)个人对企业

首先,从资产端来看,如果借款人不是个人,而是企业,那么就不再是纯粹的 P2P,而是 P2B 或者 P2C,即个人对企业的模式。而如果借款人不是企业,而是"资产",亦即出借人筹资购买财产然后出租,收取租金赢利,那么就是 P2A,即个人对资产,但是由于融资租赁业务的开展往往需要牌照和资质,因此网贷平台融资租赁业务中往往需要融资租赁公司的介入。而从融资端来讲,如果向平台借款的人不再是个人,而是企业或者金融机构,那么也不再是纯粹的 P2P。我国的 P2C 业务也发展得十分迅猛。下面通过对网贷平台鑫合汇网的介绍予以说明。

典型案例:

鑫合汇网①:企业借贷按照期限的不同可以分为中长期贷款和短期贷款。短期贷款又可以称为"过桥融资"。鑫合汇网即为专门从事企业过桥贷款业务的网贷平台,将个人用户的短期理财需求和企业的短期周转资金需求结合在一起。其产品主要包括两类:日益升和月益升,前者的投资期限最长不超过 30 天,后者的投资期限 30 天起,最长也不超过 12 个月。鑫合汇网的定位明确表现为撮合交易的信息中介平台,在模式上也仅仅采用居间模式。由于主要经营业务为面向中小企业的短期贷款,鑫合汇网的赢利模式也主要是向中小微企业收取服务费,因此鑫合汇网最需要解决的问题就是增加借款企业的数量,在此方面,鑫合汇网选择了以产品化的方式获取客户,根据过桥融资可能存在的不同场景设计不同的产品,从而获取更多的客户,这一模式取得了很好的效果。

(二)个人对多机构

P2N 模式是指,个人对多机构,亦即随着业务的发展和扩大,网贷行业也出现了精细化的分工,网贷平台在不断壮大的过程中将比较专业和复杂的寻找借款人和担保任务分离出来,交给独立的小额贷款公司还有独立的担保公司来完成。这样一来,网贷平台就不再直接面对借款人,而是演变为借款人联系小贷公司等机构,小贷公司等机构联系网贷平台。这样一来,网贷平台就不再是单纯的个人与个人的撮合交

---

① 壹零财经、壹零智库:《中国 P2P 借贷服务行业发展报告》,中国经济出版社 2018 年版,第 83 页。

易平台,而是演变为小贷公司提供渠道的平台,其地位颇类似于电子商务中的淘宝。同时,小贷公司取得对借款人的债权后,还可以通过在平台上转让而加快融资。网贷平台借此实现了对市场流量的控制,进而快速地获取收益。P2N 的模式在我国目前的网贷实践中也颇为常见。但是由于 P2N 模式下的平台存在大量不同的模式,其中不乏大额的借款,其风险也较大。随着监管政策要求网贷平台回归撮合交易的点对点模式,P2N 模式也逐渐走向衰落。

(三)个人对政府项目

P2G,是指个人对政府项目的模式,此类模式的显著特点是网贷平台所参与的项目具有政府信用背书,典型如政府授权国企向网贷平台进行融资、国有担保公司对项目进行担保等。但是需要注意的是,即使是政府信用也未必完全没有风险,而必须要落脚到对具体项目的认识,而不能认为只要是国资介入就完全可靠。P2G 的模式除了政府信用介入和项目多为长期大型的基础设施建设项目(PPP)外,与一般的业务并无明显的模式差别。此外,还有一类同为政府信用背书,但是项目类型不太一样的模式,被称为 P2E,在该类模式下投资的项目并不是大型的基础设施建设项目,而是多为国家鼓励和支持的朝阳产业、新兴产业项目。

(四)个人对金融机构

P2F 是指个人对金融机构的理财模式。在这种模式中,网贷平台的作用也仅是一个中介机构,不过投资人一端是普通的个人投资者,而借款人是金融机构。真正的 P2F 模式相比于一般的 P2P 融资显然更加安全、更加有保障。实践中网贷平台如果要参与 P2F 业务,需要获得经营牌照,如"唐小僧"等大力宣传 P2F 的网贷平台,其实并不是真正的 P2F 模式。随着监管政策的落地,上述模式中的一部分遭到了监管机构的严令禁止。如北京市监管机构下发的《网络借贷信息中介机构事实认定及整改要求》明确提出,要禁止网贷平台在资产端对接保理公司、对接小额借贷公司等。

二、P2P网络借贷平台的业务种类

(一)域外网贷平台的业务种类

1. 美国网贷平台

美国网贷平台借贷俱乐部的业务种类主要包括以下几种:(1)个人贷款。个人贷款是借贷俱乐部最基础的业务,是占比最高、数额最大的业务,还可以再分为标准个人贷款和定制个人贷款,都是纯信用贷款,每个月均等数额还款即可;(2)医疗贷款;(3)车贷分期业务,不是提供购车的分期贷款,而是对购车贷款的继续分期;(4)小微企业贷款。美国网贷平台繁荣也是以个人借款为主要业务,其提供的个人借款的用途包括债务合并、商业经营、家庭装修、医疗消费等。成立较晚的美国网贷平台升级同样专注于个人贷款的业务,其所提供的贷款的最高额为5万美元,用途包括信用卡还款、债务重组、商业经营、家居装修和消费购物等。此外,美国网贷平台社会资助是主要从事高校学生贷款服务的网贷平台,社会资助独有的一个风控措施在于通过为借款的大学生举办经验分享会而完善他们的职业规划和职业预期,从而未来能够找到好的工作以防止出现坏账。美国的另一个网贷平台安戴客(Ondeck)则是专门从事企业的借款业务,主要面向的是中小企业。

2. 欧洲网贷平台

在欧洲,英国的网贷平台协议空间始终以个人贷款业务作为主业,由个人投资者向个人借款人提供借款。借款的期限为1—5年,借款的利率2.9%—34.9%不等,不同的利率主要是根据不同借款人的风险来确定的。与协议空间不同,英国网贷平台筹资社群则主要专注于中小企业的贷款业务,虽然此前也曾经开展过一段时间的房地产贷款业务,但是随后又退出了房地产领域而专门做中小企业贷款业务。德国的网贷平台奥克斯财富则以汽车抵押贷款为主要模式,同样是个人贷款业务,贷款期限在 12—60 个月之间,个人贷款的上限是每人 25000 欧元,同时要求借款人以机动车进行抵押。

(二)我国 P2P 网贷平台的业务种类

网络借贷业务以数额小、风险低为其显著特征,因此个人现金贷、消费借贷和机动车借贷属于网贷业务的重要阵地。此外,我国的金融实践中还衍生出来了其他诸多种类的网贷平台业务类型,也参与到供应链金融、房地产金融中去。在网贷平台蓬勃兴起、野蛮生长的一段时间内,发展出了各种形式的业务模式,但是随着监管政策的收紧,诸多实践中兴起的模式由于不符合监管的大方向而接受整改。下面针对近年来网贷业务的不同业务类型,进行详细的阐述和介绍。

1. 消费金融业务

传统的消费金融主要体现为银行提供的房屋贷款和机动车贷款,而随着如今消费金融的类型呈现多样化的趋势,诸如电子产品的消费借贷、医疗美容的消费借贷也大量兴起,此类借贷具有数额较小、较为分散的特点,不属于传统的银行消费金融的范畴,而借由 P2P 网贷平台来满足此类业务的需求,以之作为银行消费金融的补充是近年来的发展趋势,而且此类贷款数额小的特点也正好契合了 P2P 网络借贷的定位和目标。P2P 网贷平台下的消费金融可以分为两种模式:即有场景消费业务和无场景消费业务,具体介绍如下。

(1)无场景消费金融

无场景消费业务直接体现为现金借贷的形式,本质上仍然属于"现金贷",而与以分期支付为基础的消费金融有显著的区别。此时,消费者申请贷款时需要阐明自己的预期消费意图,其具体操作流程与普通的现金借贷业务是类似的,P2P 网贷平台处于撮合借贷关系成立的地位。由于借款人的借款意图主要依靠自己的说明,在中间过程缺乏保障机制,因此有可能出现虚假标的、借款人改变借款用途等情形的发生,对出借人资金安全的保障较为不利。因此,相比于无场景消费的消费借贷,有场景消费的消费借贷显然更受投资人的欢迎。

（2）场景消费金融

所谓的场景消费,是指出借方在向借款人提供贷款时,能够识别借款人的消费场景,可以分为产品销售为主的电商场景消费和服务类消费。前者典型如数码产品的购买,后者典型如教育培训或者旅游。①此类场景消费的一个显著特征是消费用途的可视化,这种可视化的用途使出借人能够形成较为明朗的预期,可以减少虚假标的的出现,更加愿意借款给消费者。此种需要贷款服务的场景消费中,P2P 网贷平台负担着为消费者提供资金的任务。较为简单的操作模式是,消费者在平台上发起借款申请,说明自己的购物需求,平台审核通过后作为借款标的发布,由投资者进行认领并投资,消费者获得借款后去购买指定的物品,对投资者而言更为稳妥的放款方式则是直接由平台将贷款划入店家的账户。另外一种模式是通过分期平台的介入来实现的,消费者看好物品后,直接向分期平台提出购买要求,分期公司代为付款后取得对消费者的债权,消费者则取得了购买物的所有权或者相应的服务之后,分期公司会将其对消费者的债权在平台上出售,由投资者认领后实现债权的转让。可以发现,这两种模式其实本质上是 P2P 网贷业务中的居间模式和债权转让模式,但是随着网络借贷平台作为信息中介平台、《消费金融公司试点管理办法》的出台,债权转让模式已经逐渐没落。

我国率先向消费金融借贷市场进军的网络借贷平台是拍拍贷。

---

① 参见零壹财经·零壹智库:《中国 P2P 借贷服务行业发展报告 2017》,中国经济出版社2018 年版,第 105 页。

2013 年时,拍拍贷就提出了"网购达人标"。网购达人标采取的是居间模式:资金提供方是拍拍贷平台上的资金借出者,拍拍贷在其中扮演中介撮合的角色。

(三)机动车金融业务

机动车是现实生活中最重要的资产类型,首先,对于每一个家庭而言,机动车几乎是日常生活中工作出行等完全离不开的生活必需品;其次,我国目前的汽车保有量处于快速增长的过程中,根据国家信息中心的预计,截至 2020 年我国汽车保有量可以达到 2.5 亿辆左右,机动车市场依然是极为活跃的。就此而言,汽车金融业务有着广阔的发展前景。网贷平台在这个过程中同样扮演着资金供给方的角色,具体可以有以下几种模式。

1. 机动车消费金融

机动车市场可以分为新车销售市场和二手车销售市场。P2P 网贷平台受限于其自身的特点,在这两种市场中的介入程度有所差异。新车销售市场中,由于新车的三包制度和定期保养维护要求,主机厂通常与汽车经销商紧密联系,机动车经销商实际上掌握了新车货源,在市场上占据绝对主导地位。而为了促进新车成交,则有必要降低贷款利率,通常采取的吸引消费者购买的手段是贴息或免息贷款。因此为新车提供贷款的通常是银行、汽车金融公司①等机构。当然,这并不妨碍网贷平台以纯粹撮合贷款的方式参与进来,亦即网贷平台只是作为信息中介,购车的一方在平台上发起贷款申请,除了其理由是购车以外,并无其他特殊之处。之后借款人再用在平台上借到的钱支付机动车的全部

---

① 汽车金融公司,是经中国银行业监督管理委员会批准设立的,为中国境内的汽车购买者及销售者提供金融服务的非银行金融机构。我国第一家专业的汽车金融公司是成立于 2004 年的上汽通用汽车金融,其主要从事的业务包括向消费者提供购车贷款的零售信贷业务和为经销商提供购车贷款的批发信贷业务。

价款,而不采取分期的模式。最早采取这种模式参与机动车消费金融的是网贷平台人人贷。除此之外,网贷平台想要在新车市场"分一杯羹",就必须要采取与银行或者汽车消费金融公司合作的模式。在这种合作模式中,占主导地位的是银行或者汽车金融公司。具体为:(1)首先由借款人向银行或者汽车金融公司申请借款;(2)汽车金融公司或者银行取得对借款申请人的债权;(3)汽车金融公司或者银行将该债权在网贷平台上挂出转让,迅速回款;(4)投资人在网贷平台上购买债权。但是由于 2016 年监管规定的出台,这种模式已经不再可行了。此外,在购车人、汽车金融公司和银行之间还可能存在另外一种关系,即汽车金融公司为购车人先行垫付购车款,而非提供贷款,而后再为购车人向银行申请贷款。在这种情况下,应当予以明确的是,网贷平台的地位亦不会发生改变,还是从汽车金融公司受让债权,并将债权在网贷平台上进行转让。

而在二手车买卖业务中,网贷平台直接介入的可能性更大些。由于二手车的货源没有被垄断,而且也很少存在其他机构低息吸引买方的竞争压力,网贷平台可以直接接受借款人的申请,代其向二手机动车的出售者付款。

2. 机动车抵押/质押金融

这种类型的业务称为车抵贷,即个人或者企业以自由机动车作抵押通过平台借款融资。具体可以分为两种类型:第一种,是存在借款人、网贷平台和投资人三方主体,借款人直接通过网贷平台向出借人借款,并将自己的机动车抵押或质押给平台或其关联方,这种属于较为普通的情形。这类网贷平台的典型代表是微贷网。微贷网于 2011 年 7月上线运营,于 2018 年 11 月 15 日正式在美国纽约证券交易所挂牌上市,处于国内"互联网+汽车金融"的前列,开创了"抵押登记+GPS 系统"的车抵贷模式,打造了车贷垂直市场的标准化发展模式。第二种,是借款人向金融机构或消费金融公司借款,并将汽车抵押或质押给消费金融公司或金融机构,由其取得债权后将债权转让给网贷平台,网贷平台将债权挂出之后由投资者进行投资的模式。这一种模式的重要代表网贷平台典型如有利网(平台成立于 2012 年)和爱钱帮(已于 2018 年 7 月 20 号发出清盘兑付公告)。两种模式相比下来,前一种模式下网贷平台负担的审查义务更高,要对借款人进行审查;而后一种模式下则只需要对债权的转让人进行审查。

3. 经销商贷款

借款人主要为融资租赁商或者车辆的经销商,借款人以机动车向平台提供担保后,平台发布其借款标的,投资人对该标的进行投资,使得借款人获得借款。这一模式的平台有迷你贷和好车贷等。

4. 机动车融资租赁金融

该模式的主要流程为:承租人先向融资租赁公司提出租赁请求,双方之间签订融资租赁合同。融资租赁公司为了购买该机动车而需要融资。融资租赁公司找到网贷平台,申请转让自己的收益权,实际上也就是对承租人的债权,平台审核后将其发布,由平台上的投资者出资购买。然后平台上的投资者成为承租人的债权人,获得承租人支付租金和利息。因此,总的来说,在机动车融资租赁金融中,主要为债权转让模式。真正直接由投资人购买物品进行出租的模式寥寥无几。该类业务始于 2014 年,涉及此类业务的平台包括融金所(于 2013 年 5 月正式上线)等。

(四)供应链金融业务

供应链金融是指以核心客户为依托,以真实贸易背景为前提,运用自偿性贸易融资的方式,通过应收账款质押、货权质押等手段封闭资金流或者物权,对供应链上下游企业提供的综合性金融产品和服务。①

---

① 零壹财经·零壹智库:《中国 P2P 借贷服务行业发展报告 2017》,中国经济出版社 2018 年版,第 147 页。

这种供应链金融的背景主要是由于供应链上各企业地位不平等造成的,处于供应链核心地位的大企业往往具有较强的话语权地位,对于上游的供应企业,核心企业会要求供应企业赊销,亦即推迟付款而必须由核心企业先行垫资,因此可能导致上游供应企业的资金链紧张。对于下游的经销商来说,核心企业会要求向经销商赊销,则可能导致经销商资金链的紧张。由此,供应链金融服务应运而生,其目的主要是为了缓解和减轻核心企业给上游供应企业和下游经销商带来的资金压力。网贷平台对供应链金融具有特别重要的意义,原因在于围绕着核心企业的大量上游供应企业和下游经销商都是中型和小型企业,商业银行虽然是最主要的融资渠道,但是由于其严格的风控要求和担保要求而难以从商业银行借到款,因此网贷平台的兴起就为供应链金融的发展提供了又一契机。

在 P2P 网贷平台兴起之前,供应链金融已经发展出电商模式和 ERP(Enterprise Resource Planning)服务商模式,前者的典型代表是阿里巴巴和京东,后者的典型代表包括银行和专门企业,如汉得信息。二者都是通过掌握了企业的交易信息来推动金融业务的发展。P2P 网贷平台则主要作为资金的提供方,通过平台上投资者的出资支持中小企业的发展。

在供应链金融中,网贷平台提供的服务亦可以分为以下两种模式:第一种模式是网贷平台与核心企业合作,由核心企业以应收账款作为增信手段,再由网贷平台向平台上的投资人发起项目,投资人投资使上游供应商获得融资或者使下游的经销商获得信用贷款。能够与核心企业合作的网贷平台多为核心企业自行设立,典型如海尔集团设立的2014 年上线运营的网贷平台海融易。

第二种模式是债权转让模式,债权转让模式的显著特点在于商业保理公司的介入,商业保理公司从上游供应商处获得应收账款债权,之后再将应收账款债权在平台上审核发布,由投资者进行投资。商业保理公司介入的意义在于,由于平台对该类业务不熟悉,而商业保理公司对此类业务较为专业,能够在调查之后作出准确的判断,从而降低商业风险。但随着网贷监管规定的出台,平台被明确界定为信息中介机构,在供应链金融中的上述两种模式均为债权转让模式,与监管规定的要求不符,存在较大的法律风险。

(五) 房地产金融业务

网贷平台与房地产结合的第一种形式是房地产抵押贷款,亦即房屋的所有者以房地产作为抵押物直接从网贷平台获取资金。如果借款人不能及时还款,那么抵押物将会被拍卖以偿还贷款。在这种情形下,不过是以房屋作为抵押物筹集借款,本质上与普通的个人现金借贷业务并无实质区别。

第二种形式是房地产周转贷。周转贷是依附于房地产的短期贷款业务,其中比较重要的一个用途即在于缓解借款人向银行抵押房屋之后,贷款发放之前这段时间内的紧急需求,借款人在借款时会承诺以银行贷款偿还这笔借款。此外,如果尚未还清购房抵押贷款的房主想要卖房子,那么可以先向网贷平台申请借款用来还清剩余的银行贷款,贷款还清之后抵押权解除,之后该人再卖掉房屋,并向网贷平台偿还借款,这种业务被称为"赎楼"。从事房地产周转贷业务的网贷平台代表有积木盒子和链家理财等。

第三种形式是"首付贷"业务。向银行申请按揭贷款的情形下,购房者需要先行缴纳最低购置资金,也就是所谓的首付。首付的支付虽然可以保障购房者减少在银行的贷款,但是并不是所有人都有能力支付首付款。因此,网贷平台推出了首付贷业务,购房者用于支付首付的金钱亦非自己所有,而是从网贷平台处筹集而来,具体模式既有居间模式,也有债权转让模式。该类业务加大了购房者的负债,同时也刺激了消费者购房的欲望,是突破现行购房限制政策的违规行为,对楼市调控构成严重干扰,潜藏着较大的系统性风险,一旦楼市风云突变,可能导致金融系统紊乱。因此在 2016 年,住建部等 7 部委联合下发的《关于加强房地产中介管理促进行业健康发展的意见》中明确提出要禁止首付贷业务。在此之前,从事首付贷业务的典型代表有链家理财和搜易贷(2014 年上线)。

最后,以上三种形式都是针对自住房屋的结合模式,对于商业用途的房屋而言,则可以体现为商用房地产的所有人将其对租户的债权(租金受益权)转让至网贷平台,从而达到快速收回资金的目的。

(六)融资租赁金融业务

网贷平台与融资租赁业务的结合开始于 2013 年,主要包括两类模式:

1.收益权转让模式

收益权是指融资租赁业务中的出租人对承租人享有的请求支付租金的债权,收益权转让模式中,与网贷平台发生联系的也是出租人,出租人在按照承租人的指示购买设备并使承租人获得相应设备之后,将其对出租人享有的债权转让给金融机构再由网贷平台发布债权标,也可以直接通过网贷平台转让给投资者,先行转给金融机构主要是为了由金融机构履行尽职调查的义务。

2.委托租赁模式

委托租赁模式并不是承租人直接通过网贷平台向投资者寻求购买相应设备,而是先由承租人找到专门从事融资租赁业务的融资租赁公司作为出租人,而后再由出租人在平台上发布项目,筹集资金。投资人的投资用于购买设备并委托融资租赁公司出租给承租人,而承租人支付的租金即为投资人的投资收益。

(七)票据金融业务

票据可以分为汇票、本票和支票,与网贷平台合作的票据多为汇票。汇票根据签发者的不同又可以分为银行承兑汇票和商业承兑汇票。票据持有者与网贷平台的合作主要有以下模式：

1. 票据贴现业务

以实践中常见的银行承兑汇票为例,汇票上的付款日可能较远,但是汇票的持有人又急需资金周转,于是票据持有就可以到票据转让的二级市场上将该汇票以低于票面金额的价格转让给他人或者质押给他人,亦即票据"贴现"。具体到网贷平台的场合,就是票据持有人通过质押或者转让其票据的方式从平台上的融资者处获得融资,票据到期后,平台直接承兑该汇票,并将其返还给投资者。

2. 票据质押业务

单纯的票据质押业务主要是指,票据持有人通过质押票据向网贷平台获取借款,在借款到期的时候,借款人再通过偿还借款赎回票据。

典型案例：

金银猫:网贷平台金银猫成立于 2013 年 9 月,是专门从事互联网票据业务的理财平台。金银猫平台理财项目有"银企众盈""商融保盈""余额猫"等理财产品。"余额猫"产品的借款人以银行承兑汇票等票据收益权作为质押,投资人则可以随存随取,属于较为稳健的理财产品。"银企众盈"则是企业以其持有的银行承兑汇票作为最终还款保证,向金银猫平台上的投资人借款,以获取融资,最终以银行承兑汇票的兑付款作为还款本息的来源。2018 年 7 月,金银猫平台发布良性清盘公告,2018 年 9 月 28 日上海市公安机关认定其涉嫌构成非法吸收公众存款罪,相关负责人已被批捕。

（八）典当金融业务

网贷平台的业务与典当行业之间也发生了联系。典当行业的主要对象是古玩文物等艺术品,即借款人以艺术品质押的方式向典当行借出资金,之后典当行为了快速收回资金而将其对借款人的债权在网贷平台上转让给平台投资人。本质上,艺术品的质押贷款与机动车、票据的质押在法律关系上并无差别,但是由于质押物的不同而会有所差别。亦即由于艺术品存在赝品和真品的问题,所以艺术品质押债权的转让往往需要第三方机构对艺术品进行鉴定。也正是因为存在欺诈和造假的风险,艺术品质押所能借到的资金数额要低于其评估的价值。

第三节　P2P 网络借贷平台的业务保障

P2P 网络借贷平台业务活动的开展离不开一系列的保障措施,这些保障措施是网贷平台开展经营活动的组成部分,虽然不是主营业务,但是作为主营业务的保障手段对网贷平台来说依然是不可或缺的。这些保障手段同样存在着大量的问题,而且这些问题的存在对投资者来说往往都是十分致命的,同样需要法律手段的介入进行调控和处理。本节主要介绍三种保障措施的现状,分别是网贷平台的信息审核与信用评估措施、网贷平台的担保和保险增信措施、网贷平台的银行资金存管措施。

一、信息审核与信用评估

如前所述,P2P 网络借贷之所以能够快速兴起,得益于它整合了大量的小额借款需求和闲散资金信息,而网络平台的虚拟交易之下,这些信息是否真实,是否可靠都存在着巨大的风险。而且由于散户的辨别能力较弱,因此,平台对这些信息的审核,并根据信息的真实性对不同用户的信用能力进行评估的行为就显得尤其重要。事实上,这也是网络平台吸引用户、扩大经营、控制自身风险的重要手段,是诸多网贷平台自设立时起就负担的任务。事实上,随着《电子商务法》的颁布,这种义务已经成为网贷平台必须要履行的法定义务。如果平台的信息虚假导致出借人无法收回借款,那么平台可能要承担相应的违约责任。

(一)域外网贷平台的信息审查

域外的信息审查主要依靠的是线上审查,即无须实地考察,而是仅在线上打分即可,这得益于域外诸多国家完善的个人征信体系。

典型如美国的信用审查,首先依靠的是美国个人消费信用评估公司(FICO)提供的 FICO 信用分,FICO 信用分是对个人信用进行评估的一种方法,在全美都得到了普遍认可,美国三大信用局均使用这一评分。FICO 分的标准在 300 到 850 之间,美国网贷平台借贷俱乐部的要求则一般在 660 分以上。其次还要对申请人的负债情况和收入情况进行调查,要求其债务收入比在一定范围之内,以保障风险可控,如借贷俱乐部要求这一比例应当低于 40%。在这种层次的信用审查结束之后,网贷平台通常还需要由专家利用评分模型对申请人进行专门的评估。美国网贷平台升级与借贷俱乐部不同,不再使用 FICO 作为信用评分的工具,而是开发了免费的个人信用管理工具——健康信用(Credit Health)供用户使用,该信用工具可以产生一个信用分供用户使用,以计算自己的信用程度。总的来说,美国由于已经建立了完善的征信系统,而且美国网贷平台对信用风险体系的严格要求,并未出现大规模的坏账情形。

英国的协议空间在进行信息审核的时候也是通过向各大征信机构查询信息,然后通过其内部的信用系统进行打分,根据打分的不同排出不同的风险等级,同时也根据不同的风险等级确定不同的利率。

再如澳大利亚的网贷平台"社区一号"(Society One)。在澳大利亚也已经有较为完善的个人征信机构,借款人在向网贷平台借款时应当提供自己的信用分,社区一号再计算出借款人在平台上的信用评分。在 2014 年的时候,社区一号更是推出了免费查询个人信用分的功能。

（二）我国的网贷平台信息审核

我国的个人征信体系建设不够完善,新兴起的网贷平台通常也无法借助银行的征信系统获取信息。为了避免坏账过多导致平台运行困难,许多平台一度曾开启线下与线上相结合的运营模式,利用线下的审核方式来确保借款人的信用和偿还能力,但是线下门店由于成本过高,网贷平台的赢利空间受到了极大的挤压,同时又容易引发非法集资等问题,已经为现行监管体系所禁止。网贷行业在我国发展了多年,各大平台也都积攒了大量属于自己的用户征信数据,如果这些平台之间能够实现信用信息的共享,对网贷行业的发展将会是极为有利的,但是由于传统的信息数据库存在滥用数据信息等危险,各个平台始终未能实现数据的共享。目前,在网贷之家的统合下,依托于新技术的兴起,"云征信"模式悄然兴起。在云征信的模式下,各个平台无须再将自己的数据交给中央数据库,而是各自保留自己的数据。云征信脱离中央数据库,接入系统的各平台管理自己的数据库,只需开放一个接口,而云征信负责建立通道,使得平台的数据可通过该接口被查询。接入云征信系统内的每一个网贷平台即为该分布式网络内的一个节点,既是需求查询的用户,又是供给资源的数据库。云征信系统仅负责通信,连接用户和数据库,用户通过云征信的通道查数据,但是云征信本身是不进行任何数据存储的。

二、担保和保险增信

（一）风险准备金和质量保障服务专款

网贷平台的风险准备金,是指网贷平台的运营公司专门建立一个资金账户,当借款人发生逾期或者违约的行为时,网贷平台则会使用资金账户里的资金来归还出借人,进而保护出借人。此种风险准备金虽然具有一定的抵御风险作用,但是在大规模的违约行为发生后却作用有限。质量保障服务专款是网贷平台为了保障其对平台上的出借人和借款人的服务质量而提供质量保障费用的专门条款,亦即网贷平台从借款人及出借人收取的平台管理费及平台服务费中对应的相当于借款金额的一定比例,作为网贷平台提供质量保障服务而取得的质保服务费用。这种质量保障费用的作用在于借款人不偿还借款本金时,由平台从其中拨付一定的数额,用于偿还给出借人。如宜人贷即将根据在宜人贷平台选择质保服务的出借人所对应的借款人交纳服务费的30%作为质保服务费存入质保服务专户,用于满足出借人及时偿付的需要。自 2016 年起,监管机构将网贷平台的性质界定为信息中介机构,且不准提供任何增信服务,但是并未对是否可设立风险准备金作出明确规定,随后,各个地方纷纷出台了行政区内网贷平台的整改细则。其中,北京监管部门下发的《网络借贷信息中介机构事实认定及整改要求》(以下简称《整改要求》)中,第 41 条明确提出,"禁止:设立风险保证金、准备金、备付金等提供担保,或者以此进行宣传"。这一规定的要旨在于禁止网贷平台提供增信服务。但就是否可以提供质保专款的问题仍没有明确规定,从其禁止目的来看,似无禁止必要,因为该项并不会使网贷平台提供保本保息服务,仅是借款人为出借人提供的一定保证金而已。

(二)第三方担保机构的担保

同时,应当注意到的是,北京市的上述监管规则虽然禁止了网贷平台提供风险准备金,但是却并没有禁止由第三方担保机构和保险公司提供担保服务,因为第三方担保是一种市场行为,有担保资质的第三方担保公司的参与本身只会降低风险,而不会导致网贷平台经营风险的扩大,而且从法律关系上来看,此时的融资担保机构虽然是网贷平台争取过来的,但事实上是以借款人保证人的身份出现在网贷平台的业务经营中,与网贷平台自行担保自然差别明显。如《整改要求》第44条的规定禁止"平台与有关联关系的担保机构或保险公司合作,却不如实充分披露信息"。换言之,不仅不禁止平台与第三方担保机构合作,在信息披露到位的情况下,甚至还允许与具有关联关系的第三方担保机构合作。

融资担保公司①,与网贷平台之间的合作是较为常见的情形。网贷平台与融资担保机构的合作主要有以下两种模式:其一,平台本身有投资项目,但是出于吸引投资者和降低风险的考虑,在所有的项目正式发布之前,均需要有第三方担保机构再进行一次审核,以求最大限度地降低风险。典型如网贷平台钱盆网(2014年8月上线运营,是一个以提供资金融通、信息中介为主的专业互联网金融平台),与融资性担保公司(合生创盈融资担保股份有限公司)合作,借款项目需经过第三方担保公司的再次评估,不仅给借款提供了更可靠的了解事前风险防范机制,也有利于降低贷款发生后的处置风险。其二,第二种模式下,不是由第三方融资担保机构被动地审核网贷平台上的项目,而是由融资担保机构主动地寻找优质的项目,之后再向平台推荐,由平台挂出,以获取投资人的投资。这两种模式并无本质区别,只不过第三方担保机构的地位发生了一些变化,后一种情况下第三方担保机构占据了更加主动的主导地位。此外,第三方融资性担保机构的担保方式还可以按其作为担保人的责任承担方式和范围加以区分。

1. 一般保证与连带保证

根据《中华人民共和国担保法》的规定,担保人的担保方式可以分为一般保证和连带保证,连带保证的情形下第三方担保机构与借款人

---

① 融资性担保公司是指依法设立,经营融资性担保业务的有限责任公司和股份有限公司。融资性担保是指担保人与银行业金融机构等债权人约定,当被担保人不履行对债权人负有的融资性债务时,由担保人依法承担合同约定的担保责任的行为。

承担连带责任,只要借款人不偿付借款,第三方担保机构就要承担保证责任;而在一般保证中,保证人的偿付责任需要以借款人无能力偿付为前提,亦即出借人必须先行起诉借款人,待确认借款人确实无能力偿付借款后再请求担保人承担担保责任。如网贷平台银豆网(2013 年成立,2014 年更名为银豆网,2018 年 7 月宣布停止运营,负责人已失联)在其运营期间对外宣称由第三方担保机构中源盛祥融资担保有限公司为其提供担保,后在其"汽车配件企业流动资金周转"借款项目中同样宣称中源盛祥融资担保有限公司推荐并担保。但是在项目逾期后,中源盛祥融资担保有限公司并未负担连带担保责任,而是宣称借款人并未丧失偿付能力,自己暂时不承担保证责任,显然,中源盛祥融资担保有限公司承担的是一般保证,其是在主张"先诉抗辩权"。相比于连带保证,一般保证的保障能力显然更低,但是对第三方担保机构而言,风险也更小。

2. 有限保证和本息全额保证

根据担保范围的不同,可以将第三方融资担保机构提供的担保区分为有限保证和本息全额保证。所谓的有限保证是指,当借款人出现违约之后,第三方担保机构仅承担违约数额已定比例的保证责任。而本息全额保证则恰好相反,第三方担保机构要对借款人违约行为导致的全部违约本金和利息承担保证责任。从范围上讲,后一种本息全额担保显然对出借人的吸引力更大,但是第三方担保机构所面临的风险也更大,往往会要求借款人提供抵押等反担保形式,因此实际能够开展和适用的范围并不大。实践中能够提供这种程度担保的网贷平台寥寥无几,部分网贷平台曾宣传其提供本息全额担保的形式,如网贷平台旺企贷即宣称自己引入国有担保公司向投资者提供本息全额担保;如"普汇云通"平台,采取引入第三方担保公司固始县金鼎投资担保有限公司和安徽皖弘融资担保有限公司的方式,一旦融资方到期未还款,第三方担保公司将按协议约定代为垫付本金和收益。又如微金所在其保障措施中提到,"与平台签约的担保机构,在每个借款标的上线的同时,出具相应的保函,承诺发布的标的获得担保公司的本息保障。与平台签约的小贷公司,承诺对其发布的借款标的的回购义务,同样对投资人的本息进行保障"。但应当注意的是,很多网贷平台提供的此类宣传可能构成虚假宣传,全额本息担保很可能只是"空头支票"。

此外,实践中大量第三方融资担保公司存在资质不完善的情况,根据 2017 年国务院颁布的《融资担保公司监督管理条例》的规定,融资担保公司的设立必须要经过监督管理部门批准、应当按照审慎经营原则开展经营活动、担保责任余额不得超过其净资产的 10 倍,因此可能存在无资质担保、过度担保等风险。

(三)保险

此外,很多网络借贷平台为了增强自己的信用能力,打消投资者的顾虑,纷纷采取了与保险公司合作的方式,推出各种类型的保险以显示自己的安全性。保险相比于第三方担保机构更加具有优势,因为保险公司的门槛更高,对网贷平台的要求和审核更加严格。但网贷平台在宣传的过程中往往会抹杀不同保险种类之间的区别。事实上,网贷平台所提供的保险可以分为以下几种,每一种的功能和保障程度均有所区别:

1. 账户安全险

账户安全险的作用并不是很大,仅限于出借人或借款人网贷平台账户被不法分子盗用情形,而不是涉及借款人不偿还贷款时的赔偿问题。比较典型的如网贷平台 PPmoney(2012 年上线)2018 年 7 月与新疆前海联合财产保险股份有限公司(以下简称"前海财险")之间的合作,PPmoney 与前海财险之间的保险合同主要用于网贷平台用户的账户密码被不法分子盗取的情形,亦即所谓的"账户安全险"。这种保险的应有场景仅限于账户被盗刷后产生的损失的赔偿问题,事实上,其并非是网络借贷中才有的,在移动支付领域,比如支付宝账户安全险的范围已经非常广泛。由于此类事件发生的概率较小,因此,此类保险多作为平台吸引投资者的噱头,实际意义并不会很大。

2. 个人抵押物财产险

除此之外,另外有一种保险是个人抵押物财产险,是指如果平台上的出借人要求借款人提供抵押物,可以同时要求借款人对抵押物办理保险,以避免抵押物毁损、灭失给出借人带来的风险。这种保险不涉及平台的责任,而是出借人规避风险的常规手段,事实上,这种保险在网络借贷的应用中并不广泛,因为网络借贷的对象往往是无法在银行获得贷款的群体,而这类群体往往缺乏可靠的抵押物。而且个人抵押物财产险也早就应用在了银行贷款的领域中,这类保险是建立在抵押物前提下的进一步保障手段,但是在普遍缺乏抵押物的网络借贷中,其发挥作用的空间并不大。

3. 信贷审核责任险

还有一种保险是所谓的"信贷审核责任险"。这种保险在网络借贷领域的典型代表是财路通(现为豆蔓智投)和中国人寿财产保险股份有限公司之间的合作模式。作为金融信息中介的网贷平台需要发布申请的借款人的信息,其中所涉及的关键信息可能对出借人的决策具有重要的指导作用。如果信息审核不严,网贷平台可能会面临风险。而上述"信贷审核责任险"即是针对此种平台运营中存在的风险,其目的就是在被保险人提供标准化信贷审核服务的过程中,因疏忽或过失致使提供给投资人的相关信息不实,造成投资人经济损失的,依法由保险人来承担相应的损害赔偿责任。但由于此类保险需要首先确定网贷平台的责任,而网贷平台承担的是审核失当的过错责任,这本身就是一个需要通过诉讼来解决的问题,耗时很长,而且结果上还存在较大的不确定性,因此对投资人的保障也并非十分直接。

4.借款人人身意外伤害险

网贷平台的保险还包括借款人人身意外伤害险。这种保险的目的主要是为了防止借款人发生人身意外,丧失劳动能力后无法按期偿还贷款。投保这种保险之后,出借人会成为保险金的第一受益人,优先从保险金中扣除剩余未偿还的借款数额。此类保险在银行等金融机构的贷款中也已经普遍应用。相比于借款人拒绝还款的行为,借款人发生事故也属于小概率的事件,因此,此种保险的意义究竟有多大也是一个值得怀疑的问题。

5.履约保证险

对出借人保障最直接的保险是履约保证险。所谓履约保证险,是指保险公司向出借人承诺,如果被保险人(P2P 网贷中的借款人)不按照合同约定或法律规定履行还款义务,则由该保险公司按照保单约定承担赔偿责任、向投资人赔付本金及利息的保险产品。这种保险无疑对网贷平台的安全性有了极大的提升。但是保险公司对此类保险的网贷平台的要求相对较高,也并非全部产品都承保,而是仅选择其中较为优质的低风险产品。于是在同一网贷平台上,极有可能出现不同产品由不同的保险公司承保的状况。

事实上,有能力提供履约保证险的网贷平台寥寥无几。应当看到的是,目前网贷平台普遍推出的保险保障和引入第三方平台担保实际上是由于平台自身不能提供保本保息承诺下的一种变形手段,第三方机构的良莠不齐、被担保产品类型的有限性,都极大地说明了履约保证金的作用并不像宣传中提到的那样"万能"。有些网贷平台对履约保险作为噱头大肆进行虚假宣传,如网贷平台草根投资通过各种渠道宣传其与广州人保财险之间的合作关系,而案发后广州人保财险明确澄清,其从未与草根投资进行合作,不存在任何保险合同关系。履约险本质上是 P2P 网贷平台风险准备金的变种,平台将保证金移交给保险公司监管,逾期后,保险公司代替平台赔付投资人,保险公司仅仅是平台的通道方,如果平台风控松懈,底层资产质量不佳,一旦爆发大规模逾期风险,赔付金额超出保证金账户余额,保险公司则不会承认任何责任。

三、银行存管资金

(一)银行资金存管和银行资金托管

在网贷平台的宣传中,常常可以看到资金存管、资金托管和资金监管等不同字样,对于投资者而言,似乎并无差别,都是有银行作保障,但事实上这几种不同的表达下,其内涵也存在诸多差别,银行的职责不同,账户的设立方式不同,对投资者资金的保障也不同。在上一章中,曾谈到很多"暴雷"的网贷平台设立资金池,随意挪用资金的违法行为,这种违法行为中,虽然投资者的资金也存在银行,但是银行并不负有监管职责,从事这类违法行为的网贷平台都是将投资人的资金存在关联人的名义下,类似一般的存款和取款业务,亦即,只"存"不"管"。

银行对资金的存管诞生于证券行业,商业银行作为独立第三方,为证券公司客户建立客户交易结算资金明细账,通过银证转账实行资金定向划转,并对客户交易结算资金进行总分账务核对。[①] 存管业务主要针对的是资金来源为多个个体的情形,需要为每一个个体单独建立一个独立的账户。该业务主要是因资金监管的需要而产生,承担任务的商业银行所扮演的角色主要是对每个账户内资金的流动情况,亦即只保证资金支付结算、必要的资金核对和监管报告,银行对资金是否安全、投资是否赢利、资金如何使用等事项进行监管。[②] 在 P2P 网贷领域,银行资金存管则主要体现为 P2P 网络贷款公司将自身平台所吸纳

---

① 王俊萍:《商业银行托管、监管、存管业务的风险识别和防控》,《现代商业》2017 年第 17 期。

② 王俊萍:《商业银行托管、监管、存管业务的风险识别和防控》,《现代商业》2017 年第 17 期。

的各类资金以及所提取的风险备用金,或其他方式存在的资金等,存放在商业银行单独开立的账户或第三方支付机构的账户上,平台可以随时提取自己存放的资金,商业银行或者第三方机构也具有一定的监督义务,但其义务仅限于保证资金支付结算的效力,对资金使用的安全性以及赢利性并不负有责任。[①]

而银行的托管业务则与此不同,中国银行业协会 2013 年公布了《商业银行托管业务指引》,该指引规则对商业银行托管业务作出了明确的定义,托管银行基于法律规定和合同约定,履行资产保管职责,办理资金清算及其他约定的服务,并收取相关费用。根据法律法规和合同约定,托管银行提供的服务还可包括会计核算与估值、投资监督、绩效评估、投资管理综合金融服务以及其他资产服务类业务。托管银行负有严格的监管义务,《商业银行托管业务指引》第 16 条明确规定,"托管银行提供监督服务,按照托管合同约定的监督内容和监督方式,可以对托管财产的投资行为、支付费用、分配收益情况等进行监督"。换言之,托管银行不仅要对账户内资金变化的情况进行核对,还要对资金的具体流向和使用进行监督。亦即,存管只能做到交易与资金的分离,银行管理资金,平台从事交易,有效地防止了网贷平台自设资金池情形下对投资者资金的挪用,但是如果网贷平台采取设立虚假标等方式骗取资金,那么银行存管无法进行干涉。而如果是银行资金托管的模式,银行对资金的流动和使用也负有监督义务,因而具有更强的监管效果。从这个角度来说,即使是银行存管投资者的资金也依然可能出现资金的"间接挪用",而此时银行并不需要承担责任。

此外,网贷平台在银行的存管业务也可以分为"全量存管"和"部分存管"两种类型。所谓全量存管,是指网贷平台的全部网贷业务都

---

① 钱智通、孔刘柳:《我国商业银行 P2P 资金存管业务分析》,《新金融》2016 年第 5 期。

已经接入了银行的资金存管;部分存管,则意味着仅有部分网贷业务上线了银行存管。二者的差别较为明显,一般认为只有网贷平台实现了全量存管才真正地能够发挥银行存管的监督作用。

通过以上对银行存管和银行托管业务从银行职责的角度所进行的分析可知,商业银行的托管业务要比商业银行的存管业务更加严格,监管也更加到位。银行托管业务主要应用于基金业务中,如《中华人民共和国证券投资基金法》第三章即是关于基金托管人的详细规定。在P2P 网贷平台业务中,大多数平台采用的都是资金存管的模式,但这并不排除银行的资金存管业务靠近银行资金托管业务的模式,甚至采取托管的模式。从如今网贷业务实践来看,当下商业银行在 P2P 网贷中采取的存管模式主要有以下 4 种①:(1)为网贷平台上每个投资者的资金设立隔离于平台自有资金的独立账户,分别管理,定期核算;(2)先为 P2P 网贷平台设立一个权限最高的一级账户,然后在一级账户的名下根据 P2P 网贷平台的实际情况设立诸多二级子账户,投资人和借款人的资金周转必须都在二级子账户里,银行定期核对;(3)银行与第三方支付机构合作,银行只起到辅助的作用,第三方支付机构审查网贷平台的资质,并且代表网贷平台在商业银行开立账户;(4)由银行进行资金托管,网贷平台在商业银行开立托管账户,为了保障投资人资金的安全性,投资者的资金自始就不存在于网贷平台上,而是直接迁移到银行为平台专门设立的资金托管账户中。但是直接对资金采取托管模式的尚属少数,还是以不同模式的存管业务为主。

(二)网贷银行存管业务的定位与要求

由于近年来网贷行业出现了大规模的乱象,尤其是自设资金池的行为频繁爆发,中国银行业监督管理委员会(现为银保监会)于 2017

---

① 参见钱智通、孔刘柳:《我国商业银行 P2P 资金存管业务分析》,《新金融》2016 年第5 期。

年发布了《网络借贷资金存管业务指引》(以下简称《指引》)对网贷行业资金存管业务作出了较为详细的规定,用于指导我国今后的网络贷款资金存管业务的开展。

1. 银行资金存管的基本原则

按照指引的要求,资金存管业务的实施有三大基本原则:

(1)分账管理原则是指,在商业银行的存管过程中,网络借贷平台的自有资金和存管资金要分开保管、分账核算。

(2)依令行事原则是指,对存管资金的处置,包括清算、支付和资金进出等环节,均需要出借人、借款人的指令或者授权,在未获得出借人和借款人的授权时,不能依照网络借贷平台的指令对资金进行划扣。

(3)账务核对原则是指,存管资金的商业银行和网络借贷机构每天都需要对账务进行核对,保证账户上的记载和实际的存款资金数额相符合,同时还要保障资金流转有明细记录,确实可查。

2. 银行资金存管业务的主体

在银行资金存管业务中,首先存在委托人和存管人两方主体。按照《指引》的规定,委托人是网络借贷信息中介机构,及网络借贷平台的运营方,而存管人是根据其委托提供资金存管服务的商业银行,在二者之间存在委托合同关系。在二者之外,尚且存在出借人和借款人等其他主体,在银行资金存管业务中,这些主体亦具有不可忽视的作用,因为按照《指引》的规定,资金存管银行要服从出借人和借款人发出的指令或业务授权指令办理网络借贷资金的清算支付,并向其报告。

3. 资金存管业务中委托人的职责

根据《指引》的相关规定,网络借贷平台作为资金存管业务的委托人,应当履行的职责主要包括以下几点:第一,保障网络借贷平台技术系统的持续开发及安全运营。这一点是最为重要的,只有网络平台能够获得足够的技术支持和运营,借贷业务才能持续地开展下去,资金存管才具有意义。第二,组织实施网络借贷信息中介机构的信息披露工作,及时地向存管人提供真实的相关信息,这些信息具体可以包括委托人基本信息、借贷项目信息、借款人基本信息及经营情况、各参与方信息等。第三,委托人应当每日与存管人进行账务核对,确保系统数据的准确性,这种及时的核算能够最大限度地保障出借人的资金安全。第四,妥善保管网络借贷资金存管业务活动的相关资料,为了保障平台上的每一笔交易都有据可查,委托人应当对交易相关的如记录、账册、报表等资料进行妥善保管,不得损毁、丢失。此外,《指引》还对资料的保管提出了强制要求,无论是电子介质的,还是纸质的,都要求保管期限为 5 年以上。第五,委托人应当定期对客户资金存管账户进行独立审计并向客户公开审计结果。这是保障客户知情权和防止委托人私自调用客户资金牟利行为的重要手段。第六,委托人应当履行并配合存管人履行反洗钱义务。第七,如果资金存管合同同时还约定了委托人的其他职责,委托人亦应当履行。

4. 资金存管业务中存管人的职责

资金存管业务中存管人的职责总体上体现为业务审查、账户开立、清算支付、账户核对、存管报告、资金监督等方面。① 根据《指引》的相关规定,具体包括:第一,存管人应当对申请接入的网络借贷信息中介机构设置相应的业务审查标准,对合格的委托人提供资金存管服务。第二,存管人在实际操作过程中,应当分别为委托人开立网络借贷资金存管专用账户和委托人自有资金的账户,分别管理、各自独立,还应当为出借人、借款人和担保人等在网络借贷资金存管专用账户下分别开立子账户,保证不同客户的资金也是分别管理、各自独立的,从而最大限度地保障存管资金的安全。第三,作为资金的存管方,银行应当仅在出借人或借款人发出指令或业务授权指令时办理网络借贷资金的清算支付,除此之外不得擅自挪用账户资金。第四,存管方应当按照实际情

---

① 李思:《网贷资金存管规则亟待完善》,《上海金融报》2018 年 10 月 26 日。

况记录资金在各交易方、各类账户之间的流转情况。第五,由于委托方每日都应当对账务进行核对,将当日的交易数据传递给存管方,存管方则应当按时进行账务核对。第六,存管方应当按照法律的规定或者合同的约定,定期提供网络借贷资金存管报告,以确保信息的透明,充分保障出借人和借款人的知情权。关于存管报告的具体内容,可参见广发银行为桔子理财提供的存管报告,其存管报告提供的周期为每月 1次,内容为对该周期账户内资金变动情况的说明及具体差额变化的说明。第七,存管方应当妥善保管网络借贷资金存管业务相关的交易数据、账户信息、资金流水、存管报告等包括纸质或电子介质在内的相关数据信息和业务档案,同时《指引》明确规定相关资料应当自借贷合同到期后保存 5 年以上。第八,存管人应对网络借贷资金存管专用账户内的资金履行安全保管责任,亦即不得采取外包或委托其他机构代理的方式进行资金账户开立、交易信息处理、交易密码验证等操作。第九,资金存管人应当注重对开展业务过程中所获得的出借人与借款人的个人信息的保护,加强出借人与借款人信息管理,确保出借人与借款人信息采集、处理及使用的合法性和安全性。此外,如果资金存管合同或者法律规定有其他职责,资金存管人亦应当履行此类职责。

5. 资金存管业务的发展现状

《指引》实施以来,各个平台的资金存管业务整改迅速推进,商业银行想要成为网贷资金的存管人也必须要达到《指引》中规定的系统要求才可以。互联网金融协会随后发出了《关于开展网络借贷资金存管测评工作的通知》,要求所有从事相关业务的存管机构必须在"标准统一、质量优先、客观公正、实事求是"的原则下有序开展测评工作,达到标准之后进入"白名单"的才可以从事资金存管业务。互联网金融协会发出公告后,共有 70 家银行向互联网金融协会申请成为网贷平台的存管银行,截至 2018 年 11 月底,共有 42 家银行进入存管"白名单"。其中,大多数银行为各地的城商行和农商行以及民营银行,大型的国有银行参与网贷存管业务的较少,只有中国建设银行一家,见表2-2。

表2-2　42家进入"白名单"的存管银行

银行性质	名　称	时　间
国有股份制银行	中国建设银行	2018 年 9 月 20 日
全国性股份制银行	招商银行	2018 年 9 月 20 日
全国性股份制银行	浦发银行	2018 年 9 月 20 日
全国性股份制银行	民生银行	2018 年 9 月 20 日
全国性股份制银行	华夏银行	2018 年 9 月 20 日
全国性股份制银行	广发银行	2018 年 9 月 20 日
全国性股份制银行	平安银行	2018 年 9 月 20 日
全国性股份制银行	浙商银行	2018 年 9 月 20 日
全国性股份制银行	恒丰银行	2018 年 9 月 20 日
全国性股份制银行	渤海银行	2018 年 9 月 29 日
城市商业银行	包商银行	2018 年 9 月 20 日
城市商业银行	浙江隆泰商业银行	2018 年 9 月 20 日
城市商业银行	廊坊银行	2018 年 9 月 20 日
城市商业银行	北京银行	2018 年 9 月 20 日
城市商业银行	宜宾市商业银行	2018 年 9 月 20 日
城市商业银行	厦门银行	2018 年 9 月 20 日
城市商业银行	上饶银行	2018 年 9 月 20 日
城市商业银行	西安银行	2018 年 10 月 4 日
城市商业银行	杭州银行	2018 年 10 月 12 日
城市商业银行	青岛银行	2018 年 10 月 12 日
城市商业银行	浙江民泰商业银行	2018 年 10 月 26 日
城市商业银行	上海银行	2018 年 11 月 5 日
城市商业银行	江西银行	2018 年 11 月 9 日
城市商业银行	乌鲁木齐银行	2018 年 11 月 16 日

续表

银行性质	名　称	时　间
农村商业银行	海口农商银行	2018 年 9 月 20 日
农村商业银行	厦门农商银行	2018 年 9 月 20 日
农村商业银行	海口联合农商银行	2018 年 9 月 20 日
农村商业银行	内蒙古陕坝农村商业银行	2018 年 10 月 26 日
农村商业银行	北京农商银行	2018 年 11 月 5 日
农村商业银行	内蒙古鄂托克前旗农商银行	2018 年 11 月 5 日
农村商业银行	重庆农商银行	2018 年 11 月 9 日
民营银行	中关村银行	2018 年 9 月 20 日
民营银行	百信银行	2018 年 9 月 20 日
民营银行	武汉众邦银行	2018 年 9 月 20 日
民营银行	华瑞银行	2018 年 9 月 20 日
民营银行	重庆富民银行	2018 年 10 月 4 日
民营银行	新网银行	2018 年 9 月 20 日
中外合资银行	厦门国际银行	2018 年 9 月 20 日
区域性股份制银行	徽商银行	2018 年 9 月 30 日
区域性股份制银行	晋商银行	2018 年 9 月 30 日
民营银行	天津金城银行	2018 年 11 月 16 日
民营银行	安徽新安银行	2018 年 11 月 16 日

值得注意的是,从 2018 年 11 月部分存管银行披露的数据来看,上线的这些银行的存管业务的网贷平台间也是存在差异的,部分平台目前只是上线了部分存管业务,并未上线全量存管业务。

第三章　P2P 网络借贷模式的
刑事风险与刑法规制

　　本章将具体从 P2P 网络借贷模式可能遇到的刑事风险的角度来论述 P2P 网络借贷的刑法规制路径。可以说,P2P 网络借贷在我国的发展史也是一部刑事追诉史。这样的说法或许有一些夸张,但是回顾 P2P 网络借贷在我国兴起的发展历程可以发现,P2P 网络借贷模式的发展总是处在触碰刑事犯罪界限的阴影之下。当然,从另一方面来说,刑事审判也为 P2P 网络借贷向健康方向发展划下了红线,为网络借贷从业机构的行为提供了警示性的规范。因此,在研究 P2P 网络借贷模式的后续发展问题中,我们很有必要了解并研究现有的刑事实定法素材和法院的司法实践。这些素材无论是对于网络借贷的外部治理还是网络借贷从业机构的内部治理都具有指导性的意义。

第一节　基本情况概述

　　正如前面章节已经详细介绍的那样,从 2006 年宜信公司(Credit Ease)在北京创立,成为中国大陆地区最早开展网络借贷的企业开始,到 2013 年,中国香港"我来贷"(WeLab)(与内地借贷平台"我来贷"同属一个集团)的成立获得红杉资本和李嘉诚的 TOM 集团支持注资。

到 2015 年时,国内的网络借贷平台数量达到 3500 家的高峰期,P2P 网络借贷模式可谓经历了"井喷式"的发展。但是也就是在 P2P 网络借贷平台数量到达高峰期的 2015 年,P2P 这种借贷模式由于网络借贷平台 e 租宝涉嫌非法集资而被取缔,进入到拐点。紧接其后,由银监会会同工业和信息化部、公安部、国家互联网信息办公室等部门研究起草的《网络借贷信息中介机构业务活动管理暂行办法(征求意见稿)》由国务院法制办正式对外发布,开始征求公众意见。[1] 在政府的监管逐步落地铺开之际,P2P 网络借贷平台又陆续爆出数起案值逾百亿的大案,如 2016 年"上海快鹿集团案",2017 年"南京钱旺集团案"等。2018 年夏季出现的 P2P"暴雷潮",在不到两个月的时间内,140 多家 P2P 网络借贷平台倒下,在产业界造成动荡的同时,还产生了比较恶劣的社会影响,许多投资者血本无归,成为所谓的"金融难民"。但是无法否认的是,在我国民营经济、中小企业蓬勃发展的今天,P2P 网络借贷模式具有其无可替代的作用和地位,因为 P2P 网贷模式下的集资行为一方面除了为我国市场经济中嗷嗷待哺的中小民营企业开辟了一条新的集资渠道之外,另一方面还丰富了社会大众的投资渠道,从而对我国金融市场的发展和繁荣具有不可忽视的积极作用。对于作为大众的主要理财投资渠道这一点我们可以发现,网络借贷在我国的"井喷式"发展期恰好对应了我国沪深股市的萎靡期。由此我们可以得出结论,对待 P2P 这样的网络借贷或者说网络金融模式,政策制定者既不可以因噎废食,也不可以继续原先"无准入门槛、无行业标准、无监管机构"这样的对待方式[2],正确的处理方式应该是出台相应的政策法规,严格法律适用和司法实践,将 P2P 网络借贷模式的风险控制在市场经济投资行为的

---

[1]　参见银监会关于《网络借贷信息中介机构业务活动管理暂行办法(征求意见稿)》公开征求意见的通知,国务院法制办公室,见 https://web.archive.org/web/20160105195445/http://www.chinalaw.gov.cn/article/cazjgg/201512/20151200479803.shtml,发布时间 2015 年 12 月 28 日。

[2]　姚文平:《互联网金融》,中信出版社 2013 年版,第 44 页。

正常风险范围之内。

从 P2P 网络借贷平台的功能来看,其主要为有借款需求的借款人与有投资意向的出借人提供一个达成借贷交易的平台,并向双方收取服务费,成为促进网络借贷的创新金融主体,从该功能来看,P2P 网络借贷平台大体上承担了借款人和出借人中间"信息中介"的角色。虽然一直有学者否定互联网金融为新的金融形态,并且认为互联网金融虽然利用了互联网技术,但除了没有严密的牌照准入制度之外,其与传统金融运作模式没有本质差异。但是根据主流观点,学界和实务界都认为,互联网金融包括 P2P 网络借贷是现代互联网技术催生的重要金融创新,是一种新的金融形态。对于我国互联网经济的发展,我国的政策制定者一直是保持一种"先放手、后监管"的态度,即不进行事先的干预而看其发展的成效,待出现亟待解决的问题时才进行行政或是立法层面的干预。这样做的好处是可以保持经济发展的活性,不过早地扼杀经济或者金融模式的创新,但坏处就是该种创新模式的"异化",给一些"机会主义分子"破坏行业规则进行敛财提供了可乘之机。

正如上文强调的,P2P 网络借贷平台从一开始就将其定位为"信息中介"的角色,但是由于前期监管制度的缺位以及利益的驱使,许多 P2P 网络借贷平台的经营者都在其经营活动中突破了"信息中介"这种传统的经营模式。这种"外溢"的经营模式极大地增加了经营者触犯现有刑事法规范的风险。

对现有的案例进行整理总结可以得出以下 P2P 网络借贷平台违规操作:擅自开展金融业务;P2P 网络借贷平台以资金池的形式来运作相关借贷(集资)活动;P2P 网络借贷平台的"自我融资";P2P 网络借贷平台中的"超级放款人"模式;P2P 网络借贷平台对风险备付金的挪用和侵占;默许借款人通过 P2P 网络集资平台实施非法集资犯罪活动等。笔者将在下面进行详细的介绍及评论。

第二节　擅自开展金融业务

应当指出,P2P 网络借贷平台实际上从事的是金融领域的相关金融活动。根据金融的定义,其是指在经济生活中,银行、证券或保险业者从市场主体(例如:储户、证券投资者或者保险者等)募集资金,并借贷给其他市场主体的经济活动,从事这一业务的从业人员称之为金融业者。①

虽然 P2P 网络借贷平台有着所谓"信息平台"的定位,但是作为促进双方进行借贷等金融业务的"中间人",不可否认其也具有金融主体的性质。从上面章节的介绍中可以认定,P2P 网络借贷模式是一种金融的创新模式,其积极之处在于,P2P 网络借贷模式以沟通成本"近乎为零"的互联网为平台,给出借人(投资人)和借款人提供了在网络平台上"直接对话"的可能性,这在一定程度上来说是一种效率较高且风险也相对分散的融资新模式。反观传统的金融模式,长期忽视"小额"与"散户"的金融需求,P2P 网络借贷模式便是利用了这种金融市场上的长尾效应,尽可能高效率且低成本地集中金融市场上潜在的"小额"与"散户"的力量,这样既降低了金融的准入门槛,又满足了中低层社会群体的金融需求,因此有助于金融市场的开拓和发展。

但是熟悉我国金融法规的相关从业人员都知道,我国对于金融行业的准入要求,规定相当苛刻。当前,随着 P2P 网络借贷平台的发展,一些 P2P 网络借贷平台已经严重偏离了"信息平台"这种金融中介的定

---

①　金融(行业企业募集资金的方法)一般可以区分为直接金融和间接金融两类,其区别主要在于其融资过程中是否通过金融中介进行,其中直接金融是指不经由金融机构(financial institution),而是通过出售股票、债券等形式从投资者手中获得资金;而间接金融是指通过金融机构间接地从投资者手中获得资金。笔者认为,虽然 P2P 网络借贷模式中的融资行为需要通过网络平台这个"金融中介"进行,但是就其定位及核心的参与内容而言,P2P 网络借贷模式始终还应当被认定为是一种直接金融的模式。

位,由最初的独立平台逐渐转变为融资担保平台,进而又演变为经营存贷款业务的金融机构,这实际上已经远远超出了 P2P 网络借贷平台发展的界限。有些 P2P 网络借贷平台通过将借款需求设计成理财产品出售给放贷人,或者先归集资金、再寻找借款对象等方式,使放贷人资金进入平台的中间账户,产生资金池,这些改变经营内容的行为实际上已经进入刑事法规范的视野中,是我国立法者想要通过刑法的形式来禁止的。

一、开展金融业务并不直接构成犯罪

首先,正如前文所指出的,并不是所有广义上的金融业务都会面临刑法上否定的评价,P2P 网络借贷平台作为"信息平台"或者"信息中介"的性质并不会被评价为犯罪,而是民事的合同行为(详细内容见本书第二章"P2P 网络借贷平台的问题与现状")。简言之,P2P 网络借贷平台的经营模式既可以解释为一种居间模式,又可以解释为一种债权让与模式。

根据 1998 年 7 月 13 日国务院发布施行的《非法金融机构和非法金融业务活动取缔办法》中第 4 条对非法金融业务的定义,非法金融业务是指:"未经中国人民银行批准,擅自从事的下列活动:(1)非法吸收公众存款或者变相吸收公众存款;(2)未经依法批准,以任何名义向社会不特定对象进行的非法集资;(3)非法发放贷款、办理结算、票据贴现、资金拆借、信托投资、金融租赁、融资担保、外汇买卖;(4)中国人民银行认定的其他非法金融业务活动。"由上述的定义可知,在从事金融相关业务时,往往逃不开要依法向中国人民银行报批通过,但是从事金融事务的相关从业人员会知道,批准通过对企业或机构的资质认定十分严格,报批十分困难。

从上面的分析中可以得出结论,虽然 P2P 网络借贷平台从事的是广义的金融业务,即作为资金方与借贷方的中介提供信息、促成交易。在这个范围内 P2P 网络借贷平台实际上并未进行国务院《非法金融机构和非法金融业务活动取缔办法》(以下简称《办法》)中所规定的需要获批才可从事的活动。但是由于前期监管缺位、业务顺畅,渐渐开始膨胀的 P2P 网络借贷平台并不甘心于只是充当"信息媒介"的角色,开始染指金融的其他业务。于是,在 P2P 网络借贷平台业务扩张的过程中,不免就会碰触到《办法》中所明确取缔的未经报批的金融业务,其中《办法》第 4 条第 1 款第 1 项的吸收公众存款以及第 2 项的非法向社会不特定对象进行非法集资便成为重灾区。除此之外,许多"艺高人胆大"的 P2P 网络借贷平台还开始自说自话发行产品,将募集到的资金汇集到平台形成资金池,再将这些募集来的资金以"贷款"的形式发放出去,俨然将自己定位为"高仿银行"。显而易见,这些做法严重违反了国务院《办法》的规定,属于非法金融业务的范畴。

二、构成非法吸收公众存款罪的风险

根据《非法金融机构和非法金融业务活动取缔办法》第 2 款对非法吸收公共存款的定义,可以得知,政策制定者对于"非法吸收公众存款"的理解是"未经中国人民银行批准,向社会不特定对象吸收资金,出具凭证,承诺在一定期限内还本付息的活动;所称变相吸收公众存款,是指未经中国人民银行批准,不以吸收公众存款的名义,向社会不特定对象吸收资金,但承诺履行的义务与吸收公众存款性质相同的活动"。根据比较过往的相关案例我们可以发现,现实生活中许多 P2P 网络借贷平台在未经中国人民银行批准的情况下就已经开始从事向社会不特定公众吸收资金的行为,这些经营行为在违反了金融法规(行政法规)的同时,也触犯了刑法的规定。因为非法吸收公众存款罪的成立条件是以行政违法为前提的,它是一个典型的行政犯①,也就是说

---

① 行政犯是指因违反国家为达成行政目的所做的诫命或禁止命令,并具有可罚性的行为;相反刑事犯的概念则是因本质上含有社会上一般所共识的可罚性(一般社会伦理的可谴责性),并经过刑事法律所确定的可罚行为。在犯罪学理论上,意大利犯罪学家加罗法洛则认为犯罪行为可区分为法定犯和自然犯。一般观点认为,行政法可以对应为法定犯。

其刑事不法的内容,即违反国家金融管理法规非法吸收公众存款或变相吸收公众存款,扰乱金融秩序,包含了必须要以行政不法为前提,在此处即变现为违反了行政法律、规章上对于吸收公众存款前提条件的规定。

通常情况下,P2P 网络借贷平台擅自开展非法吸收公众资金这项金融业务的手段主要包含以下 4 种:(1)将资金、借款先行归集到"资金池"中,再寻找借款对象;(2)将借款人的借款需求或者债权 2 次设计为各色理财产品出售给出资人(投资者);(3)采用期限错配的方式,将长标拆成短标实行滚动融资,通过"发新偿旧"满足到期兑付;(4)开展自融业务,将所汇集的资金(借款)投向平台相关企业、用于本平台自身的生产经营或者通过构造虚假标的挪用资金。可以看到,上述行为都具有一定的共性。首先,这些 P2P 网络借贷平台的集资行为并未经过相关部门,也就是中国人民银行的依法批准;其次,这些 P2P 网络借贷平台已经远远超出了"信息中介"的性质定位,成为直接经手借款资金的金融机构。无疑,要成为这样直接经手资金的金融媒介的前提是必须获得相关资质和行政许可,不然其吸收公共资金的行为就会被评价为刑事不法。

根据刑法理论即最高人民法院的司法解释,对于非法吸收公众存款罪的认定还要符合非法吸收公众存款罪的 4 个基本特征,即非法性、公开性、利诱性和社会性。[①] 应该来说,P2P 网络借贷平台一旦以上述笔者总结的 4 种方式从事经营行为,那么将完全符合非法吸收公众存款罪的这 4 个基本特征:首先,P2P 网络借贷平台在未经相关部门依法批准的情况下便擅自开展集资活动,这符合了非法吸收公众存款罪的"非法性"特征。其次,从宣传方式上看,P2P 网络借贷平台以互联网为媒介,向社会公众公开宣传相关集资业务,这符合了非法吸收公众存

---

① 最高人民法院 2010 年 12 月 13 日《关于审理非法集资刑事案件具体应用法律若干问题的解释》。

款罪的"公开性"特征。再次,出资人的出资收益并不与借款人的经营
状况相关联,而完全是由 P2P 网络借贷平台依据事先承诺的收益,向
出资人还本付息,这符合了非法吸收公众存款罪的"利诱性"特征。最
后,P2P 网络借贷平台往往是针对社会不特定公众吸收资金,这符合了
非法吸收公众存款罪的"社会性"特征。

三、构成非法经营罪的风险

擅自开展金融业务的行为即使在证据标准等达不到"非法吸收公
众存款罪"的定罪标准时,也可能构成非法经营罪。根据《中华人民共
和国刑法》第 225 条规定,非法经营罪一共有 4 种情形:第一种是未经
许可经营法律、行政法规规定的专营、专卖物品或其他限制买卖的物品
的;第二种是买卖进出口许可证、进出口原产地证明以及其他法律、行
政法规规定的经营许可证或者批准文件;第三种是未经国家有关主管
部门批准,非法经营证券、期货或者保险业务的,或者非法从事资金结
算业务的;第四种是从事其他非法经营活动,扰乱市场秩序,情节严重
的行为。和 P2P 网络借贷平台机构擅自开展金融业务直接相关的情
形是第三种未经国家有关主管部门批准,非法经营证券、期货或者保险
业务的,或者非法从事资金结算业务的。在政策制定者的视野中,早期
有将部分 P2P 网络借贷机构平台称作"影子银行",而影子银行是指游
离于银行监管体系之外、可能引发系统性风险和监管套利等问题的信
用中介体系(包括各类相关机构和业务活动)。这里,如果从事信息中
介以外的融资以及超业务范围的活动都有可能构成非法经营罪。

非法吸收公众存款罪和非法经营罪之间存在一定的竞合关系,主
要体现在未经批准,非法从事银行业务的,构成非法经营罪。但是,根
据《刑法》第 176 条的规定可以看出,非法吸收公众存款的行为是以特
别条款的形式所作的规定,非法吸收公众存款罪和非法经营罪之间形
成特别法和普通法的竞合关系。由此,非法吸收公众存款的行为在一

般情况下应当适用特别法,即以非法吸收公众存款罪处罚。但是,应注意的一点是,犯罪行为以特别法即非法吸收公众存款罪处罚以该罪能够对犯罪行为进行全面整体评价为原则,如果行为虽然构成非法吸收公众存款罪,但该罪只能对犯罪行为进行部分评价,不能涵括犯罪行为的整体,而适用非法经营罪能够对行为进行整体评价,则要适用非法经营罪。由此,当平台机构擅自开展金融业务的行为不能被认定存在"非法吸收公众存款罪"里所要求的非法性、公开性、利诱性或者社会性中的某个特征时,应当认定其构成非法经营罪。

第三节 P2P 网络借贷平台以资金池的形式来运作相关借贷(集资)活动

根据央行对 P2P 网络借贷模式提出的"三条红线"的要求,其中一条就是"不得归集资金搞资金池"。其中,《互联网金融风险专项整治工作实施方案》《网络借贷信息中介机构业务活动管理暂行办法》以及《关于促进互联网金融健康发展的指导意见》三个文件都明确提出了"网络借贷平台(P2P)不得设立资金池,不得自融、自保"的要求。因此,P2P 网络借贷平台以资金池的形式来运作相关借贷活动是明确被禁止的。正如我们前文所说的,按照 P2P 网络借贷模式的政策性文件《关于促进互联网金融健康发展的指导意见》网络借贷中的"网络个体借贷"指的是"个体和个体之间通过互联网平台实现的直接借贷",而P2P 网络借贷平台应被定位为一个信息中介平台,并不应该直接参与到借贷行为中。以资金池的形式来运作相关借贷活动最大的问题是其与非法集资的界限十分模糊,因此我们有必要从"设立资金池"和刑法中对"非法集资"的规定两个角度来分析 P2P 网络借贷平台以资金池形式来运作相关借贷活动所涉及的刑事风险。

一、"资金池"的性质

简单而言,资金池指的是把资金汇集在一起形成的类似蓄水池的资金池子。资金池本身就是银行业务模式的基本方法,但是现代企业中的资金池则是 20 世纪 80 年代西方企业集团的创造。资金池是在内部化理论、委托代理理论、有序融资理论等基础上,通过大型跨国集团与国际商业银行联合开发而发展形成的一种资金集中的管理模式。银监会(现银保监会)对有关资金池方面的禁止最初源于商业银行理财产品,原因是商业银行资金池理财产品存在流动性风险,在一定程度上存在骗局。[①]

而随着我国 P2P 网络借贷模式的蓬勃发展,许多 P2P 网络借贷平台也逐渐建立资金池。这是因为在传统的单纯信息中介模式下,P2P 网络借贷平台的业务发展主要依赖于用户自己的需求,这种模式具有发展较为缓慢且僵化,自主营业的灵活性不佳等缺点。相对于上述单纯信息中介模式,设立"资金池"的运营方式主要是建立在 P2P 网络借贷模式中的债权转让模式基础上的。其基本的操作模式有以下很多种:

第一种是对资金池最为基础的理解,即把从出借人那里募集到的资金先行投入到资金池中,然后由流转人通过 P2P 网络借贷平台以借款项目的形式将资金池中的出款人资金提供给借款人。

第二种是第一种模式的变体,即债权转让模式。流转人通过网络平台将自有资金借贷给借款人,从而获得债权,其后流转人再将债权包装成一种理财产品,并再通过 P2P 网络贷款平台向投资人(出借人)发售,投资人通过购买理财产品的形式获得了债权。这个模式中一共有三方主体,即出借人(投资人)、流转人和借款人,在这个模式中,P2P 网络借贷平台实际扮演的是一个服务平台,而流转人则一般是平台的

[①]　参见《中国银监会关于规范商业银行理财业务投资运作有关问题的通知》,银监发〔2013〕8 号,发布时间 2013 年 3 月 25 日。

实际控制人。在这种情形下,虽然通过了 P2P 网络借贷平台这个媒介,但是流转人实际上是借款人与出借人(投资人)之间真正的桥梁。

第三种是虚假标模式,即通过假项目来进行融资,并通过反复发假标的方式来形成资金池,再利用这种方式进行到期资金兑付,剩余资金则被挪作他用。这种方式很大程度上已经成为一些线下传统的私募基金与线上 P2P 网络借贷平台联动运营所普遍采用的一种模式。在这种模式下,平台通过线下发行私募基金,在线上转让收益权的方式进行融资募集资金,但资金到手后即被挪作他用。

第四种模式是期限错配模式,即 P2P 网络借贷平台将部分借款方资金使用时间较长、发标时不受投资者欢迎的项目通过拆标的方式发布短标。借款第一次到期后,利用同一个项目再次发标,再将资金借给借款企业用于归还投资人,但借款并未实际归还。

第五种模式则是挪用资金模式。这种模式是指 P2P 网络借贷平台采用等额本息的方式来发售借款项目。虽然借款方每个月还本付息,但 P2P 网络借贷平台只向投资人付息,期满后才归还本金。在此过程中,借款方归还的本金,则通常被平台挪作他用。

上述各种模式之间的共同点在于 P2P 网络借贷平台通过对债权灵活的拆分与组合,以销售理财产品的方式收集资金,再选择有投资价值的融资需求者进行放贷,获得债权,之后再进行金额与期限的错配。如此便会有一部分资金沉淀下来,这部分资金可以被流转人任意按需要处置,于是就形成了类似于银行吸储放贷功能的资金池。除了运营方式的灵活性之外,资金池的好处还在于,当 P2P 网络借贷在经营出现一定问题时,可以及时给出借人偿还相应的资金,以避免 P2P 网络借贷平台出现坏账的问题。

显而易见,上述设立资金池的运营方式存在很高的风险性。其中主要风险包括以下几点:第一,P2P 网络借贷平台的资金池运营方式与非法集资行为之间的界限十分模糊(详细内容见下文)。第二,由于网络平台缺乏透明度和有效的第三方监管,存在很大的 P2P 网络借贷平台运营者"跑路"的风险。第三,P2P 网络借贷平台利用资金池来借新还旧,其所有坏账与利息均以新债覆盖,并不来源于项目收益本身,这最终可能导致所谓"庞氏骗局"问题的产生。第四,同样是由于缺乏透明度和第三方监管,资金池中的资金存在很大的挪用与自融的风险,在实践中经常发生 P2P 网络借贷平台的经营者将资金池中的资金进行风险投资甚至借给其他平台的行为,这便是挪用。而自融指的是 P2P 网络借贷平台将资金池中的资金用于平台自身的运营拓展,收益则由 P2P 网络借贷平台自身独享,其本质上也是挪用行为的一种形式。由此看来,"资金池"的运营方式实际上对出借人的保护和 P2P 网络借贷行业的持续发展都存在着十分巨大的风险,这里的风险主要在于增加了 P2P 网络借贷平台对在其"管理"之下资金使用的肆意性。

二、"资金池"的刑事风险

从刑法的规范上看,P2P 网络借贷平台以资金池的形式来运作相关借贷(集资)活动主要涉及我国《刑法》第 167 条"非法吸收公众存款罪"与第 192 条"集资诈骗罪"。

首先,在是否构成"非法吸收公众存款罪"的认定上,我们应当厘清非法吸收公众存款与非法集资的关系。应当说,在我国《刑法》中,并不存在非法集资罪,对于非法集资的行为是通过"非法吸收公众存款罪"和"集资诈骗"来进行处罚的。国务院 1998 年发布的《非法金融机构与非法金融业务活动取缔办法》(中华人民共和国国务院令 247 号)的规定中也实际糅合了"非法吸收公众存款或变相吸收公众存款"和"非法集资"这两个概念。立法者想要进行刑法规制的非法集资主要是指未经批准,向社会公众募集资金的行为,其中主要是指以未来回报诱使社会公众提供资金投资的行为。对上述行为的规制和监管的必要性在于一方面公众投资者缺乏足够的能力和精力保护自己,并且因为人数众多而面临协调、统一行动的困难。另一方面则在于公众投资者缺乏分散投资风险的能力，因此，在投资失败后往往损失惨重，从而容易演化成公共性的政治问题。[①] P2P 网络借贷平台所设立的资金池便适用于这种情形。

除此之外，由于《刑法》第 176 条仅规定了"非法吸收公众存款或变相吸收公众存款"，也就是"非法集资"行为的可罚性，并未对非法吸收公众存款做一个明确的定义。因此，根据通说，非法吸收公众存款以及非法集资要满足 2010 年发布的《最高人民法院关于审理非法集资刑事案件具体应用法律若干问题的解释》中认定非法集资所需具备的 4 个标准，即非法性、公开宣传、回报承诺和面向公众。只有同时具备这 4 个要素才能构成非法集资犯罪。[②] 但是，回顾上文中所总结的 P2P 网络借贷平台所设立"资金池"的 5 种模式，其中虚假标模式、期限错配模式和挪用资金模式都很明显构成了上述"非法集资"所要求的 4 个特征。比较具有争议的是第一种基础模式和第二种债权转让模式。这两种模式虽然区别于 P2P 网络借贷平台作为信息中介平台的基本定位而发展出了一种债权转让的民事关系，但是笔者认为对这种模式的评价不能一概而论。因为立法者要禁止的"非法集资"行为的目的在于这种集资方式下的风险过于大，禁止有利于保护投资人。相反，在民事的债权转让行为中，如果转让的民事行为依法成立的话，这种风险是得到立法者和社会所认可的，因此笔者认为即使设立资金池的行为是刑法所禁止的也并不意味着债权转让模式应该被禁止。

另外，在《刑法》第 176 条"非法吸收公众存款罪"的基础上我们可以再讨论"资金池"的运营方式是否构成第 192 条的"集资诈骗罪"。两者的区别主要在于是否"以非法占有为目的，使用诈骗方法"来进行非法集资。这里根据部分学者的观点，不仅要求主观的非法占有目的，

---

① 参见彭冰：《非法集资活动规制研究》，《中国法学》2008 年第 4 期。

② 参见张明楷：《刑法学》，法律出版社 2016 年版，第 778 页。

还要求使用诈骗方法,即必须满足诈骗罪的构造方可构成集资诈骗罪。① 也就是说,在设立资金池的客观行为下,还要考察 P2P 网络借贷平台设立之时是否具有非法占有目的以及是否使用了诈骗方法,例如部分平台的建立之初便以骗取集资款为目的,通过虚构集资用途,以虚假的证明文件和高回报率为诱饵,获得社会不特定公众的资金,最后将所得资金用于平台自身运营,甚至用于其他股票、基金或房产等风险投资以及高利贷,甚至是平台机构运营人员的个人用途,这样的行为明显构成了集资诈骗罪。这里的典型案例是东方创投案,在该案中资金池的资金主要被用于其创始人邓某创立其他公司企业、购买大量不动产以及部分满足客户的日常投资提现需求。② 在这个案例中,资金池基本等同于东方创投创始人邓某的私人账户,与自己的财产混同,因此在非法集资的基础上也构成集资诈骗。

综上,笔者认为,是否涉及"资金池"问题与是否构成非法集资问题是一致的,其关键在于判断流转人(P2P 网络借贷平台或其实际控制人)转让的是否为其真实享有的债权。如果债权转让可以依照民事法律成立,那么流转人仅仅是收回资金,而还本付息责任由借款人承担,就不存在资金池或"庞氏骗局"情形。若债权转让不成立,流转人与出借人之间由于形成了新借款合同关系,那么第三人获取所谓"债权转让对价"的行为,在法律性质上并非只是收回本金,而实际上构成了募集资金的行为,并以筹集的资金作为基础资产向出借人还本付息。③ 在这种情况下,所谓的债权转让模式便涉及设立"资金池"的问

---

① 参见张明楷:《刑法学》,法律出版社 2016 年版,第 796 页。不同的观点可见 2010 年 12 月 13 日《最高人民法院关于审理非法集资刑事案件具体应用法律若干问题的解释》的规定,按照其规定,只要客观行为属于非法吸收公众存款或者变相吸收公众存款,并具有非法占有目的,就以集资诈骗罪论处。

② 参见薛彬彬:《2014 年中国资本市场最具影响力案件评析,案例七:游走于"灰色地带"的 P2P——对"东方创投非法集资案"的法律思考》,《公司法律评论》2015 年卷,第 403 页。

③ 参见杨振能:《P2P 网络借贷平台经营行为的法律分析与监管研究》,《金融监管研究》2014 年第 11 期,第 33 页。

题,此时便具备很高的触碰刑事法律风险,构成"非法吸收公众存款罪"。在"非法吸收公众存款罪"的基础上,如果 P2P 网络借贷平台(资金池)的实际控制人还具备非法占有的目的以及使用了诈骗的方法,那么就进一步构成"集资诈骗罪"。P2P 网络借贷平台要有效规避此类风险的主要方法是按照银监会 2017 年发布的《网络借贷资金存管业务指引》的要求,在符合资质的商业银行进行资金存款。

第四节　P2P 网络借贷平台的"自我融资"

在 P2P 网络借贷模式中,正规的标的应该是由一个第三人或者第三方平台申请借款,P2P 网络借贷平台审核借款方的资质之后,就可以发出标的,然后投资人进行投资。相反,所谓自融(From the Melting)是指,有实体企业的经营者成立 P2P 网络借贷平台,然后将网上募集到的资金主要使用于给自己的企业或者关联企业。除此之外,"自我融资"行为还可出现在 P2P 网络借贷平台自身的资金链断裂,或急需用钱,就自发标的,冒充第三方借款人,为自身进行融资的场合。

一、"自我融资"的判断和行为特征

平台自融现象在违法违规 P2P 网络借贷平台中具有普遍性,以"东方创投案""优易网案"等为典型的一系列有关 P2P 网络借贷的已审结刑事案件都涉及平台自融的情节。在 P2P 网络借贷平台"自我融资"的案件中,可以总结出以下几种行为特征:

第一,平台控制中间账户或利用私人账户介入资金往来,形成资金池。从上文对设立资金池这样运营模式的刑事风险的分析中可以确认,资金池的设立与平台自融行为有着高度重合性。总体而言,资金池为平台进行自融提供了很大的便利,即在将募集资金投入"资金池"之

后挪作他用或者期限错配高利转贷(利用资金池中的沉淀进行放款,或利用短期资金进行长期放款),或者自我投资实体项目,垫付逾期项目、代偿坏账等。从本质上来说,自融也是挪用的一种形式之一,而挪用的对象都来自自己"管理"下的资金池中已募集来的资金。

第二,平台发布的项目借款时间过短,具体表现为秒标、天标以及借款时间不到一个月的标的。在这种情形中,借款标通常表现为快速借钱快速还钱,特别是一两天之内即还,同时所称利率过高,所借款项通常并没有,也不可能产生实际效益。[①]

第三,平台借款人高度集中,单笔投资额巨大。理论上说,P2P 网络借贷平台所主要面向的借款人是小额借款,具有小额且分散的特点,这也是符合其金融系统中"小微金融"的自身定位。但是在平台自融的案件中,常常出现与此背道而驰,平台借款人高度集中,单笔投资额巨大,从而明显违反 P2P 网络借贷平台市场规律和经营原则。

第四,P2P 网络借贷平台自融常出现平台借款标的信息不明确,虚构借款标的的情形。上文中笔者已经介绍过,P2P 网络借贷模式中至少需要存在三方主体,即投资人(出借人)、融资人(借款人)以及 P2P 网络借贷平台(流转人)。根据规定,P2P 网络借贷平台仅仅作为信息中介平台,其主要业务应当是为出借人和借款人两方提供信息交流、撮合、资信评估等中介信息服务,并不参与交易和双方资金往来。正常情况下,P2P 网络借贷平台所公开的借款标通常会附有明确的借款人姓名、所在城市、借款用途以及借款人的信用评级等详细信息。正常 P2P 网络借贷平台上的每笔借款额度一般在数十万元以内,借款用途以及借款人信息呈现多样化和差异化,通过平台,借款人和贷款人可以建立直接对应关系。而相反,出现平台自融问题的 P2P 网络借贷平台发布的借款标的往往信息不明确,虚构借款标的(借款人或借款项目),并

---

① 参见黄震、邓建鹏:《互联网金融法律与风险控制》,机械工业出版社 2014 年版,第 6 页及以下。

且直接参与资金交易。①

第五,P2P 网络借贷平台自融通常还表现为该平台设立多家关联平台。在刑事司法实践中,常常有同一自然人实际运营多家,运营策略、网站风格、活动方案等极度雷同,项目发布时间也十分接近的关联平台的情形。这样的做法有利于相关经营者通过 P2P 网络借贷平台开发多条资金募集渠道、增加资金的流动性、"借新还旧""拆东墙补西墙"的目的。

第六,P2P 网络借贷平台自融还表现为平台或者关联公司对借款项目进行自担保。为了取得投资人(出借人)的信任,P2P 网络借贷平台常常会对借款项目提供平台自身担保。所谓平台自身担保模式是指由 P2P 网贷平台自身为出借人的资金安全提供保障,贷款到期若无法收回本息,可将债权转让给平台,平台会先行垫付本金给出借人,再由平台对贷款人进行追偿。在自融的情形中,常常自担保会变成"空头支票",甚至成为迷惑出借人的手段,以达到其非法吸收公众存款,甚至集资诈骗等目的。

二、"自我融资"的刑事风险

由于与 P2P 网络借贷平台设立资金池的经营方式有高度的重合性,因此 P2P 网络借贷平台"自我融资"主要涉及的刑事规范也是《刑法》第 176 条"非法吸收公众存款罪"与第 192 条"集资诈骗罪"。具体的适用也和上文中"资金池"的情形相当,因此笔者在此不再赘述。但是,必须强调的是,和规范合法债权转让模式的"资金池"不同,P2P 网络借贷平台进行自融的行为是绝对禁止的。甚至 P2P 网络借贷平台自融的行为很容易被理解为实施诈骗的手段,因而自融的情节对于在

---

① 参见孔庆波、衣美霖:《P2P 网贷平台涉嫌违法违规自融行为特征分析》,《辽宁公安司法管理干部学院学报》2016 年第 3 期。

"非法集资"的基础上进一步认定为"集资诈骗罪"有重要的意义。

第五节 P2P 网络借贷平台中的
"超级放款人"模式

和"资金池"以及"自我融资"相似,"超级放款人"模式也是我国 P2P 网络借贷平台在前期迅猛发展中所形成的一种经营形式。这种模式首先是 P2P 网络借贷平台债权转让经营模式的一种变体,但是这种模式具有极易发生虚构债权、违规超募行为的特点,所以与这种模式相伴而生的是极大的不合规风险。

一、"超级放款人"模式

在 P2P 网贷平台发展的早期,为了提高效率,解决放款速度等原因,宜信平台的创始人唐某首创了一种"超级放款人"模式,在使自家宜信平台获得迅速发展、大获成功的同时,获得业界许多 P2P 网络借贷平台的纷纷效仿。宜信平台最初的操作方式是,首先由其创始人唐某或其他宜信高管先提前放款给需要借款的用户,再把获得的债权进行拆分组合打包成类固定收益的产品,并通过销售队伍将其销售给投资理财客户。[①] 这种模式实际上是 P2P 网络借贷平台的债权转让模式三种形式的其中之一,其他两种债权转让形式是平台间债权转让模式和平台内债权人相互转让债权模式。后两种模式实际涉及的是普通的民间债权转让。在这两种模式中,借贷行为发生后,债权人将手中的债权转让给其他人,从而实现提前退出、套现,这是符合合同法规定的形式,两种模式都有利于 P2P 平台投资人、债权人的及时套现和资金流

---

① 参见蒋莎莎:《网络贷款"宜信模式"的风险特点及监管回应》,《武汉金融》2014 年第 5 期。

动。但是"超级放款人"模式不同,在该模式中存在一个所谓的专业放贷人(通常是 P2P 网络借贷平台的实际控制人、财务负责人或平台的其他相关人),他以个人名义向诸多借款人放款,取得相应债权,再把债权按金额、期限打包错配、分散给投资人购买,这个时候,投资人就不是直接借款给借款人,而是通过购买债权(也可以理解为理财产品)的方式来获得债权。

这种模式的优点在于克服了 P2P 网络借贷平台消极等待借款人和投资人而使平台营业额增长缓慢的缺点,大幅提高了交易量和借贷双方需求的匹配度。但是缺点也是显而易见的,第一,超级放款人与 P2P 网络借贷平台高度关联甚至是混同,这样的情形使借贷交易变得隐蔽并很容易引发虚构债权、虚假增信、虚假中标等金融风险。[1] 第二,当债权到期时,如果借款人无法还款,超级放款人就必须动用自己的资金来持有该债权,导致关联平台需要承担较高的流动性风险。[2] 第三,这种债权转让被认为是信托模式构造下的资产证券化的简化版,而 P2P 网络借贷只具备资产证券化的实质,却没有完善的制度安排,无法控制潜在的金融风险。第四,平台在"超级放款人"模式债权转让中直接归集出借人的资金,存在明显的资金池问题。由此来看,"超级放款人"模式具有很高的违规违法风险,其被明令禁止便在情理之中。

二、"超级放款人"模式的刑事风险

在银监会下发《网络借贷信息中介机构业务活动管理暂行办法》以及网贷整治办发布《关于做好 P2P 网络借贷风险专项整治整改验收工作的通知》后,该模式被认定为"变相归集资金"而属于一种违规操作。P2P 网络借贷平台为了完成网络借贷信息中介备案,这种

---

[1] 参见叶湘榕:《P2P 借贷的模式风险与监管研究》,《金融监管研究》2014 年第 3 期。

[2] 参见陈万科:《P2P 网贷平台违规业务的刑法规制研究——以风险备付金、超级放款人为切入点》,《金融理论与实践》2018 年第 8 期。

模式产生的违规存量也必须在备案前清零。那么在违反金融行政监管要求的同时是否就必然违反了刑法规范呢？笔者认为不能一概而论。

　　首先，笔者认为 P2P 网络借贷平台如果转让的是真实、独立的债权，并不构成犯罪。部分文献中有相反观点认为，即使转让真实、独立的债权也完全符合非法集资非法性、公开性、利诱性以及社会性的"4个特征"，从而构成非法吸收公众存款罪。① 对此，笔者的看法是，如果在不存在虚假债权、不承诺回购、保本等情节，那么超级放款人与借款人之间的法律关系应该只是一种"民间借贷关系"，P2P 网络借贷平台则可以视作是借款人与超级放款人之间的信息中介平台，因此也并不构成非法集资。这种观点也被"宜信平台案"的二审法院判决所采纳。② 由此，笔者认为，虽然"超级放款人"模式可能会产生一种资金错配，或者是资金池还有杠杆问题，但是从严格意义上说，出借人支付的资金属于获得转让债权的对价，超级放款人归集出借人的资金因此并不能被理解为是非法集资。行为人是否构成非法集资类型的犯罪问题，还需要考虑其他情节具体问题具体分析。

　　在"超级放款人"模式中，如果有向出借人转让虚假债权的情节，则有可能构成非法集资。值得注意的是，由于出借人和借款人之间债权关系的间接性，因此出借人容易出于信息不对称而被转让虚假债权。实践中有不少 P2P 网络借贷平台借债权转让之名行非法集资之实，以虚构债权及高利率为诱饵吸收社会公众资金，最后大部分资金被用于

---

　　① 参见王拓：《P2P 网贷平台债权转让模式的刑事风险分析》，《中国检察官》2016 年第24 期。

　　② 2014 年 6 月 23 日，福清市人民法院认为宜信平台未经批准从事金融业务，判处责任人林某犯非法经营罪。一审判决后，林某提出上诉，2014 年 12 月 6 日，福州市中级人民法院认为超级放款人与借款人之间的法律关系为"民间借贷"，宜信平台只是为借款人与超级放款人之间牵线搭桥，提供中介服务，原判将宜信公司的这一经营模式与经营行为界定为刑法打击的对象没有法律依据，因此撤销一审判决，改判林某无罪。

个人挥霍、偿还债务等其他用途,对投资者造成重大财产损失。① 因此笔者认为,应当将转让虚假债权的行为认定为非法集资,具体应根据集资款项的使用情况、偿还情况来判断超级放款人是否具有非法占有目的,以及是否有使用诈骗行为募集资金等情节分别按照非法吸收公众存款罪与集资诈骗罪论处。

除此之外,如果在"超级放款人"模式下还涉及用同一笔资金循环转让债权的,构成非法吸收公众存款。实践中具体表现为超级放款人(P2P 网络借贷平台的实际控制人或高级管理人员)用同一笔资金在无数个出借人与借款人之间循环转让。具体操作流程为:超级放款人将前期通过平台吸纳的资金借给实际借款人后,再将获得的债权包装成借款标的供出借人投标,中标后超级放款人又将吸纳的资金借给新一轮借款人,然后又进行债权转让。虽然这一过程转让的都是真实债权,但每一轮转让的债权都来自上一轮出借人的资金,实际上超级放款人使用的是同一笔资金循环转让债权。② 这样的行为从表面上看虽然符合民法原理的债权转让行为,但实际上却在充当银行等金融机构存贷资金的角色,并通过吸纳资金与放贷资金之间的利息差来获取收益,这已经远离了 P2P 网络借贷平台信息中介定位以及限度范围内债权转让模式,而是成为所谓的"影子银行"并演变为吸收公众存款的工具。另外,这种同一笔资金下进行循环转让的行为还有非常高的流转性风险,一名借款人无法偿还就有可能导致整个资金链断裂,由此严重损害出借人(投资人)作为金融消费者的利益。因此笔者认为,使用同一笔资金在多个出借人与借款人之间循环转让的行为实际上是非法集资的行为,可认定为非法吸收公众存款罪。

---

① 参见陈万科:《P2P 网贷平台违规业务的刑法规制研究——以风险备付金、超级放款人为切入点》,《金融理论与实践》2018 年第 8 期。
② 参见陈万科:《P2P 网贷平台违规业务的刑法规制研究——以风险备付金、超级放款人为切入点》,《金融理论与实践》2018 年第 8 期。

第六节　P2P 网络借贷平台对风险
备付金的挪用和侵占

为了增加投资人(出借人)对 P2P 网络借贷平台的信心,许多 P2P
网络借贷平台都建立了 P2P 网络借贷平台风险备付金制度,但是在实
践中对这些备付金的管理和使用则出现乱象,触发了行政违规甚至是
刑事违法的风险。

一、挪用和侵占风险备付金行为的性质

所谓 P2P 风险备付金制度,是指 P2P 网贷平台为了应对借款人逾
期还款的风险,通过从交易金额中提取一定的服务费预先建立一个资
金集合的方式,为将来可能出现的投资风险进行防范,从而保障投资者
利益的一种制度。[1] 实践中,风险备付金的来源一共有四种情形:第
一,按照借款金额的一定比例向借款人收取;第二,按照贷款利息的一
定比例向出借人收取;第三,由推荐借款人的担保公司交存一定数量的
风险备付金;第四,部分平台的风险备付金还来源于其自有资金。[2]
P2P 网络借贷平台设置这种风险备付金制度,主要考量的是提升出借
人对平台机构的责任以吸引更多的出借人进行投资。因此总体而言,
作为普惠金融定位的 P2P 网络借贷模式主要以小微金额为主,因此借
款人的贷款质量远低于商业银行的借款人,这便会增加出借人(投资
人)的投资风险,而风险备付金便是用来减轻出借人顾虑的制度。相
类似的国外经验有 2010 年 P2P 网络借贷平台利率设定者(Rate

---

[1]　参见杨东:《P2P 网贷风险保障金制度研究》,《广东社会科学》2016 年第 6 期。

[2]　参见于焕超:《P2P 网络借贷风险准备金与第三方担保法律问题探究》,《上海金融》
2017 年第 5 期。

Setter)使用充分预备基金对出借人进行补偿以及同为英国 P2P 网络借贷平台的协议空间在 2013 年推出安全基金制度。但是,风险备付金制度也存在很大的法律风险,其中最主要的争议点在于所有权归属不明、资金存管混乱问题容易诱发平台挪用、侵占等问题。因此我国的政策制定者对该制度是持否定态度的,根据网贷整治办下发的《关于做好 P2P 网络借贷风险专项整治整改验收工作的通知》中关于整改验收过程中部分具体问题的解释说明的第二项,网贷整治办认为:目前市场上部分机构出于解决信用风险的考虑,提取了部分风险备付金的经营模式与网贷机构的信息中介定位不符;应当禁止辖内机构继续提取、新增风险备付金,对于已经提取的风险备付金,应当逐步消化,压缩风险备付金规模;同时严格禁止网贷机构以风险备付金进行宣传;各地应当积极引导网贷机构采取引入第三方担保等其他方式对出借人进行保障。

二、对风险备付金挪用和侵占行为的刑事风险

从上文可知,风险备付金制度已经被监管职权机关所明令禁止,因为并不推荐 P2P 网络借贷平台再继续推进风险备付金的设立和提取。但是,风险备付金制度是否涉嫌违反刑事法规范,则需要做进一步讨论。

首先,平台设立风险备付金的行为不构成犯罪。按照网贷整治办下发的《关于做好 P2P 网络借贷风险专项整治整改验收工作的通知》中的禁止性规定,今后 P2P 网络借贷平台设立风险预备金的行为将被视为违反监管规定,但这并不能等同于构成犯罪。笔者认为,P2P 网络借贷平台仅仅设立风险备付金的行为并不属于非法集资的范畴。其次,仅仅设立风险备付金的行为还不能被认定为是一个集资行为,而更多的可以被理解为是债权转让合同中的一项约定内容,因此按照"债权转让协议"中的约定用途使用风险备付金仅仅是借贷合同各方的意思自治,是民事合同关系的范畴。风险备付金看似具有担保的功能,但

是与传统的担保类型仍有较大区别,对其性质的认定有保险说、担保说、无名合同说等多种观点,司法实践对此认定标准也未统一。① 笔者认为,风险保证金更多可以被视为是一种约定的对投资者权益的保护协议,而非担保。② 因此这样当然不符合非法集资所要求的"利诱性"特征。最后,相关规范性文件在对 P2P 网络借贷平台资金池类型的划分中,将用于投资者保障的风险准备金也列为资金池的一种形式。③但是正如笔者上文所展示的,存在资金池不等于一定构成非法集资,是否构成相应的罪名还必须要依据刑法罪名的构成要件进行判断。

与单纯设立风险备付金的行为不同,P2P 网络借贷平台挪用风险备付金的行为可以构成《刑法》第 272 条"挪用资金罪"。在 P2P 网络借贷行业规制与监管体系中的资金存管制度尚未建立之前,实践中的平台常常将从借贷交易中收取的风险备付金存入银行的普通存款账户,与平台其他财产混同并导致平台享有同自有资金一样的管理、支配和控制权。另一方面,如此一笔处于闲置状态的资金对于追求赢利最大化的平台来说是一个不小的诱惑。由于监管的缺位,违法成本十分低,于是风险备付金遭到挪用的风险非常大。对于这种挪用行为,笔者认为可以按照《刑法》第 272 条"挪用资金罪"处理。根据该条规定,挪用资金罪,是指公司、企业或者其他单位的工作人员利用职务上的便利,挪用本单位资金归个人使用或者借贷给他人,数额较大、超过 3 个月未还的,或者虽未超过 3 个月,但数额较大、进行营利活动的,或者进行非法活动的行为。本罪的前身是 1995 年 2 月 28 日全国人大常委会颁布的《关于惩治违反公司法的犯罪的决定》中第十一条所规定的公司、企业人员挪用单位资金罪。由此该罪名首先是特殊犯,要求是"公

---

① 参见陈万科:《P2P 网贷平台违规业务的刑法规制研究——以风险备付金、超级放款人为切入点》,《金融理论与实践》2018 年第 8 期。

② 参见杨东:《P2P 网络借贷平台的异化及其规制》,《社会科学》2015 年第 8 期。

③ 参见零壹财经、零壹数据:《中国 P2P 借贷服务行业白皮书(2014)》,中国经济出版社2014 年版,第 180 页。

司、企业或者其他单位的工作人员",其他的构成要件要素则包含了"利用职务上的便利"以及"挪用本单位资金归个人使用或者借贷给他人"。对于特殊犯,也就是行为人主体资格的要求,P2P 网络借贷平台的工作人员都可满足。在工作职务中具备主管、经手、管理风险备付金可能性的人都可利用职务上的便利。比较有争议的是"挪用本单位资金归个人使用或借贷给他人",因为实践中对于风险备付金的所有权实际上是存疑的。笔者认为,风险备付金的来源与用途决定了 P2P 网络借贷平台仅仅只对风险备付金具有特定的使用权,并不享有所有权。对于平台挪用风险备付金的行为,已超出平台的使用权限,侵犯了出借人、借款人以及平台共同设定的风险备付金使用权,属于挪用专款专用资金的情形,因此可以构成"挪用本单位资金归个人使用或借贷给他人"这个客观构成要件要素。综上,P2P 网络借贷平台挪用风险备付金的行为可以构成"挪用资金罪"。

除此之外,如果是侵占风险备付金的情形,则可能构成《刑法》第271 条"职务侵占罪"与第 192 条"集资诈骗罪"。其中,"职务侵占罪"的认定基本上与上文中"挪用资金罪"的争议焦点类似,笔者不再赘述。对于"集资诈骗罪"的认定则要看 P2P 网络借贷平台是否将"风险备付金"制度作为一种集资手段,并具备非法占有为目的。从集资诈骗罪的构成要件来看,集资诈骗罪要求行为人以非法占有为目的,以诈骗方法实施非法集资,借贷主体往往陷入平台宣传的错误认识而允许其收取一定比例的风险备付金,最终该资金被平台据为己有。[1] 从风险备付金的计提规则来看,具体的计提比例在 0%—5% 之间,长期积累在平台的风险备付金总量,最多可达数亿元不等。[2] 因此,在实践中这种相对隐性的"集资诈骗行为"所造成的损失,后果常常完全不小于传

---

① 参见陈万科:《P2P 网贷平台违规业务的刑法规制研究——以风险备付金、超级放款人为切入点》,《金融理论与实践》2018 年第 8 期。

② 参见钱瑾:《P2P 平台风险准备金的法律问题研究》,《西南金融》2016 年第 8 期。

统非法集资犯罪,具有很强的刑事风险。

第七节　默许借款人通过 P2P 网络借贷平台实施非法集资犯罪活动

默许借款人通过 P2P 网络借贷平台实施非法集资犯罪活动,除了涉及违反《P2P 合规检查问题清单》中的合规要求之外,还可能涉及刑法上共犯中的帮助犯问题。首先,按照《网络借贷信息中介机构业务活动管理暂行办法》第 9 条的规定,网络借贷信息中介机构(P2P 网络借贷平台)应当履行"对出借人与借款人的资格条件、信息的真实性、融资项目的真实性、合法性进行必要审核"以及"依法履行客户身份识别、可疑交易报告、客户身份资料和交易记录保存等反洗钱和反恐怖融资义务"的要求。在刑法理论中,默许借款人通过 P2P 网络集资平台实施非法集资犯罪活动并不直接构成"洗钱罪"或者其他恐怖主义犯罪等,而是会构成这些犯罪的帮助犯。这种区分按照刑法主流学说,是基于正犯和共犯的二元区分中来的,正犯是指实现构成要件的行为,而共犯则一般是指帮助和教唆等构成要件实现的辅助性行为。根据刑法上通说,成立帮助犯须要求有帮助的行为与帮助的故意,而根据共犯从属性说还要求被帮助者实行了犯罪行为。[①] 也就是说默许借款人通过 P2P 网络借贷平台实施非法集资犯罪活动的可罚性必须建立在借款人实施了非法集资犯罪活动的基础上。除此之外,在本问题中,笔者认为还涉及不作为的帮助行为,默许借款人通过 P2P 网络借贷平台实施非法集资犯罪活动的行为应当理解为对义务的违法,即具有作为义务而不作为。具体而言表现在没有履行法定的审核义务,例如没有对融资

---

① 　参见张明楷:《刑法学》,法律出版社 2016 年版,第 419 页。

项目的合法性进行审核,没有对是否涉及洗钱和反恐怖融资进行审核等。如果 P2P 网络借贷平台是故意未对此进行审核而直接支付了借款人所需要筹集的资金并实现了相关的构成要件结果,那么其"默许",即不作为的帮助行为则可能构成相关进行非法集资所实施的犯罪活动的不作为的帮助犯。

由此,笔者建议 P2P 网络借贷平台在审核借款项目的时候一定要注意合规的要求,严格履行法律法规中对网络借贷中介信息机构(P2P 网络借贷平台)所要求的义务。

因此,总的来说,在司法实践中,P2P 网络借贷平台中具有很高刑事风险的经营行为包括擅自开展金融业务、以资金池的形式来运作相关借贷(集资)活动、平台的"自我融资""超级放款人"模式、对风险备付金的挪用和侵占以及默许借款人通过 P2P 网络集资平台实施非法集资犯罪活动等。涉及的刑事法规范主要包括《刑法》第 176 条的"非法吸收公共存款罪"、第 192 条的"集资诈骗罪"、第 266 条的"诈骗罪"、第 255 条的"非法经营罪"、第 174 条的"擅自设立金融机构罪"、第 271 条的"职务侵占罪"以及第 272 条的"挪用资金罪"。

其中,在擅自开展金融业务的情形中,开展借贷信息中介或者进行债权转让等金融业务并不直接构成犯罪,但擅自开展核心金融业务的行为则有可能构成非法吸收公众存款罪以及非法经营罪。

在以资金池的形式来运作相关借贷(集资)活动的情形中,单纯设立"资金池"的行为并不构成犯罪,但如果流转人(P2P 网络借贷平台或其实际控制人)转让的并非是其真实享有的债权,那么则有可能构成非法吸收公众存款罪和集资诈骗罪。

在平台自融的情形中,P2P 网络借贷平台进行自融的行为是绝对禁止的,并可能构成非法吸收公众存款罪和集资诈骗罪。其中,P2P 网络平台自融的行为很容易被理解为实施诈骗的手段,因此,平台自融的情节对于在"非法集资"的基础上进一步认定为"集资诈骗罪"有重要的意义。

在"超级放款人"模式中，P2P 网络借贷平台如果转让的是真实、独立的债权，并不构成犯罪。如果有向出借人转让虚假债权的情节则有可能构成属于非法集资。如果在"超级放款人"模式下还涉及用同一笔资金循环债权转让的，则构成非法吸收公众存款。

在风险备付金的情形中，平台单纯设立风险备付金的行为不构成犯罪，但如果 P2P 网络借贷平台挪用风险备付金的行为则可以构成挪用资金罪。相反，如果是侵占风险备付金的情形则可能构成职务侵占罪与集资诈骗罪。

在默许借款人通过 P2P 网络集资平台实施非法集资犯罪活动的情形中，P2P 网络借贷平台及其相关经营人员则有可能构成非法集资犯罪活动的不作为的帮助犯。

除此之外，值得注意的还有，在 P2P 网络借贷平台刑事规制的有关问题中，其刑法规范的适用具备一定程度的竞合关系。例如，非法吸收公众存款罪与集资诈骗罪、诈骗罪与集资诈骗罪、集资诈骗罪与职务侵占罪和挪用资金罪，又或者是非法经营罪与擅自设立金融机构罪。因此在适用法条的时候可以根据事实查明的程度以及证据收集的情况来灵活进行刑事规范的适用。值得注意的是，一定不能忽略刑法条文的形式解释，在法条适用的过程中一定不能忽视罪刑法定原则，并且对构成要件进行严格说理。另外，在对 P2P 网络借贷领域进行刑事规制时，一定要坚持刑事制裁的谦抑性，例如单纯设立"资金池""超级放款人"模式或设立风险备付金的行为不应认定为是犯罪。除了刑事介入外，还不应该忽视对 P2P 网络借贷平台的行政规制和监管。在司法实务中，应当协调好行政法律法规的调整和刑法规制之间的关系，并明确两个领域之间的界限和分工，取长补短，为互联网金融的创新和繁荣保驾护航。[1]

---

① 参见刘宪权、金华捷：《P2P 网络集资行为刑法规制评析》，《华东政法大学学报》2014年第 5 期。

　　在本章的最后,笔者还需要强调 P2P 网络借贷平台机构内部刑事合规的重要性。依照上文对 P2P 网络借贷模式的刑事风险的分析,我们可以得出结论,绝大多数刑事风险的规避都可以通过刑事合规来解决。应该说,在例如网贷整治办发布的《P2P 合规检查问题清单》的合规文件对于合规的内容以及合规的标准都规定得十分充分,因此现在 P2P 网络借贷平台机构所要做的就是逐项排查,将工作落实到位。这样一种从内到外的合规监管方式无论对 P2P 网络借贷平台机构本身还是行业的健康持续发展都是百利而无一害。

第四章　P2P网络借贷的民法规制

第一节　电子合同

互联网金融作为传统线下金融在互联网时代下的产物,依托互联网强大的信息网络,逐步将传统的金融业务发展到线上。互联网不仅改变了金融行业,还改变了该行业的签约方式。传统金融业务中,借贷关系的发生需要双方签订纸质的借款合同,经双方最终签字盖章后生效。该纸质合同作为证明交易关系的原始文件,在法律上被视为证据原件,因此,该纸质合同在双方交易过程中具有十分重要的地位,双方当事人都会重视对其的保管,一旦发生纠纷诉至法院,也是维权的重要证据。

传统业务的合同都是以"纸质"形式呈现的,而在大批量交易的P2P网络借贷中,继续使用"纸质"版的合同明确双方的权利和义务已经显得不够现实,也不符合网络快速便捷的特点,再加上处在"野蛮生长"阶段的P2P网贷平台也没有足够的人力、物力、财力去保障每位客户的每一次交易都使用"纸质"合同。因此,现今的P2P网贷平台基本上都是采用数据电文形式的电子合同。因此,认定电子合同的法律效力显得非常关键。

一、电子合同概述

电子合同与纸质合同一样,在法律上都是合同,都是当事人之间关于某些事项的意思表示,只不过表现方式有所不同,它在法律上属于书面形式的合同。根据我国《合同法》第 11 条的规定,书面形式是指合同书、信件和法律用语(包括电报、电传、传真、电子数据交换和电子邮件)等可以有形地表现所载内容的形式。因此,我国《合同法》早就将电子合同的形式确定下来,这在现实交易中也没有过多的争议。

目前,除了相关教科书的阐述外,商务部 2013 年公布实施的《电子合同在线订立流程规范》中对"电子合同"进行了相关定义,在"术语和定义"中指出,电子合同是指"平等主体的自然人、法人、其他组织之间以数据电文为载体,并利用电子通信手段设立、变更、终止民事权利义务关系的协议"。从商务部对电子合同的定义可以看出,电子合同与传统合同最大的不同在于,电子合同的载体以及利用的电子通信手段,电子合同是以一定的载体呈现出来的,这个载体就是"数据电文"。根据我国《电子签名法》第 2 条的规定,数据电文是指"以电子、光学、磁或者类似手段生成、发送、接收或者存储的信息"。因此,从本质上看,电子合同与传统书面合同的核心都是体现当事人合意的协议信息,从传统书面合同到电子合同,改变的是承载该信息的载体以及设立和变更权利义务的手段方式,对于合同所体现的双方当事人之间的意思自治并未彻底更改。[1]

二、相关法律法规

目前,对电子合同的规定主要涉及以下几部法律法规。

(一)《合同法》

第 10 条规定:"当事人订立合同,有书面形式、口头形式和其他形

---

① 参见崔建远:《合同法》,北京大学出版社 2016 年版,第 77 页。

式。法律、行政法规规定采用书面形式的,应当采用书面形式。当事人约定采用书面形式的,应当采用书面形式。"

第 11 条规定:"书面形式是指合同书、信件和数据电文(包括电报、电传、传真、电子数据交换和电子邮件)等可以有形地表现所载内容的形式。"

(二)《电子签名法》

第 2 条规定:"本法所称电子签名,是指数据电文中以电子形式所含、所附用于识别签名人身份并表明签名人认可其中内容的数据。本法所称数据电文,是指以电子、光学、磁或者类似手段生成、发送、接收或者储存的信息。"

第 3 条规定:"民事活动中的合同或者其他文件、单证等文书,当事人可以约定使用或者不使用电子签名、数据电文。当事人约定使用电子签名、数据电文的文书,不得仅因为其采用电子签名、数据电文的形式而否定其法律效力。前款规定不适用于下列文书:(一)涉及婚姻、收养、继承等人身关系的;(二)涉及土地、房屋等不动产权益转让的;(三)涉及停止供水、供热、供气、供电等公用事业服务的;(四)法律、行政法规规定的不适用电子文书的其他情形。"

第 5 条规定:"符合下列条件的数据电文,视为满足法律、法规规定的原件形式要求:(一)能够有效地表现所载内容并可供随时调取查用;(二)能够可靠地保证自最终形成时起,内容保持完整、未被更改。但是,在数据电文上增加背书以及数据交换、储存和显示过程中发生的形式变化不影响数据电文的完整性。"

第 13 条规定:"电子签名同时符合下列条件的,视为可靠的电子签名:(一)电子签名制作数据用于电子签名时,属于电子签名人专有;(二)签署时电子签名制作数据仅由电子签名人控制;(三)签署后对电子签名的任何改动能够被发现;(四)签署后对数据电文内容和形式的任何改动能够被发现。当事人也可以选择使用符合其约定的可靠条件的电子签名。"

第 14 条规定:"可靠的电子签名与手写签名或者盖章具有同等的法律效力。"

(三)《电子合同在线订立流程规范》

电子合同是平等主体的自然人、法人、其他组织之间以数据电文为载体,并利用电子通信手段订立、变更、终止民事权利义务关系的协议。本标准推荐订约双方采用电子签名并使用符合本标准的订约方式订立合同。

(四)《电子认证服务管理办法》

第 2 条规定:"本办法所称电子认证服务,是指为电子签名相关各方提供真实性、可靠性验证的活动。本办法所称电子认证服务提供者,是指为需要第三方认证的电子签名提供认证服务的机构(以下称为"电子认证服务机构")。向社会公众提供服务的电子认证服务机构应当依法设立。"

(五)《民事诉讼法》

第 63 条规定:"证据包括:(一)当事人的陈述;(二)书证;(三)物证;(四)视听资料;(五)电子数据;(六)证人证言;(七)鉴定意见;(八)勘验笔录。证据必须查证属实,才能作为认定事实的根据。"

(六)《最高人民法院关于适用〈中华人民共和国民事诉讼法〉的解释》

第 116 条规定:"视听资料包括录音资料和影像资料。电子数据是指通过电子邮件、电子数据交换、网上聊天记录、博客、微博、手机短信、电子签名、域名等形成或者存储在电子介质中的信息。存储在电子介质中的录音资料和影像资料,适用电子数据的规定。"

从上述法律法规的相关规定来看,法律实际上赋予了电子合同与传统合同同等的法律地位及效力。因此,电子合同的合法性问题得到了确认,只是在实际操作中如何保障电子合同的真实性成为其中的一个关键问题。

三、实践中电子合同存在的主要问题

与传统不同,一份完善的电子合同包含以下两个要素:数据电文和电子签名,在网络借贷交易过程中,电子合同的数据电文内容和电子签名都可能出现被无痕篡改、容易灭失、原始性无法保障等诸多问题,因此,如何解决这些问题成为电子合同在实践中运用的关键。

(一)电子签名

一般来说,电子签名的真实性问题包含两个方面:一是合同当事人真实身份情况等认定问题;二是合同中所使用电子签名的真实性问题。[①]

对于合同当事人的身份认定问题,由于在互联网的环境下,合同的双方当事人并非以传统的面对面方式进行签约,而是通过线上方式签订合同,双方都无法当面核实对方当事人的主体身份。在这种情况下,认定当事人身份显得尤为重要。此外,合同中签名的真实性也不好判断,电子数据的特点是不容易将某个时刻的内容固定下来。对签名也是一样,无法保证该签名是当事人自己专有,也无法保证该签名不被改动。目前,我国《电子签名法》第 13 条对电子签名进行了相关规定,只要符合该条的四个要求就可视为可靠的电子签名:(1)电子签名制作

---

① 参见沈木珠:《电子商务立法的问题与思考》,《法商研究》2001 年第 1 期。

数据用于电子签名时,属于电子签名人专有;(2)签署时电子签名制作数据仅由电子签名人控制;(3)签署后对电子签名的任何改动能够被发现;(4)签署后对数据电文内容和形式的任何改动能够被发现。

因此,为了使电子签名变得更加"可靠",即保障其真实性的需要,现行通常的做法是将电子签名进行电子认证。所谓电子认证主要指电子签章安全认证,是传统印章的印迹和数字证书相结合的产物,是合法的数字化签章与数字证书绑定且用其私钥进行了数字签名的权威电子文件,其中包含了用户身份、签章信息、公钥、有效期等许多相关信息。[1] 通常由 CA 认证机构完成。所谓 CA 认证,是指电子商务认证授权机构(Certificate Authority, CA),也称为电子商务认证中心,是负责发放和管理数字证书的权威机构,并作为电子商务交易中受信任的第三方,承担公钥体系中公钥的合法性检验的责任。这种 CA 认证机构是获得国家颁发《电子认证许可证书》资质的,其通常的做法是为用户颁发身份证书,用于证明签名者的身份,在网上办理相关业务时,通过对数字证书的检验来识别用户身份,用户即可在网上运用证书实现签名、加解密功能,使电子合同等数据电文符合对可靠性的要求,获得法律的认可,这在一定程度上解决了电子签名的真实性问题。在没有电子认证的情况下,"未实名认证"的投资人只能依靠其投资交易记录,如银行流水等作为证据源进行追索。在"跑路或倒闭"这类情况中,平台一般会删除对其不利的交易记录,这将使投资人无证可考,这是电子合同和交易记录存管给平台方带来的法律风险。

目前,金融行业的权威认证机构是中国金融认证中心(China Financial Certification Authority, CFCA)。中国金融认证中心是中国首批获得电子认证服务许可的电子认证服务机构,是经中国人民银行和国家信息安全管理机构批准成立的国家级权威的安全认证机构。电子

---

[1] 参见刘定华、易志斌:《对我国金融电子认证法律制度的思考》,《法学评论》2003 年第 1 期。

认证资格是由国家工信部发放牌照,其认证方式包含中国金融认证中心电子密钥、中国金融认证中心电子签章软件的使用,即数字证书和 U 盾认证。使用中国金融认证中心数字证书,能确保交易方的身份,确保交易信息的传输安全性和交易信息不可篡改,有效保障交易安全。①

如公司使用了中国金融认证中心数字证书进行实名盖章,那么投资人与该公司签署的每一份电子版合同或协议都经过技术加密,无法被他人篡改,其法律效力就等同于手写签名或盖章的纸质合同或协议,从而保证了投资人的利益,让投资人消除因合同有效性而带来的资金安全问题的疑虑。投资人在该公司交易成功后,会收到签有电子签章的电子合同(PDF 格式),此时投资人可自行验证投资合同上该公司、担保公司电子签章的真伪及中国金融认证中心证书的有效性,不用担心交易作假。

目前大多数平台的操作方式仅是依靠借款人在网上点击"确定"来签订电子合同,还有一些平台会把网上形成的电子合同发送至客户邮箱,或者在网站上提供一个可下载的链接,客户根据需要自行下载电子合同。实际上通过这些方式平台仍然可以变更修改合同内容。虽然现在不少平台已引入电子签名,但只是作为增信的一种手段,现实当中并没有更多运用的场景,主要有以下原因:一是作为出借人或投资人的出借款实际上在平台处已经进行了担保,平台为维持信用也会对借款进行兜底,因而投资人不需要诉讼法上的作为"原件"证据的电子合同;二是如果出现出借人逾期,平台对借款又不进行兜底,说明平台已经"跑路",相关程序已经进入了刑事阶段,公安部门也会主动寻找相应的证据。②

现行司法实践中,法院在审理关涉电子数据真实性的问题上常常

---

① 参见唐筱宓:《电子商务的安全保障:中国金融认证中心》,《信息安全与通信保密》2001 年第 7 期。

② 参见沈木珠:《电子商务立法的问题与思考》,《法商研究》2001 年第 1 期。

考虑的因素包括:第一,电子数据与原件是否相符;第二,电子数据是否经过公证。但这也是从证据的形式角度而言,如果电子证据与其他证据形成完整的证据链,法院通常也会认可其证据效力。

(二)电子合同的内容

一份合法有效的电子合同除了要验证电子签名真实性外,还要保证电子合同形成的时间、合同内容不被篡改,即需要保证在某个时刻存在某些电子数据,当这些电子数据内容发生改动时,能够被发现。解决这些问题的方式还要通过技术手段,将某个时刻下的电子数据固定下来。

目前,通常的做法是进行"时间戳"认证。"可信时间戳"技术主要解决了在某个时刻存在某些数据内容,运用该技术可以对电子合同内容、时间及签署人等信息进行固化,相当于为每个电子合同生成一个相对应的"指纹",以满足电子合同具有法律法规所规定的数据电文"原件"要求,用于解决数据电文真实存在性和内容完整性证明。大多数公司采用的"时间戳"认证是由联合信任时间戳服务中心签发的,是国家授时中心联合信任遵循国际、国内时间戳技术与服务标准,根据我国可信时间戳服务体系规划共同建设的我国权威第三方可信时间戳服务机构,由国家授时中心负责时间溯源、同步和监测。采用联合信任时间戳服务中心签发的可信时间戳认证服务,可以有效保障网络用户投资的电子合同文件的存在时间和内容保持完整、未被更改,是目前世界公认的保障电子数据原始性和内容完整性最方便、最快捷的有效手段。①

因此,一份电子合同采用电子签名认证后,结合"时间戳"服务,基本上能够保证电子合同的真实性,解决电子合同在诉讼中的法律效力问题。2016 年 8 月出台的《网络借贷信息中介机构业务活动管理暂行

---

① 参见张雪楳:《P2P 网络借贷相关法律问题研究》,《法律适用》2014 年第 8 期。

办法》(以下简称《暂行办法》)也对各大平台提出了相应的要求,《暂行办法》第 22 条要求,各方参与网络借贷信息中介机构业务活动,需要对出借人与借款人的基本信息和交易信息等使用电子签名,电子认证时,应当遵守法律法规的规定,保障数据的真实性、完整性及电子签名、电子认证的法律效力。网络借贷信息中介机构应当采取适当的方法和技术,记录并妥善保存网络借贷业务活动数据和资料,做好数据备份。保存期限应当符合法律法规及网络借贷有关监管规定的要求。借贷合同到期后应当至少保存 5 年。虽然《暂行办法》明确提出了电子签名的必要性,但对于电子签名机构的认定并没有明确提出。就目前来说,既有中国金融认证中心等官方背景的电子签名机构,也有一些创业公司提供类似的服务,如深圳的法大大公司。法大大是一家为互联网金融、O2O 电子商务企业及个人提供在线电子合同缔约、证据托管的开放式 SaaS 服务平台,用户可通过法大大平台高效签署电子合同并实现证据文件存管。

但目前按照《暂行办法》的相关规定进行相应认证服务,保障数据真实性和完整性的平台还是比较少。因大多数平台机构处在"野蛮生长"阶段,尚未形成规范经营、维护投资交易安全的意识,最重要的是缺乏足够的经济能力去实施这些保障措施。

(三)典型案例参考

1. 点荣公司与李某借款合同纠纷案(上海市黄浦区人民法院〔2014〕黄浦民五〔商〕初字第 6199 号)

基本案情:点荣公司是提供网贷居间服务的 P2P 平台,其网站格式借贷合同约定:借款人出现逾期还款或逃避债务时,经全体出借人一致同意下,由点荣公司受让债权并统一向借款人追索。2013 年 9 月,李某在平台发布 50 万元借贷标的,从 264 名出借人中筹得借款,并由某渡公司等提供担保。但李某自 2013 年 12 月开始逾期还款,点荣公司催收未果,遂于 2014 年 7 月发出受让出借人债权通知,并将其告上法庭。

案例要旨:法院认为,全体出借人与李某通过点荣公司网站达成的《借款协议》,以及被告黄某、陈某峰、山某、某渡公司分别签订的《保证合同》,均系各方当事人的真实意思表示,应属有效,各方当事人均应恪守约定并按约履行各自的义务。这说明法院认可了电子合同以点击确认的方式建立,在法庭上以打印件呈现赋予电子证据打印件同等证明力,对于今后 P2P 网贷同类案件的审理具有借鉴意义。

2. 浙江阿里巴巴小额贷款股份有限公司诉郑某借款合同纠纷案(浙江省杭州市滨江区人民法院〔2011〕杭滨商初字第 178 号)

基本案情:2010 年 6 月 29 日,原、被告通过网络在线订立一份《贷款合同》,合同约定:授信额度为人民币 350000 元;授信期限自 2010 年 6 月 29 日至 2010 年 12 月 29 日;日利率为 0.047%,罚息利率为贷款利率上浮 50%;借款人同意阿里小贷公司将每次申请的贷款划入支付宝公司的结算账户,再由支付宝公司将贷款的 20% 划入指定支付宝账号,80% 划入指定银行账号;使用支付宝账号和密码登录阿里贷款网站的所有行为均视为借款人本人行为,包括但不限于订立本合同、申请贷款、归还贷款等;还款方式为按月付息,到期还本,即每月偿付当月实际产生的利息,到期归还全部贷款本金;借款人连续或累计三期未能按本合同约定还本付息的,阿里小贷公司有权提前终止合同,阿里小贷公司发出还款通知的第三日即贷款到期日;双方同意本合同使用互联网信息技术以数据电文形式订立并认同其效力。

在授信期限内,被告分 9 笔向原告申请支用贷款总计人民币 350000 元。借款到期后,截至 2011 年 3 月 9 日,被告已有 7 笔贷款到期未清偿。2011 年 3 月 10 日,原告向被告发出《贷款提前到期通知函》,宣布剩余 2 笔贷款提前到期,到期日为 2011 年 3 月 13 日。截至 2011 年 3 月 9 日,被告通过其支付宝账户已向原告支付利息 24222 元。

原告于 2011 年 3 月 16 日诉至法院,请求判令被告偿还贷款本金350000 元,并支付利息 20340.97 元(该利息计算至 2011 年 3 月 9 日,自 2011 年 3 月 10 日起的利息按合同约定另计,并计算至被告实际清偿时为止)。被告未到庭,也未提供证据。

案情要旨:法院认为,原、被告同意使用互联网技术以数据电文形式订立合同,根据《电子签名法》第 3 条的规定,应当确认电子合同及其他文件在本案中具有法律效力。通过公证提取的《贷款合同》,由第三方出具的电子回单、还款记录等,其所含的数据电文,在功能上已经具有原件的证据效力。该数据电文,随时可以提取,且被告也未表明存在更改迹象,已符合证据的真实性要求。据此,法院对《贷款合同》以及付款记录等内容予以确认。

(四)完善电子合同的相关建议

一言以蔽之,完善电子合同就是通过技术手段使电子合同更符合诉讼法意义上的证据"原件"。无论是采用 CA 认证,还是采用"时间戳"技术手段或是将电子合同进行第三方存管,都是为了保证交易细节的不可篡改,这也是积极适应监管层合规性的要求。因此,可以总结一份完整有效的电子合同应当具备的要素:(1)能够辨别当事人的主体身份;(2)电子数据内容能够不被篡改。[①]

很多平台机构没有采用 CA 认证和"时间戳"技术,为了明确借款人的主体身份问题,往往通过面对面的方式进行签约,虽然增加了大量的人力成本,但能够确保合同主体的身份问题,降低了放贷的风险,但这一方式无法适应业务拓展的需要。因此,这种方式会逐渐被各大平台所摈弃。另外,建议平台机构逐步采用 CA 认证和"时间戳"技术方式对电子合同固化,解决投资者对电子合同的相关疑虑,提升平台对投

---

① 参见崔建远:《合同法》,北京大学出版社 2016 年版,第 77 页。

资者的吸引力。但电子合同进行 CA 认证等工作,只是为了使相应电子合同的证明力更强,并不是说,不进行 CA 认证就一定证明不了借贷合意,只要电子合同能够证明借贷双方的合意,不存在证明力的相关问题。从现有已经生效的判决书来看,在没有进行 CA 认证等工作的情况下,在很多判决中法院也认可了电子合同的效力。所以,平台机构要根据自身风险把控的需要,以及经济能力状况,视自身实力情况对电子合同进行技术手段"保护"。当然,采取技术手段保护电子合同等交易信息的安全更符合市场监管的需要。

第二节　担　　保

P2P 在国外起源的时候,只是一个简单的居间服务,配对出借人与借款人借款需求,收取相当的服务费。P2P 进入中国后,由于我国的征信体系不健全,相应的 P2P 投资市场氛围也没有培育出来。因此,为了增强投资人信心,中国 P2P 的创业者们结合原来已经很成熟的担保行业,把担保放入其中,为 P2P 网贷平台里面进行投资的本金进行担保。这一行业极大地增强了投资人的信心,对整个行业的快速发展起到了不可忽视的作用。

P2P 网贷平台为了吸引投资人,主要有两方面的措施:一是允诺高回报,二是保证安全,最好的安全保证无非是风险兜底,所以平台的担保会以各种各样的形式出此案,而不局限在传统的担保行业。最早应用这一模式的应当是深圳市红岭创投电子商务有限公司,率先承诺本金垫付,实质上提供了担保,自此之后,绝大多数的平台都有了各式各样的担保。

P2P 网贷行业中的担保也分几个阶段发展:第一阶段是平台公司的直接介入,为投资人的本息进行担保,持续至今。第二阶段是担保公司直接介入,成为合同的主体之一,提供担保。这里面的担保公司又分为有牌照的融资性担保公司和无牌照的非融资性担保公司,也是目前要去担保化的主要对象之一。第三阶段则不是以担保公司的名义直接出现,而是以各类产品或资产端模式的方式出现,如车贷、房贷等。①

并非所有的平台都使用了担保,如"拍拍贷"起初就没有担保。"陆金所"是特例,表面上取消了担保,但由于它是平安系公司,天然就得到了信用背书。由于去担保化的影响,近来一些平台也开始不进行兜底担保,如"贷帮网",2014 年年底对涉及前海融资租赁(天津)有限公司的 1280 万元不良借款不兜底,坚持报警,由公安机关介入处理。

P2P 在国外起源时之所以没有担保,最主要的原因在于它们处于发达国家,征信健全,造价成本太高,像"借贷俱乐部""繁荣"等 P2P 网贷公司基本上都是没有担保的。

如果和平台合作的是保险公司,且保险的是履约保证保险,那么投资人投资款的安全性要比担保公司进行担保的要安全,原因在于保险公司无论是风控还是承担能力都要比一般担保公司要强。②

一、担保概说

(一)平台担保类型

1. 平台担保

这是 P2P 早期发展时期的通行做法,平台直接为投资人的资金提供保障,在这种模式中,平台在合同上直接就注明了平台是借款合同的担保方,约定担保条款或代偿条款,类似"货款到期时,如果出借人无法收回本金和利息的,可以将债权转让给平台,平台会先行垫付本金给

---

① 参见叶湘榕:《P2P 借贷的模式风险与监管研究》,《金融监管研究》2014 年第 3 期。
② 参见张强、顾珏、陈林子:《我国 P2P 平台违约风险防范方式研究》,《扬州大学学报》2016 年第 3 期。

出借人,再由平台对贷款人进行追偿",但平台不一定有足够的资金实力对逾期借款进行垫付,如果约定了垫付但平台没有资金去垫付,平台就有可能考虑挪用其他投资人去填补,这也是很多平台要形成资金池的原因。[①]

平台为交易进行担保,目的在于获取更大的回报,成为信用中介,目前为政策所不允许,但仍然有平台这么操作。

2. 第三方担保公司

平台与第三方担保机构合作,其本金保障服务由担保机构完成,担保机构主要指融资性担保公司和非融资性担保公司。

融资性担保公司特点包括:(1)融资性担保公司最低注册资本是500 万元(各地有区别);(2)融资性担保公司对单个被担保人提供的融资性担保责任余额不得超过净资产的 10%,对单个被担保人机器关联方提供的融资性担保责任余额不得超过净资产的 15%,对单个被担保人债券发行提供的担保责任余额不得超过净资产的 30%;(3)融资性担保公司的融资性担保责任余额不得超过其净资产的 10 倍。[②]

非融资性担保公司,即一般的担保公司,由于没有牌照管理,其进行担保的项目风险很大。目前,仍有不少平台自己设立这种担保公司为在平台融资的项目进行担保,实际上没有起到任何风险转移的作用,这也是为人所诟病、去担保化的一个重要原因。

3. 风险准备金(备付金)

这种方式也为国外的 P2P 网贷平台所用,在国内目前也成为平台的标配,叫法上有所差异,有的叫风险准备金,有的叫风险备付金或风险保证金,通常以"XX 计划"名义隆重推出,但本质上是一样的,都是先由平台提供资金建立,之后根据交易额按一定比例提取到该准备金

---

① 参见李钧:《P2P 借贷:性质、风险与监管》,《金融发展评论》2013 年第 4 期。

② 参见于焕超:《P2P 网络借贷风险准备金与第三方担保法律问题探究》,《上海金融》2017 年第 5 期。

中,有的平台也会慢慢地把自己的资金置换出来。[①]

在其运用过程当中,可能会存在有限偿付或按比例偿付的问题,这主要由平台当期的风险准备金的数额而定。目前,不同的平台,风险准备金的数量不同。

风险准备金在应对投资人投资风险的时候,其本身仍然存在风险,主要表现为风险准备金虽然在第三方银行托管,但其使用权和管理权仍然是平台,并非独立托管,这里面就存在重大的道德风险和法律风险。[②]

关于风险准备金(备付金)在法律上尚无一致认同的定性,目前的《暂行办法》也没有明确说明,主要原因是其来源在各个阶段的不确定:早期由平台投入,后期可能平台抽离,由客户承担,但资金在银行却以平台名义开户并以存款形式存在,与资金目的相悖。

但法律后果是没有争议的,如果被认定为担保,则该方式不符合监管意见要求。因此,"宜人贷""拍拍贷"等平台在《暂行办法》出台之后,出于合规的目的,考虑到"风险准备金"一词的用语可能与《暂行办法》中"直接或变相向出借人提供担保或者承诺保本保息"不相符合,容易使出借人依赖于平台用"风险准备金"更名为"质保服务条款"。

4. 保险公司

保险公司参与 P2P 网贷借贷中所提供的保险,可以区分为履约保证保险和非履约保证保险,非履约保证保险主要为平台的技术漏洞或意外事件,有账户资金安全险、交易资金损失险、抵押物财产险、借款人人身意外险。但是,对于投资人来说,唯一的有效保证是履约保证险。

5. 其他第三方(小贷公司)

该类型主要指小贷公司,行业通常以 P2N 模式来代指平台与小贷

---

①　参见郭旻蕙:《P2P 网络借贷风险预警体系研究》,《金融监管研究》2016 年第 12 期。

②　参见赵玲:《我国 P2P 网络借贷担保法律问题研究》,《金融经济》2016 年第 6 期。

公司相结合的这种模式,即平台一边对接资金端的投资人,另一边对接资产端的小贷公司,同时要求小贷公司为其提供的借款人提供兜底,即担保。

(二)担保与 P2P 紧密结合

P2P 在中国发展的先天不足使担保进入 P2P 网络借贷中——征信不健全,用担保来增加信用。

我国的担保行业一直存在,进入 P2P 行业的不少曾是担保行业的从业人士,因此第一时间将两者结合起来,并得到实质发展。

形式上,两者的结合表现出来更多的是由线下走到线上,除了上述 5 种结合类型外,担保在 P2P 中还体现以产品的形式介入,如房贷、车贷、票据贷,即资产端的很大比重都是以类担保的产品出现。

融资性担保公司与平台的结合模式有两种:一是担保公司直接对 P2P 网贷平台的项目进行审核和担保;二是由担保公司提供项目,并对项目进行担保,然后在 P2P 网贷平台上融资。

(三)去担保化的辩证思考

2014 年 4 月,银监会明确提出 P2P 网贷发展中不能触碰的四条"红线",去担保化就是其中关键一条。根据相关的监管意见,去担保化的目的在于让平台回归信息中介,主要限定平台本身(或关联主体)不得提供担保。去担保化应当做扩大性理解,去担保化的对象还应当延伸至与平台合作的担保机构。① 关于去担保化有其特定原因,笔者认为需要辩证地看待这一问题,理由如下:

第一,平台上的项目有真实可靠的担保理论上是对于投资人的保障,问题在于现在平台合作的担保公司根本无法担保履约责任或者本

---

① 参见钱佳月:《"去担保化"对传统网贷平台的借鉴意义》,《管理观察》2018 年第 18 期。

身就属于违规担保,所以不得不去担保化。①

第二,为平台进行担保的非融担保公司通常是平台的关联方,早期一些与平台合作的担保公司的股东或高管明显有与平台的实际控制人有亲属关系的重大嫌疑。在早期 P2P 发展阶段,担保公司的注册时间与平台相近,担保公司的高管或股东与平台高管或股东,有姓名相近的高度亲属关系的可能性,这也是中国创业阶段会带有典型的家族特征的体现。②

第三,融资性担保公司按规定要受限于担保责任余额不得超过其净资产的 10 倍限制,但目前大多数平台都超过这个杠杆比例。例如,"陆金所"也进行了去担保化,顺应监管是一方面,更重要的是"陆金所"合作的融资性担保公司已经无法杠杆起"陆金所"的交易量。

第四,担保公司与 P2P 网贷平台相互传递风险。③ 例如,河北投融担保公司事件,河北投融担保公司担保项目的连续违约,导致这家担保公司丧失了担保能力,500 亿元债权无法担保,与之合作的众多 P2P 网贷平台面临险境。

第五,2016 年 4 月 29 日,广州市融资担保行业协会发布了《关于禁止我市融资担保公司参与 P2P 网络平台相关业务的通知》。这是全国首个行业协会向融资性担保会员提出切断担保公司与 P2P 网贷平台合作的要求。

(四)涉及无效的法律问题

担保行业本来是一个相对传统的行业,相应的法规也比较健全,虽说每过几年会有些调整,但总体上是完备的,《担保法》及相应的法

---

① 参见张超宇、陈飞:《P2P 网络借贷平台模式异化及去担保化问题研究》,《南方金融》2018 年第 1 期。

② 参见王怀勇:《P2P 信贷"去担保化"及其法律思考》,《人大法律评论》2016 年第 3 期。

③ 参见张江涛:《P2P 网贷去担保化与信用风险防范》,《中国物价》2016 年第 8 期。

规与司法解释构成了完备的担保法规体系。P2P 网贷行业引入担保后,产生了不少问题,包括在操作层面,但实质上主要集中在法律层面。

1. 主合同无效,担保合同存在效力问题

我国《担保法》第 5 条规定,担保合同是主合同的从合同,主合同无效,担保合同无效。担保合同另有约定的,按照约定。也就是说,平台就担保进行专项约定,该约定有效。

我国《物权法》第 172 条规定,担保合同是主合同的从合同,主合同无效,担保合同无效,但法律另有规定的除外。也就是说,把有效的范围限定在法律规定,比《担保法》收缩了范围。

依据最高人民法院《关于适用〈中华人民共和国担保法〉若干问题的解释》第 8 条规定,主合同无效而导致担保合同无效,担保人无过错的,担保人不承担民事责任;担保人有过错的,担保人承担民事责任的部分,不应超过债务人不能清偿部分的 1/3。

2. 小贷公司提供的担保无效问题

在 P2N 的模式中,平台通常是通过小贷公司或担保公司去与借款人对接,通常还会要小贷公司或担保公司提供兜底担保。从商业行为来看,这可以理解为是正常的,但从法律层面考虑,这存在小贷公司担保无效的问题。主要的原因在于:在我国担保行业进行的是牌照管理,担保公司分为有牌照的融资性担保公司和没有牌照的一般担保公司,而小贷公司一般由属地金融办管理,不在银监会管理之下。因此,小贷公司与平台合作时,约定的兜底担保条款有可能无效。

例外情形是,根据最高人民法院《关于适用〈中华人民共和国合同法〉若干问题的解释(一)》第 10 条的规定,当事人超越经营范围订立合同,人民法院不因此认定合同无效。但违反国家限制经营、特许经营以及法律、行政法规禁止经营规定的除外。

(五)担保对于 P2P 发展的意义

担保对 P2P 早期的发展起关键作用,时至今日,不少平台仍然把各种各样的担保加入进来作为平台发展的增信。因为担保对于投资人有一定程度的保障作用,特别是对于平台早期的投资人,由于担保的激励,保证了大量金钱的进入,至少从现象上维持了早期的投资人能按时拿回本息。但是在去担保化后会产生一系列的问题,短期之内可能会有不少投资人的投资意愿降低,将资金撤离平台,从而使不少"庞氏骗局"的平台无法维持,引起新一轮的"跑路"狂潮。但从长期来看,P2P网贷行业"去担保化"是大势所趋。这会引导平台重回信用中介角色,让大家更加关注征信体系的建设。①

二、车贷

车辆抵押贷款可分为一手车按揭贷款和二手车抵质押贷款两类,本章节讨论的主要是 P2P 网贷领域中二手车抵押贷款。P2P 网贷中的车贷业务最早来自传统金融体系中的小额贷款业务,凭借互联网的优势,车贷业务从传统线下搬至线上平台。经过多年的快速发展,目前,P2P 网贷中的车贷业务已经成为网贷行业中最具代表性和最为成熟的模式之一。

目前,全国二手车市场出现繁荣火爆的状况,在这样的大环境下,因车辆的流动性强,市场前景广阔,P2P 网贷中车贷业务吸引了更多的投资者,借款人一旦出现逾期,即可将借款人抵押或质押的车辆投放到二手车交易市场中快速拿回本金和利息。相比信用贷和房贷,其处置时间成本是相对较低的。

(一)车贷业务概述

P2P 网贷中的车贷业务是指借款人以车辆为抵押标的通过抵押或

---

① 参见方圆晓卉:《P2P 网贷平台去担保化之路》,《时代金融》2015 年第 5 期。

者质押的方式向 P2P 网贷平台借款的一种互联网金融业务。P2P 网贷中的车贷作为传统线下发展到线上最为成熟的业务,一直被投资者认为是相当安全的业务,其本身具有借款金额较小、借款期限较短、业务办理流程相对完善且抵押物或质押物相对优质等特点,当借款人发生逾期时,也能够在短时间内处理变现,不容易出现坏账,目前已是众多 P2P 网贷平台的主流产品。纵观各大网贷平台,车贷业务的借款周期通常为 1—6 个月,相比房贷来说,借款期限较短。借款人以车辆为抵押标的向 P2P 网贷平台申请借款的额度一般为汽车估值的 50%—80%,这个比例可能因各平台的风险控制能力不同而有所不同,一般先由平台的门店负责人了解车辆的基本信息,比如车型、新旧程度、车况、手续是否齐全、发票,再把这些信息传送给合作的二手车行,由二手车行根据市场行情来确定车辆的估值。

P2P 网贷中的车贷业务主要是指二手车的抵押或质押贷款,若 P2P 网贷平台在车管所将车辆登记在名下但并未占有借款人的车辆,借款人自己占有使用车辆,则为抵押借贷。为了不影响抵押车辆的使用和保障投资者的资金安全,大多数网贷平台一般在借款人的车辆上安装多个 GPS 仪器,以增强对抵押车辆的风险把控,在借款人出现逾期时,能够及时对抵押的车辆进行追踪,坚守催收借款的成本。若借款人将车辆转移为网贷平台占有(通常放至平台指定的停车地点),自己不再占有使用车辆,则是质押借贷。若按照借款用途来区分,可分为资金周转和新车购买,大多数的借款人将车辆抵押是为了资金周转,也有人是为了购买新车,把新车作为抵押物向平台筹集购买款。无论如何,P2P 网贷中的车贷相对于信用贷来说,具有安全性、流动性和收益性的优势,当出现逾期或坏账时,能够及时处理车辆变现,收回本金和利息。①

---

① 参见王东东:《P2P 网贷平台车贷业务的风险管理对策研究》,《武汉金融》2016 年第 5 期。

（二）车贷业务抵押流程

综观各大平台机构的车贷业务,办理车贷业务流程大致如下:

第一,申请人提交申请材料;申请人可能由 P2P 网贷平台的实体门店开发,也可能是线上申请的客户。申请人一般要提交的资料包括身份证、行驶证、机动车登记证、保险单等,一般要求申请人对抵押车辆拥有所有权,有些平台还会让申请人提交个人征信报告和符合条件的收入证明。第二,平台初步审核,这种审核是为了进行贷前审查,这个阶段通常由 P2P 网贷平台的业务团队负责对申请人提交的材料进行审核,通过电话询问、网络查询等方式进行简单的查询。第三,评估抵押车辆价值并设定贷款额度。P2P 网贷平台通常有长期合作的二手车行,P2P 网贷平台委托车行根据市场行情对拟抵押车辆进行评估、出具车辆价值评估报告,然后根据车辆的评估价值设定贷款额度。完成上述内部手续后,业务团队将资料移交给风控部门审核,由风控部门审查是否存在重大的法律风险。对于出现的风险点,如有必要,风控部门还会进行尽职调查,确保资料真实、安全可靠。第四,双方协议。这一阶段的具体内容包括签署协议,办理公证。商谈放款条件,签订协议,办理公证手续。第五,办理抵押登记并收押证件。签署抵押合同,在车辆管理部门办理抵押登记手续,通常登记在平台指定人的名下,平台收押申请人的驾驶证、行驶证等证件。第六,平台发标放款及申请人收款,上述手续完成之后,P2P 网贷平台将借款人的信息以及抵押标的在平台上发标融资,满标后放款给申请人。第七,还本付息以及结清贷款或贷后催收。一般情况下,借款人每月按期还本付息,按照借款期限还清贷款即可。如发生逾期,平台会进行催收。

（三）相关法律依据

车贷业务涉及的主要法律法规有《民事诉讼法》《物权法》和《担

保法》。

1.《民事诉讼法》

第 196 条规定:"申请实现担保物权,由担保物权人以及其他有权请求实现担保物权的人依照物权法等法律,向担保财产所在地或者担保物权登记地基层人民法院提出。"

第 197 条规定:"人民法院受理申请后,经审查,符合法律规定的,裁定拍卖、变卖担保财产,当事人依据该裁定可以向人民法院申请执行;不符合法律规定的,裁定驳回申请,当事人可以向人民法院提起诉讼。"

2.《物权法》

第 179 条第 1 款规定:"为担保债务的履行,债务人或者第三人不转移财产的占有,将该财产抵押给债权人的,债务人不履行到期债务或者发生当事人约定的实现抵押权的情形,债权人有权就该财产优先受偿。"

第 195 条第 1 款规定:"债务人不履行到期债务或者发生当事人约定的实现抵押权的情形,抵押权人可以与抵押人协议以抵押财产折价或者以拍卖、变卖该抵押财产所得的价款优先受偿。协议损害其他债权人利益的,其他债权人可以在知道或者应当知道撤销事由之日起一年内请求人民法院撤销该协议。"

第 208 条第 1 款规定:"为担保债务的履行,债务人或者第三人将其动产出质给债权人占有的,债务人不履行到期债务或者发生当事人约定的实现质权的情形,债权人有权就该动产优先受偿。"

（四）车贷业务中的相关问题

现今,由于法律的滞后和空白,P2P 网贷中的车贷业务在实务操作中面临一些障碍,需要更多法律实践。

1. 重复抵押问题

目前 P2P 网贷中的车贷业务出现的主要问题是重复抵押,甚至是多次抵押。从车辆抵押或质押来说,一方面,平台采取抵押的模式放款,却并没有到车管所将汽车办理抵押登记,由于车辆尚处于自由控制状态,借款人又将该车辆再去抵押或质押获得融资,使得先前设立的抵押权不能得到有效地实现。也就是说,一个标的物进行了两次担保,获取资金的数额并非建立在剩余价值的基础上。[①] 另一方面,平台采用质押的模式没有严格控制质押的车辆和相关的证照,贷款人用同样的车辆再去抵押或质押,使得先前的质押权不能有效设立或存在瑕疵。重复抵押或多次抵押的情况下,当借款人发生逾期时,平台想要实现担保权利却层层受阻,使得债权的回收增加了成本。[②] 也正是如此,取得经过二次抵押车辆的担保物权平台,在借款人逾期后,也不会以合法形式直接处理车辆,而是采用更高效的方式把车辆处理,通常是把这些车辆放到黑市市场交易。

在这方面,法律没有明确的规定,也使得各大网贷平台在处理抵押车辆时较为混乱。

以行业俗称的“二押”为例,“二押”是指借款人以汽车为抵押物先办理过抵押贷款,抵押权登记在出借人 A 名下,由于抵押不需要转移占有,借款人继续占有该汽车(此时的抵押称为“一押”,通常是在车管所办理抵押手续、安装 GPS 和质押证件、签署委托买卖协议),后来又把该汽车以质押的方式向另外的出借人 B 获取借款,汽车转移给出借人 B 占有(此时的质押称为“二押”,“二押”公司通常自有车库,有专人看管和质押证件,如汽车销售发票、机动车登记证、车辆购置税单、保险单、备用钥匙)。当车主(借款人)无法还款时,抵押物的这种重复抵押必然导致办理过“一押”的公司和办理过“二押”的公司相冲突。比如,借款人(车主)在办理过“一押”后,获得出借人评估价 8 折的借款资金,之后借款人又在另一个出借人办理“二押”,又获得了评估价 5

---

① 参见戴红兵:《论重复抵押》,《现代法学》2000 年第 6 期。
② 参见屠世超、孙爱平:《重复抵押及其位序关系》,《绍兴文理学院学报》2001 年第 4 期。

折的资金。当借款人逾期无法还款时,"一押"和"二押"公司在实现各自的担保物权时相冲突,由于"二押"公司实际上掌握着车辆实物,所以更加有主动权,通常不会理会"一押"公司的利益,直接将该汽车投放到二手车市场变现,现实中不少专门做"二押"的公司通常会租用一个较大的停车场地来保管这些车,而"一押"公司为保护自己的抵押权,通常也会进入"二押"公司的停车场进行抢车。"二押"公司在做"二押"时,通常是知道标的车已经做过"一押"的,还会把"一押"公司秘密安装在汽车上的 GPS 也拆除。实践当中,"一押"公司面对这种情况也没有很好的应对方法,通常采取损害"二押"公司利益的方式即直接把车拖走,由于两个公司对标的车都主张各自的权利,且都有一定的法律依据。因此,即便报案,公安部门也是要求协调为主,要求"一押"公司赔偿"二押"公司在进行拖车时损害财物的损失,极少有类似案件上升到刑事犯罪的高度去处理。

2. 抵押登记问题

P2P 车辆抵押贷款业务中一个现实的问题就是债权人和抵押权人不一致,面临抵押登记的问题。

根据《物权法》第 24 条的规定,机动车等物权的设立、变更、转让和消灭,未经登记,不得对抗善意第三人。因此,P2P 车辆抵押贷款业务中,为了保障投资者(出借人)的权益,车辆需要办理抵押登记,否则无法对抗已登记的第三人。线下一对一的民间借贷,如果以车辆办理抵押登记,不存在问题。关键在于,P2P 车贷业务中,其每笔借款的投资人都是几十人甚至上百人,而且这些投资人分布在全国各地。此外,有些允许债权转让的平台,还涉及投资人可能随时都会发生变动的问题。现行的法律要求抵押权人与债权人一致,因此难以要求众多的投资人一起去办理抵押登记,P2P 车贷抵押登记便无法顺利完成。

现阶段 P2P 车贷无法直接办理抵押登记,抵押登记部门(一般为车管所)不认可电子签章,很多 P2P 网贷平台出具的借款合同签章形式都是电子签章,抵押登记部门无法有效考量其真实有效性。实践中,有些地方的抵押登记部门认为,如果要办理 P2P 车贷的抵押登记还需要出借人和借款人的签字合同和身份证,或是出借人的授权委托书,而授权委托书也需要其本人签字。因此,办理抵押登记是当今 P2P 车贷业务流程中的一个难点。①

实务中,很多抵押登记部门不允许抵押权人与债权人相分离,严格执行将会导致 P2P 网贷平台车贷业务无法办理抵押登记,而在有些地方却允许相分离。

实践中,很多平台将抵押权登记在第三方名下,通过签订三方协议,由第三方代持抵押权。关于这种方案实践中有两种模式:

一种是将抵押权登记在平台或其关联公司/个人名下,在这种模式下,债权人与平台或关联公司签订委托协议,委托平台或关联公司代为持有债券人的抵押权。名义抵押权人为平台或其关联公司,实际抵押权人为投资人。另一种是将抵押权登记在具有放贷资质的小贷公司、担保公司、融资租赁公司等名下。因为有些地方认可具备金融牌照的上述公司具有抵押权人资质。②

(五)P2P 车贷业务的发展

很多平台机构认为车贷是未来 P2P 网贷业务的蓝海。虽然车贷具有轻资产、灵活变现的特点,但由于我国目前征信体系欠缺,国内没有集中统一的抵押登记系统,加之行业信息不共享等因素,车辆"一押""二押"的情况层出不穷,使平台机构催收难度加大,坏账风险上升。

平台机构首先面临的抵押物的流动性风险。以房贷为例,房产属于不动产,其流动性差,价值较高,利于实施监管。相比房产而言,车辆

---

① 参见贲寒:《动产抵押制度的再思考——兼评我国民法(草案)对动产抵押与让与担保制度之规定》,《中国法学》2003 年第 2 期。
② 参见邸庆、刘天祎:《我国动产抵押制度存在的问题简析》,《法治论坛》2018 年第 1 期。

的流动性很灵活,容易导致"一押""二押"的状况,甚至有可能出现借款人直接将车辆处理的情况。

为此,平台机构应当加强贷前审查,明确车辆是否已经办理过抵押登记。如果没有办理过抵押登记,还要审查是否存在权利瑕疵、证件是否齐全等。另外,按照行业内的通常做法,还要与借款人签订一系列文件,如《质押协议》《委托买卖授权书》,当约定的情形出现时,由平台机构自行或委托合作方直接处置该车辆。

另外,对于抵押物汽车来说,其价值贬值快,在处理抵押物时,不宜通过诉讼的方式实现抵押权。在抵押方式中,由于汽车不转移占有权,借款人可以继续使用汽车,相对于其他抵押资产,车辆的损坏概率较大。作为抵押物的车辆遭受损坏,其价值会大打折扣,担保能力也会下降。因此,为防范此类风险,有的平台选择增加借款人的担保,以保障投资人的利益。[①]

总而言之,由于法律的空白和滞后,P2P 车贷业务在实践中面临诸多障碍。互联网金融的可贵之处在于创新,但现有的法律制度却无法匹配互联网金融的发展,在很大程度上已经限制了互联网金融的发展。实务中,很多平台为了业务的开展,想出五花八门的"规避"手段,导致乱象丛生。因此,对于 P2P 网贷平台来说,基于法律风险防控的需要,在开展车贷业务时,不宜采取逾越法律边线的"手段",应在法律的框架下谨慎经营,加强自身的业务能力和风控能力,在合法合规的前提下发展。[②]

三、房贷

一般来说,P2P 网络借贷中的贷款模式大抵上可以分为两种:信用

---

① 参见徐紫薇:《我国动产抵押登记制度及公信力研究——以〈民法典〉的编纂为契机》,《吉首大学学报》2017 年第 2 期。

② 参见魏振华:《论特殊动产物权的变动与公示》,《西部法学评论》2017 年第 3 期。

贷款和抵押贷款。信用贷款是指不需要提供任何担保物作为抵押或质押,凭借个人的良好信用即可获得贷款。通常而言,信用贷款需要个人有比较好的信用记录,信用贷款的利率相比抵押贷款的利率较高,实践中信用贷款的利率是抵押贷款的 2—3 倍。贷款平台为了控制信贷风险,对借款人的资质审核非常严格。

虽然信用贷款相比抵押贷款获利空间更大,但从我国 P2P 网贷行情来看,涉及抵押贷款业务的平台远远多于信用贷款平台。一方面,我国现阶段信用体系建设不健全,无法准确衡量个人信用状况,加上信息不对称等原因,很多 P2P 网贷平台考虑到风险控制的需要,对信用贷款模式都会比较谨慎,倾向于有抵押贷款。另一方面,近几年我国一线城市的房价不断攀升,导致涉及房地产的业务呈现持续火爆的现象。这也带动了 P2P 房产抵押贷款业务的迅猛发展,为投资人所看好。盈灿咨询发布的《2015 年 P2P 网络投资人问卷调查报告》显示,超过两成的投资人偏好房产抵押业务,在所有业务类型调查中排名第一。

(一)P2P 房产抵押贷款概述

P2P 房产抵押贷款,是指在 P2P 网贷平台的居间下,借款人通过平台发标借款,投资人进行投标,满标后发放贷款的融资方式。[①] 借款人向出借人借款,以自己名下的房产为抵押物,对该笔借款提供抵押担保,抵押通常登记在出借人名下。借款人在这个抵押关系中称为抵押人,出借人称为抵押权人。当借款人发生逾期或不能偿还该笔借款本息时,出借人可以抵押权人的身份将该房产处置变现,从而回收出借的本金和利息。

抵押贷款相比信用贷款,由于出借人可以抵押权人的身份将抵押房产折价或者以拍卖、变卖该抵押房产所得的价款优先受偿,对于出借

---

① 参见叶湘榕:《P2P 借贷的模式风险与监管研究》,《金融监管研究》2014 年第 3 期。

人回收借款本金和利息比较有保障。一般来说,房产属于高价值的不动产,也是一般老百姓的安身立命之本。当借款人以自己的房产作为抵押向出借人借款时,借款人还是有很强的还款意愿,如果抵押权人行使抵押权处置房产变现,对借款人来说,损失是比较大的。所以,通常情况下借款人都会尽最大努力将借款还清。[①]

P2P 网贷中的房贷业务像车贷业务一样,也是作为传统线下业务发展到互联网线上的业务。近几年,P2P 房贷业务已发展成为最成熟的业务之一,在众多抵押贷款业务中占据了重要位置,一直受到投资者的青睐,被认为是相当安全的业务之一,其收益也相当可观。

(二)P2P 网贷行业房产抵押业务流程及特点

P2P 房产抵押贷款业务不像其他业务一样,依靠线上相关手续即可完成借贷。在实务中,P2P 网贷平台一般采用线上和线下相结合的方式办理该业务,除了线上进行相关的手续外,P2P 网贷平台一般还会在当地设立门店,派人实地考察房产状况和办理相关抵押登记手续等。此外,当地的房产政策会对开展该业务产生较大的影响。因此,P2P 网贷平台开展该业务一般都会受地域限制,很难在全国大范围内同时开展。如若 P2P 网贷平台将该业务拓展到其他地方,则必须要在当地新设门店和聘用相关业务人员,无疑会增加平台的运营成本,这相当于平台自行布局资产端。[②]

实践中,很多 P2P 网贷平台选择与小贷公司进行合作,充分利用小贷公司分布各地的门店和业务人员发掘资产端,考察房产状况和办理抵押登记相关业务手续等。但这样势必会导致成本增加,相应地也

---

① 参见骆之彬:《P2P 网络借贷中借款人违约风险影响因素测度》,《新疆财经大学学报》2018 年第 4 期。

② 参见刘丽丽:《我国 P2P 网络借贷的风险和监管问题探讨》,《征信》2013 年第 11 期。

导致借款人成本提高,同时也可能导致借款人的质量良莠不齐。①

　　通常,P2P 网贷平台办理房产抵押贷款业务的流程包括:第一,申请人向平台提交借款申请,平台接单后对借款人进行初步审查,包括借款人的借款金额、借款期限、资金用途、还款能力等。第二,平台进行贷前审查。一是对借款人的基本信息进行审核,包括姓名、年龄、职业、工作单位、家庭住址等个人基本信息;二是调查拟进行抵押房产的相关信息,包括地理位置、面积、用途、性质、建造年份、权属证明、周围生活配套设施、是否存在抵押、查封、租赁等相关信息。有些平台机构还会进行实质性审查,如到国土局、房管局、抵押登记中心、人民法院网查询拟办理抵押登记房产的权属证明,了解是否存在司法查封、拍卖等情况,确保房产可办理抵押登记手续。第三,请第三方房产评估机构对房产价值进行评估,并根据房产的评估价值和借款人的综合还款实力等因素设定贷款额度。第四,平台签署相关协议,如借款合同、抵押合同、公正委托书,平台还会让借款人签订房屋买卖合同、长期租赁协议、个人无限连带责任承诺函等相关法律文件,加强平台的风险把控能力,随后进行办理抵押登记手续。第五,借款人注册为平台的用户,并通过平台发布借款人的房产抵押标的,向平台上的众多投资者筹集本次的借款资金。第六,在投标周期内,平台上的投资者对借款人的标进行投标,满标后发放贷款资金。第七,借款人按照约定时间和方式还本付息。当借款人不能按时足额还款,出借人以抵押权人的身份实现抵押权,借款人已经抵押的房产则进入处置变现程序。

　　从网络统计数据来看,平台的房产抵押贷款业务的大致情况,见表 4-1。②

---

　　①　参见刘绘、沈庆劼:《我国 P2P 网络借贷的风险与监管研究》,《财经问题研究》2015 年第 1 期。

　　②　参见罗振辉编:《互联网金融之 P2P 法律实务》,法律出版社 2017 年版,第 65 页。

表4-1　网贷平台的房产抵押贷款业务概况

平台	产品名称	业务开展范围	是否可以二抵	期限	贷款利率
红岭创投	房易贷	珠三角地区	否	3—12个月	年息:低于24%
安心贷	抵押贷	北京、上海、湖北、武当、吉林延边	是	3—36个月	年息:8%—24%
新新贷	新房贷	上海	是	3—12个月	年息:18%
银湖网	融楼贷	北京、上海、南京、重庆、成都	否	6—36个月	年息:10%—24%
粤商贷	/	深圳	是	1—3个月	年息:10%—24%
速帮贷	e房易贷	北京	/	1—6个月	日息:0.05%
小油菜	/	北京	是	1—6个月	年息:16%—19%
速可贷	房速贷	北京	是	1—12个月	年息:20%左右

由此,总结出 P2P 网贷行业房产抵押业务的特点为:

第一,房产抵押业务的开展范围受地域条件的限制,难以在全国大范围进行推广,其范围基本在北京、上海、深圳等经济发达一线城市,通常这些城市的房产价值大、处置变现快、流通性强。第二,从表4-1可以看出,大部分的 P2P 网贷平台允许借款人将房产进行二次抵押,只有少数平台不允许借款人二次抵押。二次抵押有可能使房产的抵押价值超过其实际评估价值,也会影响先期抵押权人的权益。第三,房产抵押贷款的期限通常在12个月以内,期限最短也只有1个月,最长的是36个月。一般情况下,贷款期限越长,出借人的风险越大,因此,各大平台都将贷款期限控制在合理的范围内,12个月以内是各大平台普遍采取的期限。第四,房产抵押的贷款利率通常的做法是按月计息,少数平台是按日计息,如"速帮贷"。考虑到法律对民间借贷利率的限额规定,贷款利率一般在24%以下,最低也只有8%,对投资人而言,房产抵押贷款的收益是非常可观的。

（三）P2P 网贷行业房产抵押业务的相关问题

1. 房产抵押中的抵押率问题

既然是以房产作为抵押物申请借款,出借人需根据房产的价值确定贷款的额度,即出借人基于风险考虑愿意出借的金额,自然要对房产的价值进行估算,此时一般会请第三方房产评估机构对房产进行评估。但事实上,出借人并不是以评估的价值向借款人出借同等资金的,此时出借人出于风险防控的需要,一般按照抵押率来确定贷款额度,通常会低于评估价值。[①] 从 P2P 房贷业务的行情来看,抵押率一般为 70%。抵押率的计算公式为:抵押率=贷款额度÷抵押物估价×100%。假设借款人的房产评估价值为 100 万元,那么按照抵押率 70% 计算的话,出借人愿意出借的贷款额度为 100 万元×70%＝70 万元。通常情况下,出借人是不愿意调高抵押率的,70% 的抵押率是行业内认为控制风险较为合理的水准。抵押率过高,则会给出借人带来较大的房产变现压力,如果实际变现的价值远低于评估价值,则使出借人的债权无法完全实现。抵押率低可以保证房产价值高于借款金额,保障出借人的债权;但是,抵押率过低,又无法满足借款人的足够资金需求,导致交易无法进行。[②] 因此,70% 的抵押率较好地平衡了出借人与借款人的担忧和顾虑,既能够最大程度地满足借款人的资金需求,又能够很好地保障出借人的资金安全。

当然,70% 的抵押率也不是绝对的,抵押率也受以下几种因素的影响:(1)借款人的信用状况。如果借款人信用状况较差,则会直接导致抵押率降低。(2)贷款的风险。一般来说,贷款风险越大,抵押率越低;贷款风险越小,则抵押率越高。(3)抵押房产的状况。如果抵押的

[①] 参见彭红枫、徐瑞峰:《P2P 网络借贷平台的利率定价合理吗?——基于"人人贷"的经验证据》,《金融论坛》2018 年第 9 期。

[②] 参见叶湘榕:《P2P 借贷的模式风险与监管研究》,《金融监管研究》2014 年第 3 期。

房产所处一线城市的核心地段,则处置变现相对容易,流通性相对较高。此外,房产的产权性质、建造年份、房产用途等也会影响抵押率,比如,个人住宅的变现能力通常比较强,抵押率也较高。(4)贷款期限。贷款期限越长,出借人面临的风险较大,相应的抵押率则会低,贷款期限越短,抵押率会高。从 P2P 房产抵押行业来看,抵押贷款周期一般在 3 个月到 1 年之间。①

2. 关于线下抵押登记的问题

我国对不动产的抵押以登记生效主义为原则,像房产这类不动产,除了需要签订房产抵押合同外,还需要到专门的登记机构办理抵押登记手续,抵押权才能设立并生效,并取得对抗第三人的效力。在 P2P 房产抵押贷款业务中,为了控制风险的需要,根据相关的业务流程,需要先办理抵押登记的情况下才通过平台进行网上发布借款标的,问题是在办理抵押登记时,投资人还不确定,也不知道该标的有多少投资人,即使能够确定投资人,也不可能将成百上千的投资人聚集在一起办理抵押登记,登记机构也不可能将抵押权同时登记在这么多的投资人名下。

显然,P2P 房产抵押贷款在线下办理时遇到了诸多麻烦,从法律层面上来看,房产的抵押登记也只能登记在债权人名下,也就是众多的投资者名下。因此,从目前的情况来看,房产是无法抵押登记在投资者名下的。从实践中的操作模式来看,在有担保公司提供担保的情况下,将抵押物反担保给担保公司是一种可行的解决方案,但这种模式在有些地方的登记部门可能办不了抵押登记,主要原因是无法提供投资人和借款人之间的借款合同。② 以房屋抵押为例,在银担合作模式下,担保

① 参见闫春英、张佳睿:《完善我国 P2P 网络借贷平台风险控制体系的策略研究》,《经济学家》2015 年第 10 期。

② 参见于斌斌:《不动产民间借贷抵押登记相关问题探讨》,《中国房地产》2018 年第 28 期。

公司落实反担保时,登记部门一般需要担保公司提供借款人与银行之间的借款协议。

3. 抵押房产的执行问题

虽然借款人以其房产为贷款资金提供抵押担保,但由于房产价值大、与借款人生活息息相关等原因,当发生借款人逾期不能偿还借款本息时,抵押权人实现抵押权处置房产变现还是面临借款人的阻碍。① 根据最高人民法院关于执行的相关规定,如果执行标的是被执行人本人及其所扶养家属维持生活必需的居住房屋,可以豁免执行。实践中,大部分的借款人为了借到资金,都是以自己仅有的一套生活居住的房产抵押贷款,当借款人发生逾期不能还款的情况后,借款人通常想方设法阻碍房产的执行。如果房产属于借款人唯一的住房,即使诉至法院,法院也会从维护社会稳定的角度出发,认定不予执行借款人的房产,出借人的债权很难得到有效保障。

2015 年最高人民法院出台了《关于人民法院办理执行异议和复议案件若干问题的规定》,对符合以下条件情形的,可以执行债务人本人及所扶养家属维持生活必需的居住房屋:(1)对被执行人有抚养义务的人名下有其他能够维持生活必需的居住房屋的;(2)执行依据生效后,被执行人为逃避债务转让其名下其他房屋的;(3)申请执行人按照当地廉租住房保障面积标准为被执行人及其所扶养家属提供居住房屋,或者同意参照当地房屋租赁市场平均租金标准从该房屋的变价款中扣除 5—8 年租金的。相比此前的规定,现行规定则更加注重保障债权人的权益,同时降低了借款人的违约风险。

(四)P2P 网贷行业房产抵押贷款业务的风险

与 P2P 网贷平台的其他业务相比,房产抵押贷款业务相对较为安

---

① 参见黄瑞钏:《不动产抵押贷款风险控制指标优化探讨》,《中国商论》2018 年第 13 期。

全,收益也较为可观。但高收益也不可能避免各种风险,还是会存在一些风险。

1. 逾期和坏账风险

借款人以自由房产向 P2P 网贷平台申请借款,通常是没有其他途径能够获得借款的情况下,借款人走投无路、基本没有其他途径可获得资金需求了,迫不得已将自有房产进行抵押贷款。一旦借款人发生逾期不能偿还借款,那么借款人也无法从其他渠道等筹集资金偿还借款,即使有借款人的房产抵押担保,诉至法院申请执行,基于人道主义以及社会维稳的需要,也很难将借款人的房产充分执行抵充借款本金和利息,出借人会面临较大的风险。

2. 多次抵押的风险

在法律上多次抵押是允许的,只要抵押担保的价值没有超过房产自身的价值。借款人进行抵押贷款的房产可能之前已经办理过抵押融资,又将该房产进行二次抵押贷款。因此,在这种情况下,当发生借款人逾期不能偿还借款时,即使处置抵押房产变现,也有可能导致回收的款项不足以清偿全部债务。

3. 房产价值评估过高

贷款金额的确定主要依据房产的评估价值,如果房产的评估价值过分高于实际价值(市场价值),则会使出借人面临较大的风险,一旦发生借款人不能偿还借款进入房产处置变现程序,出借人能够回收的资本将大大缩水。因此,第三方房产评估机构的专业性和客观性显得非常重要。

此外,P2P 网贷行业房产抵押贷款业务还会面临房价下跌带来的资产贬值问题和抵押不破租赁等法律规定对房产抵押投资造成的安全性风险问题。①

---

① 参见叶湘榕:《P2P 借贷的模式风险与监管研究》,《金融监管研究》2014 年第 3 期。

（五）关于 **P2P** 房产抵押贷款的法律风险控制

P2P 网贷行业中房产抵押贷款业务一直为众多投资人所看好,其收益回报相对较高,期限也不会很长。但基于风险防范的需要,投资人还应当重点关注以下几点:首先,审查借款人的发标信息,明确该笔借款是否以借款人的房产为抵押并办理了抵押登记相关手续,最好选择未被二次抵押的房产。其次,识别抵押物非借款人本人唯一及所扶养家属维持生活必需的居住房屋。最后,房屋的抵押率不超过 70%。

第三节　债权让与

P2P 网络借贷中的债权让与模式,是指借款人与出借人之间不直接形成借贷法律关系,借款人向 P2P 网贷平台申请借款后,一般先由平台的第三方个人将资金出借给借款人,从而产生债权,之后第三方个人将该债权以理财产品等形式转让给平台上的投资人,即出借人。①债权转让模式在 P2P 网络借贷中使用得比较广泛,因为他能够和好地解决数额错配和事件错配的问题,当借款人短时间内需要筹集一笔资金时,P2P 网贷平台无法在短时间之内为借款人筹到资金,此时,通过第三方个人先行将资金出借给借款人,再由第三方个人通过平台发标筹集资金,这样可以快速地满足借款人的借款需求。

一、相关法律依据

关于债权转让的法律依据主要是《民法通则》和《合同法》对债权转让的相关规定,具体法律条文如下:

---

① 参见李钧:《P2P 借贷:性质、风险与监管》,《金融发展评论》2013 年第 4 期。

（一）《民法通则》

第 91 条规定："合同一方将合同的权利、义务全部或部分转让给第三人的,应当取得合同另一方的同意,并不得牟利。依照法律规定应当由国家批准的合同,需经原批准机关批准。但是,法律另有规定或者原合同另有约定的除外。"

（二）《合同法》

第 79 条规定："债权人可以将合同的权利全部或者部分转让给第三人,但有下列情形之一的除外:（一）根据合同性质不得转让;（二）按照当事人约定不得转让;（三）依照法律规定不得转让。"

第 80 条规定："债权人转让权利的,应当通知债务人。未经通知,该转让对债务人不发生效力。债权人转让权利的通知不得撤销,但经受让人同意的除外。"

第 81 条规定："债权人转让权利的,受让人取得与债权有关的从权利,但该从权利专属于债权人自身的除外。"

从以上法律条文规定的内容来看,我国《民法通则》和《合同法》并未对债权转让进行过多的细致规定,对债权转让可能设计的问题还留有很大的讨论空间。P2P 网贷平台引入债权模式后,一度遇到很多法律并未规定的情形,实务中也引起了很多争议。但随着互联网金融的发展,特别是 P2P 网贷行业的迅猛发展,相信很多法律空白点将会得到补充,促进 P2P 网贷行业的良性发展。

二、P2P 网络借贷在国内的发展

P2P 网络借贷一开始在国外兴起的时候,还没有债权转让模式,后来发展到中国则演变成各种新模式。P2P 网贷中的债权转让模式常将出借人提供的款项进行拆分和错配,俗称"拆标",形成债权包供借款人选择,是 P2P 网络借贷行业在我国的又一种发展,也引起了较大的争议。①

P2P 网络借贷中的债权转让模式典型的代表是宜信公司,债权转让模式的最大特点是导致很难进行审计,而且只能审计一个时间段的结果。由于债权转让模式中常常存在职业放贷人的角色,这个自然人的行为是否就完全代表公司的行为,这一点在法律上是有障碍的。宜信公司的债权转让模式在 2012 年深为其他 P2P 网贷公司所效仿,成为 P2P 网贷公司标配的模式之一。宜信 P2P 网络借贷交易的基本流程为:首先,由平台公司核心人员作为第一出借人,将自有资金借给需要的用户即借款人并签署协议,避免企业之间非法拆借资金;其次,由网贷平台将上述所获债权的金额和期限进行拆分,打包成“宜信宝”“月息通”“月满盈”等各类确定收益的组合产品,销售给出借人。笔者认为,对于该模式的监管也处于两难的境地:一是没有太明显的法律漏洞;二是涉及的投资人数众多,涉及范围广,如果直接定性为非法吸收公众存款类犯罪,极有可能引发群体性事件。因此,目前情况下债权转让模式不会完全被禁止。②

P2P 网络借贷中的债权转让模式之所以能够深度介入互联网金融行业,除了有一定的法律基础外,还很好地解决了以下几个问题:一是能够满足借款人对借款的及时性需求。通常情况下,向 P2P 网贷平台申请借款的借款人为了资金周转,能够忍受较高的利率,同时要求能够在较短的时间内取得资金。因此,放款时间成了借款人最迫切的需求,P2P 网贷平台能够在短时间为借款人筹集资金自然最好,但 P2P 网贷平台从将借款人的需求进行发标到投资者进行投标将款项筹齐需要一段时间,无法满足借款人的时间要求。这种债权转让的模式能够很好地解决上述问题,即时给付借款人款项,提高了用户体验,一致为众多

---

① 参见高佳敏:《P2P 网络借贷模式研究》,西南财经大学 2013 年硕士学位论文。

② 参见沈雅萍:《我国 P2P 网络借贷债权流转模式之法律分析——以唐宁模式为例》,《时代金融》2013 年第 29 期。

P2P 网贷平台所推崇。二是解决了拆分配对的问题。在债权模式中，借款人从第三方个人获得了资金，完成了一次成功的借贷，不仅解决了时间性问题，还解决了拆分配对的问题。该模式成功将拆分配对问题"后置"，满足了借款人的时间需求。三是该模式成功衍生出新的利润环节，增加了利差空间。一般情况下的 P2P 网络借贷的主体只有三方，即借款人、出借人与 P2P 网贷平台机构，P2P 网贷平台定位为信息中介角色，为借贷双方提供信息服务后面收取一定的报酬佣金。而在债权转让模式中增加了与 P2P 网贷平台相关联的第三方个人，当这个第三方个人向借款人发放资金后，其向借款人收取一定利率的利息，之后债权转让时再向平台投资者另外承诺给予较低利率的利息，这两次利息之间会形成利息差，形成第三方个人的利润点，而通常该第三方个人与平台存在关联，这也是大多数 P2P 网贷平台推行该模式的一个很重要因素。①

P2P 网贷中的债权转让类型主要有两种：第一种是有专业放贷人（以宜信公司为代表）的债权转让模式，虽然该模式有其自身的优点并且为其他平台机构所大力推崇，但该模式最主要的风险在于债权过度集中于这个专业放贷人，如发生自然人下落不明、死亡等情形时，专业放贷人的债权权益很难得到保障。第二种是在平台运行过程中，投资人由于资金需要将尚未到期的债权通过 P2P 网贷平台转让给其他投资人，使债权通过转让方式达到快速变现的目的，主要解决了债权流动的相关问题。②

三、债权转让的相关法律问题

（一）关于债权转让的通知问题

根据《合同法》第 80 条规定，债权人转让权利的，应当通知债务

---

① 参见钱金叶、杨飞：《中国 P2P 网络借贷的发展现状及前景》，《金融论坛》2012 年第 1 期。

② 参见沈雅萍：《我国 P2P 网络借贷债权流转模式之法律分析——以唐宁模式为例》，《时代金融》2013 年第 29 期。

人。未经通知,该转让对债务人不发生效力。

在债权转让模式中,最重要的是对债务人通知的问题。根据法律的规定,债权转让需要通知债务人,否则对债务人不发生法律效力。我国《合同法》对债权转让的通知方式并未进行相应的规定,一般来说,只要能将债权转让的意思表示通知到债务人即可,口头、书面通知、公告通知、公证都是合法的通知方式。还有一种方式就是出让方、债务人和受让方三方共同签订债权转让协议,在这种情况下,债务人在协议上盖章签字可视为债权人已履行通知义务并得到债务人认可。但前述的通知方式中,较为简便易行的是口头通知,但该形式的通知难以固定保存,一旦发生纠纷,面临的是难以举证的问题,所以一般采取书面方式。在 P2P 网络借贷实践中,平台极有可能约定债权转让不用通知即可使债权转让生效,还有可能约定代为通知。① 在 P2P 网贷通常的业务流程中,投资人通常并不知道借款人的具体联系方式。平台一般会在与各方当事人签订的协议当中约定平台可以代为通知,方式不限,或者直接约定不另行通知,但目前尚未见明确的判决支持。② 这些规避法律强制性规定的行为都有可能导致债权转让无效,对债务人不发生效力的问题,这也是各大平台容易出现的法律风险问题之一。另外,由于 P2P 网贷平台涉及的借款人分布广泛,经常会出现无法通知债务人的情形,可能由于联系方式发生变化或是由于债务人生老病死等原因而导致无法联系债务人,这时候就不得不依我国《民事诉讼法》中的“公告”方式进行送达,通常表现为登报纸通知。鉴于不确定债务人所处位置,相对稳妥的做法是在全国性报纸进行登报公告。

关于债权转让的通知方式,由于法律并无规定以何种方式将债权

---

① 参见沈雅萍:《我国 P2P 网络借贷债权流转模式之法律分析——以唐宁模式为例》,华东政法大学 2014 年硕士学位论文。

② 参见张影:《P2P 网贷债权转让模式的法律风险与防范》,《哈尔滨商业大学学报》2015年第 2 期。

转让的事实通知债务人,只要能让债务人知悉债权已转让的方式都不为法律所禁止。以诉讼的方式通知债务人,是指出让方一开始将债权转让给受让方时并未通知债务人,受让方受让该债权后起诉要求债务人履行债务。通常情况下,债务人一般以没有收到债权转让通知为由认为债权转让对其不发生法律效力。① 关于采取"诉讼"通知的方式一直存在争议。关于这一点,最高人民法院已有相应的判决,认为"诉讼"可以作为债权转让的有效"通知"方式。同时,依据最高人民法院《关于适用〈中华人民共和国合同法〉若干问题的解释(一)》第 27 条的规定,债务人就债权人权利提出抗辩时,债权出让人可以作为第三人参与诉讼,以便对债权转让的事宜加以确认。

最高人民法院 2003 年曾在审理三九企业集团与中国工商银行哈尔滨市北环支行借款合同纠纷上诉案([(2003)民二终字第 56 号])时指出,根据《合同法》第 80 条"债权人转让权利的,应当通知债务人。未经通知,该转让对债务人不发生效力"的规定,债权人的义务是通知债务人,但并未规定须在什么时间内通知。原告向法院起诉,以债权人的身份向实业集团主张权利,实业集团并未证明原债权人亦向其行使了权利,故其以新债权人并非本案借款合同当事人,非适格主体,无权向其主张权利的理由不能成立。该判决确立了"债权转让时对债务人的通知义务,可在起诉时进行"的规则。

除此以外,最高人民法院在 2015 年审理樊某、陆某等与江苏省盐城肉联产金融不良债权转让合同纠纷([(2015)民二终字第 14 号])一案时作出更直接的判决。法院认为,某王公司在本案中成为原告系基于其与樊某等三人于 2013 年 9 月 3 日签订的《协议书》,受让樊某等三人的部分债权,虽然该债权转让之前并未通知债务人盐城肉联厂,但是,本案正式开庭时,某王公司以原告身份起诉,该起诉事实实质上通

---

① 参见潘运华:《债权让与在通知前对债务人的效力——以债务人不知悉为中心》,《中国海洋大学学报》2018 年第 2 期。

知了债务人,符合《合同法》第 80 条第 1 款"债权人转让权利的,应当通知债务人,未经通知的,该转让对债务人不发生法律效力"的要求,故该《协议书》在四名原告的起诉状送达盐城肉联厂时即发生法律效力。[①]

本书认为,债权转让的通知在于债权转让的事实的明确到使债务人相信的程度。在人民法院将起诉状副本送达债务人处时,此时债权转让的事实并未得到债务人的确认,只有待争议事实查明后对债务人而言方可形成确信,因此应以判决生效视为债权转让的通知较为适宜。

通知债务人债权转让后,是否要单独通知债务的担保人,法律上没有明文规定,但最好一并通知。然而,从法理上分析,担保属从权利,与主权利一并转移,无须单独通知。最高人民法院《关于审理涉及金融资产管理公司收购、管理、处置国有银行不良贷款形成的资产的案件适用法律若干问题的规定》第 9 条也明确规定:"金融资产管理公司受让有抵押担保的债权后,可以依法取得对债权的抵押权,原抵押权登记继续有效。"2009 年 3 月 30 日最高人民法院印发《关于审理涉及金融不良债权转让案件工作座谈会纪要》的通知,该通知第 3 条原文为:"国有银行向金融资产管理公司转让不良债权,或者金融资产管理公司收购、处置不良债权的,担保债权同时转让,无须征得担保人的同意,担保人仍应在原担保范围内对受让人继续承担担保责任。担保合同中关于合同变更需经担保同意或者禁止转让主债权的约定,对主债权和担保权利转让没有约束力。"

(二)关于债权转让的合同效力问题

债权转让的转让方与受让方之间需要签订债权转让合同以明确双方的权利义务关系。债权转让合同与一般的合同协议没有太大的区别,符合合同法的一般规定即可,但应注意以下几点:(1)债权须具有

[①] 同样的观点参见罗振辉编:《互联网金融之 P2P 法律实务》,法律出版社 2017 年版,第 79 页。

可移转性。根据《合同法》第 79 条的规定,合同性质和按照当事人约定不得转让的,债权不能转让,否则有可能导致债权转让合同无效。(2)转让方与受让方之间达成转让合意,意思表示真实,不存在欺诈、胁迫等情形。(3)被转让的债权须合法有效。否则也会影响债权转让合同的效力。①

至于债权转让的通知是否会影响债权转让合同的效力,最高人民法院的判决已经有明确的指引。最高人民法院在审理太保投资管理有限公司与广东中鼎集团有限公司债权转让合同纠纷案([(2004)民二终字第 212 号])中指出:"债权人转让权利的,应当通知债务人,未经通知的,该转让对债务人不发生效力,债务人享有对抗受让人的抗辩权,但不影响债权转让人与受让人之间债权转让协议的效力。"

广东省高级人民法院民二庭《民商事审判实践中有关疑难法律问题的解答意见》中亦指出,债权转让合同时确立债权转让人、债权受让人之间权利义务法律关系的合同,对于债权转让人和债权受让人而言,债权转让合同自成立时生效。因此,债权转让合同的效力不受转让通知与否的影响,只要符合合同的成立生效要件,债权转让合同自成立时生效。

(三)关于债权转让的管辖问题

债权转让中的管辖通常以当事人的约定管辖为主。在无当事人约定管辖的情形下,相当长一段时间内,法律及司法解释并未直接规定管辖地,实务中处理思路接近的是之前最高人民法院对陕西省高级人民法院的一个批复:以尊重原债权形成的管辖为主,即杜绝以通过债权转让方式来恶意改变管辖。② 2015 年实施的最高人民法院《关于适用

---

① 参见韩世远:《合同法总论》,法律出版社 2018 年版,第 601—602 页。
② 参见潘运华:《债权让与对债务人的法律效力——从(2016)最高法民申 7 号民事裁定书切入》,《法学》2018 年第 5 期。

〈中华人民共和国民事诉讼法〉的解释》最终明确了这一点,其第33条规定,合同转让的,合同的管辖协议对合同受让人有效,但转让时受让人不知道有管辖协议,或者管辖协议另有约定且原合同相对人同意的除外。

(四)关于债权转让人数限制问题

虽然目前没有直接针对 P2P 网贷行业债权转让关于受让人人数限制的规定,但考虑到我国《证券法》第 10 条第 2 项的规定,向特定对象发行证券累计超过 200 人的,为公开发行。因此,从合法合规的角度出发,P2P 网贷行业债权转让中的单个债券投资人数最好不要超过200 人,否则有可能违反《证券法》中的相关规定,容易导致较大的法律风险。

(五)关于债权转让的其他法律问题

P2P 网贷行业中的债权转让与一般的债权转让有所不同。通常受让方受让的债权数额比原来的债权数额大,新的债权数额除了包括原来的债权数额,还包括移动的利息、追索债权的维权成本(通常包括诉讼费或仲裁费、律师费、差旅费、通信费等各项费用)。但 P2P 网贷中的债权转让最大的问题是如何确定原债权的数额。因为这是一个动态的债权数额。虽然目前 P2P 网贷实务已提前把债权转让设计的债权转让合同条款设计好,但设计的债权数额却很难确定,债权随着时间变化是一个动态的数额。目前还未出台相应的法律规范进行规定,通常是按起诉时间节点计算债权转让的数额,法院通常也会回避这一问题。

此外,P2P 网贷的专业放贷人模式中,专业放贷人一般是与 P2P 网贷平台有关联的人,平台机构或专业放贷人替代投资者收取和管理借款人的还款,再向投资者支付的情形,很容易形成资金池,涉嫌非法集资的法律风险,触碰监管的四条"红线"之一。同时,在专业放贷人的模式中,当借款人发生逾期,专业放贷人回购投资者的债权向债务人进行追讨。例如,在法院进行诉讼将面临举证难的问题:原始债权形成与专业放贷人与众多借款人之间(专—借),专业放贷人转让给众多投资人(专—投),履行债权转让的通知义务,逾期后的债权结算(减去已履行,加上追讨成本),专业放贷人进行回购或者代偿,其中一对多,多对一这种关系的证明极其困难,在诉讼中会面临比较大的挑战。另外,在专业放贷人模式中,投资人由于不是直接面对借款人,信息来源上有误差,导致无法直接查看借款人的资料进而判断其是否具备还款能力,甚至无法判断债权是否真实产生,容易发生虚假转让和重复转让的情形,还是应当注意的一个重点。

四、P2P 网贷中债权转让的发展方向

纵观 2016 年 8 月银监会出台的《网络借贷信息中介机构业务活动管理暂行办法》(以下简称《暂行办法》),对 P2P 网贷中的债权转让模式进行相应的限制,《暂行办法》第 10 条规定,网络借贷信息中介机构不得从事或委托从事开展资产证券化业务或实现以打包资产、证券化资产、信托资产、基金份额等形式的债权转让行为。实务中很多人认为,P2P 网贷中的债权转让模式涉嫌"以合法形式掩盖非法目的",已经触碰了"资金池"的监管红线,应当予以全面禁止。但《暂行办法》只是明确规定了对部分具体类型的债权转让的禁止。同时,由于 P2P 网贷的债权转让模式中涉及的借款人和投资者人数众多,各大 P2P 网贷平台争先仿效,如果直接判定"死刑",容易导致群体性事件。相信监管层也是考虑到这一点,在《暂行办法》中并非禁止债权转让,只是对债权转让的范围进行限制。因此,该模式在短时间内不会消亡,而是会在被不断加强的相应监管措施的控制下得以发展。

第五章　P2P 网络借贷平台的金融行政法规制

在详细且系统地介绍完 P2P 网络借贷平台的交易模式、P2P 网络借贷的刑法规制以及 P2P 网络借贷的民法规制之后,进入到本书的最后一个章节——P2P 网络借贷平台的金融行政法规制部分。该部分将主要从 P2P 网络借贷平台产生以来由各级行政立法机关所颁布的法规和规范性文件为主要讨论对象,整理和梳理各个层级行政机关和相关监管机构的规制思路,重点讨论当前立法文件的不足之处,为今后的P2P 网络借贷提供一些具有针对性的意见和建议。

第一节　问题的提出

从本书前文所介绍的 P2P 网络借贷平台的发展历程可知,P2P 网络借贷平台的治理先后经历了"野蛮生长",治理逐步跟上,到近期逐步形成了比较完善的监管体系的过程。观察近 5 年的《政府工作报告》可知,"互联网金融"已经连续 5 年被提及和强调:从 2014 年"促进互联网金融健康发展"到 2015 年"促进电子商务、工业互联网和互联网金融健康发展";从 2016 年"规范发展互联网金融"到 2017 年"对不良资产、债券违约、影子银行、互联网金融等累积风险要高度警惕";再到 2018 年正式提出"健全对影子银行、互联网金融、金融控股公司的监管"。这一方面体现了我国政策制定者及政府工作对 P2P 网络借贷行业发展的重视,另一方面也显示了国家层面对 P2P 网络借贷领域监管和规制工作的推进。

具体而言,P2P 网络借贷平台治理的核心内容是行政机构所发布的有关政策性的行政法规,这些政策行政法规一方面逐步明确了 P2P 网贷平台的主要监管部门以及职权范围,另一方面则循序渐进地搭建起了制度的基本框架,同时进一步明确了 P2P 网络借贷平台的行业标准。可以说,如果将所有各个行政立法层级有关 P2P 网络借贷平台的政策行政法规收集起来考察,那么无论如何也找不到头绪,笔者的建议是将所有素材按照时间顺序进行研究,越是最新的有关政策法规越为重要。这样的一个体系性的梳理我们可以得出 P2P 网络借贷平台的治理具有一个"循序渐进、求同存异"的发展历程。

本章主要介绍和研究的是 P2P 网络借贷平台金融行政法规制,其中将首先对 P2P 网络借贷平台的监管部门,即中国人民银行、银监会、整治办、地方金融办以及互金协会等机构进行介绍,并对其具体的职权范围进行概括;在厘清主要监管部门之后,笔者将对有关 P2P 网络借贷平台的重要行政规章进行一个系统性的梳理;其次,本章将提炼出当前监管部门对于 P2P 网络借贷平台金融行政规制的具体的监管标准,监管标准对于从事 P2P 网络借贷行业的从业人员来说,其重要性应当是不言自明的;最后,本章将在总结迄今为止监管政策、规则和措施的基础上对今后我国行政机构对 P2P 网络借贷平台在金融行政法层面的规制进行展望。

第二节　P2P 网络借贷平台的监管部门

毋庸置疑,迄今为止,P2P 网络借贷平台的监管是非常混乱的。原因在于,我国行政机关庞杂,许多职权领域存在竞合关系,上下级行政机构间有时候也会存在利益冲突,这些都导致了很长一段时间内,P2P网络借贷平台的监管存在着职权不明、"朝令夕改"的窘境。单举 2016年成立的 P2P 网络借贷风险专项整治小组为例,所涉及的部门竟然包括了银监会、中央宣传部、中央维稳办、发展改革委、工业和信息化部、公安部、财政部、住房城乡建设部、人民银行、工商总局、法制办、国家网信办、国家信访局、最高人民法院、最高人民检察院共 15 个政府机构。①　因此,我们在试图了解我国 P2P 网络借贷平台的金融行政法治理的过程中,很有必要先行厘清 P2P 网络借贷平台的主要监管部门以及其主要负责的职权范围。应当说,从现今的政策规章来看,各个行政机构对于 P2P 网络借贷平台的监管职权已经越来越明朗,其主要包括:中国人民银行、银监会、整治办、地方金融办以及互金协会。或许许多读者对部分机构已经比较熟悉,但是鉴于其内部职权分配仍然十分复杂,所以笔者将由浅入深,对上述行政机构进行详细的介绍。

一、中国人民银行

中国人民银行简称人行或者央行(本书后缩写为人民银行),是国务院的组成部门之一。根据《中华人民共和国中国人民银行法》第 1章第 7 条规定:"中国人民银行在国务院的领导下,依法独立执行货币政策,履行职责,开展业务,不受地方政府、各级政府部门、社会团体和个人的干涉。"根据《中华人民共和国中国人民银行法》《中国人民银行职能配置、内设机构和人员编制规定》,人民银行主要承担 18 项职能。其中我们可以明确,其第一项职能"拟订金融业改革和发展战略规划,承担综合研究并协调解决金融运行中的重大问题、促进金融业协调健康发展的责任,参与评估重大金融并购活动对国家金融安全的影响并

---

① 关于印发《P2P 网络借贷风险专项整治工作实施方案》的通知,银监发〔2016〕11 号。

提出政策建议,促进金融业有序开放"以及第二项职能"起草有关法律和行政法规草案,完善有关金融机构运行规则,发布与履行职责有关的命令和规章"是与 P2P 网络借贷平台的金融规制和监管直接相关的。正是在这个背景下,人民银行在 P2P 网络借贷平台的监管和治理中主要在两个事件上发挥了推动性的作用。

其一,在党中央、国务院同意下,人民银行会同有关部委牵头、起草、制定,并于 2015 年 7 月 18 日正式对外发布了《关于促进互联网金融健康发展的指导意见》(银发〔2015〕221 号)(以下简称《指导意见》),该《指导意见》提出,要遵循"依法监管、适度监管、分类监管、协同监管、创新监管"的原则,科学合理界定各业态的业务边界及准入条件,落实监管责任,明确风险底线,保护合法经营,坚决打击违法和违规行为。① 同时,根据人民银行相关负责人员所介绍的后续工作开展计划显示,在《指导意见》发布后,人民银行将与各有关部门一道,加强组织领导和分工协作,抓紧制定配套监管规则,确保各项政策措施落实到位;组建中国互联网金融协会,强化行业自律管理;密切关注互联网金融业务发展及相关风险,对监管政策进行跟踪评估,不断总结监管经验,适时提出调整建议。② 由此,在这个规范性文件的起草出台,以及后续整治活动的陆续展开中我们可以看出,人民银行对包含 P2P 网络借贷平台在内的互联网金融的治理和监管起到了实质性的领导作用。

其二,人民银行在国务院办公厅所发布的规范性文件的授权下③,

---

① 根据《关于促进互联网金融健康发展的指导意见》中具体的监管职责划分,人民银行负责互联网支付业务的监督管理;银监会负责包括个体网络借贷和网络小额贷款在内的网络借贷以及互联网信托和互联网消费金融的监督管理;证监会负责股权众筹融资和互联网基金销售的监督管理;保监会负责互联网保险的监督管理。

② 参见《人民银行就促进互联网金融健康发展指导意见答问》,中国政府网,见 http://www.gov.cn/xinwen/2015-07/18/content_2899364.htm,发布日期 2015 年 7 月 18 日。

③ 《国务院办公厅关于印发互联网金融风险专项整治工作实施方案的通知》,国办发〔2016〕21 号,见 http://www.gov.cn/zhengce/content/2016-10/13/content_5118471.htm,发布日期 2016 年 10 月 13 日。

筹措成立了互联网金融风险专项整治领导小组办公室,即所谓的互金整治办。其中,根据"属地组织"的原则,互金整治办还可以分为中央互金整治办以及地方互金整治办。根据国务院办公厅所发布的《关于印发互联网金融风险专项整治工作实施方案的通知》,即规范性文件所草拟的《互联网金融风险专项整治工作实施方案》(以下简称《实施方案》),对于互金整治办领导小组的筹建主要遵循"部门统筹、属地组织、条块结合的原则"。其中,人民银行在部门统筹中扮演了重要的角色,因为根据《实施方案》的具体分工授权,互金整治办的成立由人民银行负责同志担任组长,其他部门负责同志参加。由此可见,人民银行对于互金整治办领导小组总体推进整治工作,做好工作总结,汇总提出长效机制建议的权职负有主要的领导责任。

除了政策层面的授权之外,在具体的操作实践层面,人民银行确实也起到了领导作用,具体的表现有由中国外汇管理局局长、央行副行长潘功胜,兼任互联网金融风险专项整治工作领导小组组长。在其领导互金整治办期间,即 2017 年以来,互金风险专项整治工作持续推进,P2P 网贷行业"1+3"制度体系全面完成,互金风险专项整治工作领导小组办公室针对交易所、数字货币、现金贷、校园贷、网络小贷、网络"一元购"等业务密集下发了多项政策文件,对相关业务带来的风险及时进行预警和防范,合规成为这个阶段互金行业发展的主基调。在 2018 年 7 月 9 日人民银行官网所发布的有关《人民银行会同相关成员单位召开互联网金融风险专项整治下一阶段工作部署动员会》文章显示,互联网金融风险专项整治工作领导小组制定了互联网金融风险专项整治下一阶段的工作方案。根据方案内容,领导小组在肯定了此前工作成效的基础上将 P2P 网络借贷和网络小贷领域清理整顿完成时间延长至 2019 年 6 月。① 由

---

① 参见《乘势而为、坚定不移,坚决打赢互联网金融风险专项整治攻坚战——人民银行会同相关成员单位召开互联网金融风险专项整治下一阶段工作部署动员会》,中国人民银行,见 http://www.pbc.gov.cn/goutongjiaoliu/113456/113469/3573837/index.html,发布日期 2018 年 7 月 9 日。

此可见,人民银行无论是在政策制定、组织领导还是在措施推进的维度上都对以 P2P 网络借贷平台为工作重点的互联网金融的规制和治理起到了十分重要的"领导"作用。

二、银保监会(银监会)

现在的银保监会,全称为中国银行保险监督管理委员会,是中华人民共和国国务院负责银行业、保险业监督管理工作的直属事业单位。在 2018 年 3 月 17 日第十三届全国人民代表大会第一次会议上,人大通过《第十三届全国人民代表大会第一次会议关于国务院机构改革方案的决定》并批准了《国务院机构改革方案》。方案规定:"组建中国银行保险监督管理委员会。将中国银行业监督管理委员会和中国保险监督管理委员会的职责整合,组建中国银行保险监督管理委员会,作为国务院直属事业单位。将中国银行业监督管理委员会和中国保险监督管理委员会拟订银行业、保险业重要法律法规草案和审慎监管基本制度的职责划入中国人民银行。不再保留中国银行业监督管理委员会、中国保险监督管理委员会。"银保监会于 2018 年 4 月 8 日正式挂牌成立,由此银监会便成为历史。但是,银保监会继承了银监会包含在 P2P 网络借贷平台监管与治理在内的职能。因此,本书对银保监会有关 P2P 网络借贷平台金融行政规制所担负监管职权的介绍既包含了银保监会机构改革后时期,又包含了其机构改革前的内容,由于其完成改革挂牌时间并不很长,所以本书主要的素材还来源于其银监会时期。

在 2018 年的国务院机构改革之后,之前银监会和保监会的职权(以及部分与中国人民银行相关的职权)进行了系统性的整合,根据当前《中国银行保险监督管理委员会职能配置、内设机构和人员编制规定》,银保监会一共承担 14 项职能。其中,笔者认为,与 P2P 网络借贷平台的监管直接相关的职能有第(4)项"依据审慎监管和金融消费者保护基本制度,制定银行业和保险业审慎监管与行为监管规则。制定小额贷款公司、融资性担保公司、典当行、融资租赁公司、商业保理公司、地方资产管理公司等其他类型机构的经营规则和监管规则。制定网络借贷信息中介机构业务活动的监管制度"、第(6)项"对银行业和保险业机构实行现场检查与非现场监管,开展风险与合规评估,保护金融消费者合法权益,依法查处违法违规行为"以及第(10)项职能,即"依法依规打击非法金融活动,负责非法集资的认定、查处和取缔以及相关组织协调工作"。从上述三项职能,尤其是第(4)项职能有关"制定网络借贷信息中介机构业务活动的监管制度"的表述中我们能发现政策制定者已经充分肯定了 P2P 网络借贷平台在金融行业中的重要位置,这在与国务院机构改革前银监会的职权范围的表述中是不曾出现的,因此十分具有时代气息。而从这一项职能我们还可以看出,政策制定者也已经直接明确了银保监会对 P2P 网络借贷平台的监管职权。

在明确了银保监会是 P2P 网络借贷平台的直接监管机构之后,那么其监管措施具体又是由哪个部门实施的呢? 从银保监会的设置机构来看,主要分为内设部门、直属事业单位和排除机构。其中,对于 P2P 网络借贷平台的监管比较相关的是银保监会的内设部门。在国务院机构改革后,银保监会下设的内设部门一直未有定数,直到 11 月 13 日,中国机构编制网公布了《中国银行保险监督管理委员会职能配置、内设机构和人员编制规定》(以下简称"三定"方案)后,银保监会的内设部门才最后明朗。[①] 可以说,其内设部门的确定对今后 P2P 网络借贷平台的监管产生了重要的影响。"三定"方案对原先银监会和保监会的内设部门进行了一定程度的整合,整合后的银保监会一共 26 个部门。其中,合并整合的部门 11 个,包括办公厅(党委办公室)、政策研究局、法规部、消费者权益保护局、人事部(党委组织部)、国际合作与

---

① 参见《中国银行保险监督管理委员会职能配置、内设机构和人员编制规定》,中央机构编制委员会办公室,见 http://www.scopsr.gov.cn/bbyw/qwfb/201811/t20181113_309406.html,发布时间 2018 年 11 月 13 日。

外资机构监管部(港澳台办公室)、财务会计部(偿付能力监管部)、统计信息与风险监测部、银行机构监察局、非银行机构监察局、机关党委(党委宣传部);原银监会保留的职能部门 10 个,包括普惠金融部、创新业务监管部、政策性银行监管部、国有控股大型商业银行监管部、全国性股份制商业银行监管部、城市商业银行监管部、农村中小银行机构监管部、信托监管部、非银行金融机构监管部、打击非法金融活动局;原保监会保留的职能部门 4 个,财产保险监管部(再保险监管部)、人身保险监管部、保险中介监管部、保险资金运用监管部;此外,银保监会还新设了职能部门 2 个,即公司治理监管部和重大风险事件与案件处置局。

从上述整合的结果来看,此前银监会对 P2P 网络借贷平台进行主要对口监管、主要负责的普惠金融部并没有受到银保监会内部机构整合的影响,完整地保留了下来。根据新公布的"三定"方案第四条"中国银行保险监督管理委员会的内设机构"中第六项"普惠金融部"的职权规定,其部门主要负责"协调推进银行业和保险业普惠金融工作,拟订相关政策和规章制度并组织实施。指导银行业和保险业机构对小微企业、'三农'和特殊群体的金融服务工作"。虽然"三定"方案没有再进一步在内设机构的职权中明确 P2P 网络借贷监管,但是根据此前银监会的工作分工,笔者预测,该职权认为应该还继续保留在普惠金融部中。其实,普惠金融部的产生是银监会在上一轮内部机构改革中的结果。早在 2015 年 1 月 20 日,银监会进行机构大调整,其中新设普惠金融部,除了监管备受关注的 P2P 网贷,其监管范围还包括小微、三农等薄弱环节服务,以及小贷、融资担保等非持牌机构。根据此后 3 月对当时新设的普惠金融部"三定"方案,负责 P2P 网络借贷平台监管的机构命名为"网贷研究处"。实际上普惠金融部正式接受 P2P 网络借贷监管之前,由于 P2P 作为互联网金融的一员,此前一直默认由银监会创新监管部负责监管。

在得到授权以后,网贷研究处对 P2P 网络借贷平台进行了调研。迄今为止以银监会(后称银保监会)普惠金融部为办文机构所发布的规范性文件包括:2016 年 8 月 24 日发布的《网络借贷信息中介机构业务活动管理暂行办法》;2016 年 11 月 28 日发布的《网络借贷信息中介机构备案管理登记指引》;2017 年 2 月 23 日发布的《网络借贷资金存管业务指引》;2017 年 8 月 25 日发布的《网络借贷信息中介机构业务活动信息披露指引》。以上四个由银保监会颁布的国务院部委规范性文件正式构成并完成了 P2P 网络借贷行业"1+3",即一个办法三个指引的制度框架设计。按照银监会自身对其效果的评价,P2P 网络借贷"1+3"制度框架的搭建完成意味着"初步形成了较为完善的制度政策体系,进一步明确网贷行业规则,有效防范网贷风险,保护消费者权益,加快行业合规进程,实现网贷机构优胜劣汰,真正做到监管有法可依、行业有章可循。"①应当说,在全国性网贷备案细则出台之前,现行 P2P 网络借贷平台"1+3"监管制度已经成为各地制定监管政策的基础和标准。

因此可得出结论,无论是在政策授权层面还是在实际操作、积极采取制定规范性文件等金融行政法规等措施的层面,银保监会对于 P2P 网络借贷平台的监管都具有不可替代的最核心职权和作用。值得注意的还有,各省的金融办、各市区金融办、互金协会(见下文)都在银保监会的领导下工作,应以银保监会牵头发布的法律法规文件为主,其他监管部门发布的文件与之相冲突的,应及时改正或者撤销。

三、整治办

整治办的全称是专项整治工作领导小组办公室,其中又包括了互

---

① 参见《信息披露指引出台,网贷行业"1+3"制度体系完成》,中国银行业监督管理委员会宣传部,见 http://www.cbrc.gov.cn/chinese/home/docView/DEAF23AEBF564ABEB8479FEA-4E25F185.html,发布时间 2017 年 8 月 25 日。

联网金融风险专项整治工作领导小组办公室(以下简称互金整治办)和网贷风险专项整治工作领导小组办公室(以下简称网贷整治办)。笔者在本章节前文中已经在人民银行[见前文(一)中国人民银行]中对中央层面的互金整治办进行了详尽的介绍,因此此处把聚焦点放在地方互金整治办以及网贷整治办上。

同样是根据国务院办公厅通知发布的《互联网金融风险专项整治工作实施方案》(以下简称《实施方案》)组织原则"部门统筹、属地组织、条块结合、共同负责"的要求,各省级人民政府成立以分管金融的负责同志为组长的落实整治方案领导小组,即所谓的地方互金整治办。根据《实施方案》的部署,地方互金整治办主要负责组织本地区专项整治工作,制定本地区专项整治工作方案并向中央领导小组,即中央层面的互金整治办报备。在这里我们可以发现,中央互金整治办由人民银行组织领导,与之不同的是,地方层面的互金整治办主要由地方人民政府中的成员组织领导。

为了落实根据《关于促进互联网金融健康发展的指导意见》(银发〔2015〕221号)和《互联网金融风险专项整治工作实施方案》(国办发〔2016〕21号),2016年10月3日,银监会会同工业和信息化部、公安部、工商总局、国家互联网信息办公室等十四个部委联合印发了《P2P网络借贷风险专项整治工作实施方案》(以下简称《实施方案》)。其中最主要的组织部署,即授权成立的有关P2P网络借贷风险整治工作的负责机构便是网贷风险专项整治工作领导小组办公室(以下简称网贷整治办)。

与互金整治办相似,网贷整治办也分为中央层面以及地方层面的工作领导小组办公室,即按照所谓"专项整治工作按照银监会会同中央有关部门与省级人民政府双负责制的原则"。其中,在中央层面,根据该《实施方案》的部署,银监会应会同中央宣传部、中央维稳办、发展改革委、工业和信息化部、公安部、财政部、住房城乡建设部、人民银行、工商总局、法制办、国家网信办、国家信访局、最高人民法院、最高人民检察院成立网贷风险专项整治工作领导小组。组长单位为银监会,而工业和信息化部、公安部、国家网信办、工商总局则为副组长单位,其他部门为成员单位,网贷风险专项整治工作小组办公室设在银监会。从这里的职权配置我们可以明显确认,与互金整治办主要由人民银行组织负责不同,网贷整治办则主要由银监会,即现在的银保监会负责。而在地方层面,则由各省级人民政府成立(地方)网贷风险专项整治联合工作办公室,由省金融办(局)和银监会省级派出机构共同负责,办公室成员由省级人民政府根据工作需要确定相关部门组成,具体组织实施专项整治工作。

具体而言,按照该《实施方案》的职责授权,银保监会作为网贷风险专项整治工作统筹部门,负责总体工作的组织和协调。其中明确了5点主要的职权任务:(1)制定规则,即制定网贷行业监管制度和第三方存管等系列配套制度,拟定网贷风险专项整治工作实施方案,明确专项整治工作目标、原则、内容、措施等;(2)培训部署,即对专项整治工作进行周密部署,组织开展培训;(3)划清界限,即明确网贷业务负面清单,划清网贷机构不得从事的业务边界;(4)督导汇总,即加强跨部门、跨地区间协调,研究重大问题、汇总工作报告等;(5)在省级人民政府统一领导下,省金融办(局)与银监会省级派出机构共同牵头负责本地区分领域整治工作,共同承担分领域整治任务。从具体的职权分配我们也可以开出,银保监会对于网贷整治办有毋庸置疑的主导权。

四、地方金融办

地方金融办全称是地方政府金融服务(工作)办公室。形象地说,金融办被称为规划地方经济发展的金融大管家、地方金融生态建设的组织者、金融产业布局的掌控人、地方金融监控的防火墙。首先,地方金融办的设立最初定位是代表地方政府来协调与金融监管机构和各类金融机构的关系。随后,地方金融办的职能不断充实,开始具备一些金融监管职能,特别是美国金融危机以来,赋予地方金融办在培育金融产业、服务中小企业、支持小额贷款、实现农村土地流转等方面的职能。这种发展趋势的背景在于一方面,"原一行三会",即现在的人民银行、证监会和银保监会在地方监管范围会遇到"死角"。另一方面民间金融、小额贷款、担保公司等,监管权大多数已经下放给了地方政府,而金融办则代表地方政府负责监管。

各个省市的地方金融办的职能定位以及机构设置会略有不同,但总体而言,地方金融办是代表地方政府负责金融监督、协调、服务的办事机构,其主要职能有 9 项。其中,第(3)项和第(7)项职能是与 P2P 网络借贷平台的监管直接相关的。其工作的主要内容在于"协助上级政府和监管机构""协调、支持和配合上级派驻监管机构对……金融机构及行业自律组织的监管"以及对本地区"民营贷款公司的监督管理"。从这些主要职权以及工作内容可以发现,地方金融办的主要定位在于协助、支持和配合监管职权机关进行监管,因此其在 P2P 网络借贷监管领域,主要还是作为一个监管的地方支持机构。而从第(7)项职能授权中"负责(……)民营贷款公司的监督管理、设立、资格初审、备案、变更、退出等工作",我们还可以确认地方金融办的另外一项职能,即其与银保监会实施的是所谓的双负责制度,也就是说,在各地的备案工作实际上由各地金融办与地方银保监局共同来进行。

五、互金协会

互金协会,是互联网金融协会的简称,该概念有广义和狭义之分,广义的"互金协会"是指互联网金融行业的行业,而狭义的"互金协会"则是指中国互联网金融协会。互联网金融行业的协会目前已经很多,除了狭义的中国互联网金融协会 2015 年年底成立 2016 年 3 月揭牌之外,还包括了各省、市互联网金融协会,目前北京、上海、广州、深圳、杭州等重要城市都有了当地的互联网金融协会。

　　而其中最重要的互金协会就是中国互联网金融协会（National Internet Finance Association of China，NIFA）了，其是依照 2015 年 7 月 18 日经党中央、国务院同意，由人民银行、银监会、证监会、保监会、工信部、公安部、工商总局等 10 部委联合发布的《关于促进互联网金融健康发展的指导意见》（银发〔2015〕221 号）要求，由中国人民银行会同银监会、证监会、保监会等国家有关部委组织建立的国家级互联网金融行业自律组织。经国务院批准，民政部于 2015 年 12 月 31 日通知中国互联网金融协会准予成立。根据互金协会的《协会章程》，该协会是"由从事 P2P 网络借贷、网络小额贷款、股权众筹、互联网支付、金融机构创新型互联网平台、基于互联网的基金销售、互联网保险、互联网信托和互联网消费金融等互联网金融业务的市场主体及相关领域的从业人员、专家学者自愿结成的全国性、行业性、非营利性社会组织，具有社团法人资格"。而协会的宗旨则是"对互联网金融行业进行自律规范；为会员服务，维护会员的合法权益；维持互联网金融行业的正当竞争秩序，推动行业健康有序发展"①。

　　《中国互联网金融协会章程》还规定了协会的 10 项业务范围。②

---

　　①　参见《中国互联网金融协会章程》，中国互联网金融协会网站，见 http://www.nifa.org.cn/nifa/2955644/2955653/index.html，表决通过时间 2016 年 3 月 25 日。

　　②　中国互联网金融协会的业务范围包括：（1）组织、督促会员贯彻国家关于互联网金融的相关法律、法规、规章和政策方针，规范其相关的经营行为；（2）制定并组织会员签订、履行行业自律公约，提倡公平竞争，维护行业利益。沟通协商互联网金融服务市场存在的问题，建立争议、投诉处理机制和对违反协会章程、自律公约的处罚和反馈机制；（3）协调会员之间、协会及其会员与政府有关部门之间的关系，协助主管部门落实有关政策、措施，发挥桥梁纽带作用；（4）组织开展行业情况调查，协助政府有关部门制定行业标准、业务规范，提出本行业中、长期发展规划的咨询建议。收集、汇总、分析、定期发布行业基本数据，并提供信息及咨询服务；研究互联网金融行业创新产品和创新行为；（5）积极收集、整理、研究互联网金融服务领域的风险案例，及时向会员提示相关风险；（6）制定本行业职业道德规范和消费者保护标准，并监督实施，建立行业消费者投诉保护处理机制；（7）根据行业发展需要，对从业人员开展持续教育和业务培训，提高互联网金融从业人员的职业素养；（8）发挥行业整体宣传推广功能，普及互联网金融知识，倡导互联网金融普惠、创新的理念；（9）组织会员业务交流、调解会员纠纷、检查会员业务行为及开展市场研究等职责；（10）代表中国互联网金融服务组织参与国际交往，加强国际交流与合作。

在这些业务范围中,与 P2P 网络借贷平台的监管和规制密切相关的业务有第(1)项、第(2)项、第(3)项以及第(4)项,即在其业务范围中,我们就可以明显感受到中国互金协会虽然作为一个民间组织,但是在相关法律、法规、行政规章以及政策方针的制定和实施上都具有比较广泛的影响,同时作为行业内监管的一个有力机构,其是政策制定者以及政府管理 P2P 网络借贷平台所不可忽视的途径,因为根据社会综合治理以及规制的理念,行业内部的合规行为对于推动 P2P 网络借贷模式的健康发展是不可缺位的。其实,行业协会作为介于政府、企业之间,商品生产者与经营者之间,并为其服务、咨询、沟通、监督、公正、自律、协调的社会中介组织,其定位还是一种民间性组织。它不属于政府的管理机构系列,而是政府与企业的桥梁和纽带。行业协会属于中国《民法总则》规定的社团法人,是中国民间组织社会团体的一种,代表本行业全体企业的共同利益。协会是一个民间组织,在法律法规不够健全、监管还没有到位的阶段协会是可以起到一定作用的。因为一方面行业在将所共同面临的问题与政策制定者进行协商的过程往往要比企业个体与政策实施者进行协商要来得事半功倍。而另一方面行业协会内部的"规范"虽然不是法律或者其他明文规定的规范,但是其在很多时候具有很强的强制性,因为显而易见,个体企业的发展和交往绝对离不开本产业的其他企业,此时如果违反所谓的"行业规范",也会受到对于企业发展来说难以承受的"社会学制裁"。因此在这些反向的威慑下,互金协会的建立有助于 P2P 网络借贷模式的从业者约束自己的行为,更加有效地将自己的诉求和问题传达给政策的制定者和实施者,从而更好地将 P2P 网络借贷行业的标准确定下来并付诸实践。例如,在银保监会的网贷整治办发布《关于开展 P2P 网络借贷机构合规检查工作的通知》并附《网络借贷信息中介机构合规检查问题清单》之后,中国互金协会连续发布了"三道金牌",即《关于开展 P2P 网络借贷机构自律检查工作的通知》《关于防范虚构借款项目、恶意骗贷等 P2P 网络借贷风险的通知》以及《关于加强对 P2P 网络借贷会员机构股权变更自律管理的通知》。这三份文件表明了,中国互金协会正在加强对网贷机构会员的管理和引导,并促进网贷行业的健康发展。

在这个意义上,互金协会作为互联网金融行业的自律组织,也会负责各项业务指引的标准化事务(比如银行存管标准),以及基础设施建设。而对于 P2P 网络借贷平台自身而言,参加协会的好处在于可以经常交流获取行业相关信息,更好地政策制定者进行沟通以及推动行业自律等。综上,互金协会可以被认为是 P2P 网络借贷平台监管和治理落地实践阶段的重要一环,其虽然没有法律上具有强制力的监管职权,但是在监管的实际操作则可以承担至关重要的一个环节。

通过本章节上述的论述可以知道,我国对 P2P 网络借贷平台规制和监管的体系已经初步建立,其监管职权也随之初步明确。其中,人民银行负责的是以 P2P 网络借贷为重点的互联网金融整治的大方向,主要起组织领导的作用;P2P 网络借贷的主要监管机构是银监会(现银保监会),银保监会负责 P2P 网络借贷的实权内设机构是普惠金融部,而银保监会实际提出 P2P 网络借贷整治和监管政策的则是普惠金融部下设的网贷整治办,因此,在 P2P 网络借贷平台的规制和监管中,银保监会起到最直接、最纵深、最广泛的作用;地方金融办和银保监会实施的是双负责制度,也就是说,在各地的备案工作实际上由各地金融办与地方银保监局来进行的;地方金融办中,实际负责并进行 P2P 网络借贷平台整治的是地方金融办下设的网贷整治联合办公室;互金协会是个自律组织,但也负责各项业务指引的标准化以及基础设施建设,其虽然没有法律上具有强制力的监管职权,但是在监管的实际操作则可以承担至关重要的一个环节,在可见的未来里,P2P 网络借贷平台加入互金协会会成为大趋势。

第三节 P2P 网络借贷平台监管与规制的
有关行政规章与发展历程

整理完十分复杂的有关 P2P 网络借贷平台监管负责机构的内容，我们有必要将 P2P 网络借贷事务相关的重点行政规章作为素材进行系统性的研究。之所以只对法律位阶、效力等级都比较弱的行政规章进行研究的原因在于，在 P2P 网络借贷领域内主要还是涉及政策性的监管，最高立法机关还并不希望以法律的形式进行介入，因此，从 P2P 网络借贷模式诞生至今所制定颁行的绝大多数还是"条例、规定、通告、办法、决定"这几种类型的规范性文件。

一、P2P 网络借贷监管重要规范性文件概览

经过笔者的收集、整理以及挑选，在 P2P 网络借贷平台的金融行政法规制和监管领域，表 5-1 中的规范性文件具有较高的研究价值。

表 5-1　P2P 网络借贷监管重要规范性文件概览

发布时间	发文号	规范性文件
2011 年 8 月 25 日	银监办发〔2011〕254 号	《中国银监会办公厅关于人人贷有关风险提示的通知》
2014 年 1 月 6 日	国办发〔2013〕107 号	《关于加强影子银行监管有关问题的通知》
2015 年 7 月 18 日	银发〔2015〕221 号	《关于促进互联网金融健康发展的指导意见》
2016 年 8 月 24 日		《网络借贷信息中介机构业务活动管理暂行办法》①

---

① 该《网络借贷信息中介机构业务活动管理暂行办法》是由中国银监会、工业和信息化部、公安部、国家互联网信息办公室合作制定（2016 年第 1 号），经国务院批准，自公布之日起施行。

续表

发布时间	发文号	规范性文件
2016 年 10 月 3 日	银监发〔2016〕11 号	关于印发《P2P 网络借贷风险专项整治工作实施方案》的通知
2016 年 10 月 13 日	国办发〔2016〕21 号	国务院办公厅关于印发《互联网金融风险专项整治工作实施方案》的通知
2016 年 11 月 28 日	银监办发〔2016〕160 号	《网络借贷信息中介机构备案管理登记指引》
2017 年 2 月 23 日	银监办发〔2017〕21 号	《网络借贷资金存管业务指引》
2017 年 8 月 25 日	银监办发〔2017〕113 号	《网络借贷信息中介机构业务活动信息披露指引》
2018 年 8 月 18 日	网贷整治办函〔2018〕63 号	《关于开展 P2P 网络借贷机构合规检查工作的通知》《网络借贷信息中介机构合规检查问题清单》

　　毫不夸张地说,2015 年是 P2P 网络借贷模式的监管元年,这样的说法并不是说之前不存在相关的监管措施,而是强调了一个成体系的 P2P 网络借贷监管模式是从 2015 年才开始谋篇布局的。因此 2015 年的《关于促进互联网金融健康发展的指导意见》,是我国 P2P 网络借贷发展的一个重要时间节点,此前的发展可以归纳为是 P2P 网络借贷监管和规制的酝酿阶段。而之后 2016 年的"一个办法、两个方案"则可以被称为 P2P 网络借贷监管的部署阶段。最后,从 2016 年年底由银监会(后改制为银保监会)主导发布的"三个指引"与"合规清单",则表明了我国 P2P 网络借贷监管制度搭建共建基本完成,可被称为成型阶段。笔者将以这三个时间线的形式对上述表格中的规范性文件进行进一步的解析。

二、P2P 网络借贷监管与规制的酝酿阶段

　　首先必须明确的是,这一阶段我国的 P2P 网络借贷的监管和规制还处在探索期,在此期间我国的 P2P 网络借贷平台呈现出爆炸性增

长,虽然像"e 租宝"这样的 P2P 网络借贷领域的丑闻还没有最终爆发,但是政策制定者已经了解到,我国的 P2P 网络借贷平台已经出现了异化,监管和规制可以说是箭在弦上,不得不发。这一期间相关的规范性文件是"两个通知",即 2011 年 8 月 25 日由银监会发布的《中国银监会办公厅关于人人贷有关风险提示的通知》(以下简称《通知》)和 2014 年 1 月 6 日由国务院办公厅所发布的《关于加强影子银行监管有关问题的通知》。

从最早 2011 年银监会发布的《关于人人贷有关风险提示的通知》中我们可以发现,当时并没有对 P2P 网络借贷模式的定义达成共识,政策制定以及监管机构只是将其定义为(或者可理解为翻译为)人人贷。除此之外,该《通知》主要涉及当时政策制定及监管机构认识到的 P2P 网络借贷的"主要问题与风险"以及相对应提出的"监管措施与要求"。其中当时认为的 P2P 网络借贷模式存在的主要问题与风险包括:(1)影响宏观调控效果;(2)容易演变为非法金融机构;(3)业务风险难以控制;(4)不实宣传影响银行体系整体声誉;(5)监管职责不清,法律性质不明;(6)国外实践表明,这一模式信用风险偏高,贷款质量远远劣于普通银行业金融机构;(7)人人贷公司开展房地产二次抵押业务同样存在风险隐患。而相对应所提出的监管措施和要求则包含:建立与人人贷中介公司之间的"防火墙";加强银行从业人员管理;加强与工商管理部门的沟通,商请针对"贷款超市""融资公司"等不实宣传行为予以严肃查处,切实维护银行合法权益,避免声誉风险。① 从上述《通知》所提出的问题可以看出,当时的政策制定者和监管者并未做好完全接受 P2P 网络借贷模式成为金融新模式的准备,而是总体而言将其当作应该解决的"问题",这体现了该规范性文件的局限性。《通知》提出了 P2P 网贷领域存在监管职责不清、法律性质不明的问题并

---

① 《中国银监会办公厅关于人人贷有关风险提示的通知》,中国银行业监督管理委员会办公厅文件,银监办发〔2011〕254 号。

没有采取对症下药的措施,所提出的监管措施也只是隔靴搔痒,并没有真正采取规制和监管措施。

而在 2014 年 1 月 6 日由国务院办公厅所发布的《关于加强影子银行监管有关问题的通知》中统一将传统银行体系之外的信用中介机构和业务成为所谓的"影子银行",并将当时存在的"影子银行"主要分为三类:一是不持有金融牌照,完全无监管的信用中介机构,包括新型网络金融公司、第三方理财机构等;二是不持有金融牌照,存在监管不足的信用中介机构,包括融资性担保公司、小额贷款公司等;三是机构持有金融牌照,但存在监管不足或规避监管的业务,包括货币市场基金、资产证券化、部分理财业务等。从上述定义和分类中,我们显然可以得出结论,P2P 网络借贷便在《通知》罗列的需要重点进行监管的影子银行的行列。《通知》除了在第一部分"正确把握影子银行的发展与监管"之外,还提出要:进一步落实责任分工、着力完善监管制度和办法、切实做好风险防控以及加快健全配套措施等内容。总体而言,该《通知》还处在政策性的引导阶段,对网络融资平台机构提出的"遵守各项金融法律法规,不得利用互联网技术违规从事金融业务"等要求是比较空洞、没有内容的,因此并未提出有效、具体的规制和监管措施。但是在责任分工和安排上,提出了网络金融等尚未明确监管主体的领域,由人民银行会同有关部门共同研究制定办法,这对于之后规制和监管政策的铺开有积极的作用。

三、P2P 网络借贷监管与规制的部署阶段

(一)《关于促进互联网金融健康发展的指导意见》

正如上文所提到的,《关于促进互联网金融健康发展的指导意见》(以下简称《指导意见》)的颁布使我国的 P2P 网络借贷领域的规制和监管快速进入到部署和构造阶段。第一,该《指导意见》属于国

务院制定的行政法规。根据《立法法》第8条及第9条的规定,关于金融的基本制度,只能制定法律;但在第8条规定的事项尚未制定法律时,全国人民代表大会及其常务委员会有权作出决定,授权国务院可以根据实际需要,对其中的部分事项先制定行政法规,但是有关犯罪和刑罚、对公民政治权利的剥夺和限制人身自由的强制措施和处罚、司法制度等事项除外。也就是说,对于互联网金融或者P2P网络借贷模式的规定最理想的规制方式是制定法律,但是由于互联网金融本身是一个新事物,并且仍然处在快速发展的进程之中,此时政策的制定者和监管部门以行政法规的形式制定《指导意见》具有一定的合理性。而纵观《指导意见》全文,分为"鼓励创新,支持互联网金融稳步发展""分类指导,明确互联网金融监管责任""健全制度,规范互联网金融市场秩序"三个部分。其规范主要是以定义和授权为主,缺少法律后果以及细化和可执行的行为模式的规定。尽管如此,该《指导意见》所起到的积极作用仍然不可低估。第一,《指导意见》明确了不同互联网金融业态所对应的监管部门,例如明确了网络借贷业务由银监会(后改制为银保监会)负责监管,这有利于明确的监管主体进一步制定以及细化归责与监管方案和规则;第二,明确了互联网金融的本质仍属于金融,起到了平定争议的效果;第三,提出了"依法监管、适度监管、分类监管、协同监管、创新监管"的监管原则,这里强调了要保障互联网金融的创新活力,监管要保持灵活,尽可能减少对互联网金融产业发展的阻碍;第四,为互联网金融从业机构正名,其表现在于对网络借贷等互联网金融形式进行了定义和正名。

具体而言,《指导意见》在P2P网络借贷领域内的大突破就是定义了网络借贷和P2P模式,《指导意见》认为,网络借贷包括个体网络借贷(即P2P网络借贷)和网络小额贷款。个体网络借贷是指"个体和个体之间通过互联网平台实现的直接借贷"。在个体网络借贷平台上发生的直接借贷行为属于民间借贷范畴,受合同法、民法通则等法律法规以及最高人民法院相关司法解释规范。个体网络借贷要坚持平台功能,为投资方和融资方提供信息交互、撮合、资信评估等中介服务。个体网络借贷机构要明确信息中介性质,主要为借贷双方的直接借贷提供信息服务,不得提供增信服务,不得非法集资。这里的规定可以说是对 P2P 网络借贷模式的"正名之举"。不但一方面明确了 P2P 网络借贷平台上的直接借贷行为属于民法上的借贷行为范畴,适用相关民事法律规范(《合同法》第 211 条、最高人民法院《关于审理借贷案件的若干意见》第 6 条、《合同法》第 23 章"居间合同"以及《电子签名法》等)。另一方面还确认了 P2P 网络借贷平台的信息中介性质,这样的定性无论视为 P2P 网络借贷平台自身内部的合规还是今后相关机构的监管都具有积极意义。

(二)"一个暂行办法"和"两个实施方案"

在奠定监管体系构建基调的《指导意见》之后,"一个暂行办法"和"两个实施方案"完成了我国 P2P 网络借贷规制与监管的部署。其中,"一个暂行办法"指的是于 2016 年 8 月 24 号由银监会、工业和信息化部、公安部、国家互联网信息办公室合作制定发布的《网络借贷信息中介机构业务活动管理暂行办法》,而"两个实施方案"则是指 2016 年 10 月 3 日由银监会发布的《P2P 网络借贷风险专项整治工作实施方案》以及 2016 年 10 月 13 日由国务院办公厅发布的《互联网金融风险专项整治工作实施方案》。

首先,《网络借贷信息中介机构业务活动管理暂行办法》(以下简称《暂行办法》)是落实上文中《指导意见》的成果。该《暂行办法》在2015 年 12 月,也就是在《指导意见》发布后 5 个月内就发布了征求意见稿,此后又经历了 8 个多月的讨论、酝酿之后与 2016 年 8 月最终发布。值得一提的是,《暂行办法》出台的背景以及想要解决的问题主要是 P2P 网络借贷发展中存在的"快、偏、乱"的现象,简单说就是行业规模增长势头过快,业务创新偏离轨道、风险乱象时有发生。① 正是在这个背景下,《暂行办法》确定了 P2P 网络贷款行业监管总体原则,即一是强调机构本质属性,加强事中事后行为监管;二是坚持底线监管思维,实行负面清单管理;三是创新行业监管方式,实行分工协同监管。

总体而言,《暂行办法》分为总则、备案管理、业务规则与风险管理、出借人与借款人保护、信息披露、监督管理、法律责任以及附则共 8 章。其中主要涉及的规制和监管措施包括了实习负面清单管理、对客户资金实行第三方存管以及限制借款集中度风险三个方面:首先,对业务经营活动实行负面清单管理。考虑到网贷机构处于探索创新阶段,业务模式尚待观察,因此,《暂行办法》对其业务经营范围采用以负面清单为主的管理模式,明确了包括不得吸收公众存款、不得设立资金池、不得提供担保或承诺保本保息、不得发售金融理财产品、不得开展类资产证券化等形式的债权转让等十三项禁止性行为。在政策安排上,允许网贷机构引入第三方机构进行担保或者与保险公司开展相关业务合作。其次,对客户资金实行第三方存管。为防范网贷机构设立资金池和欺诈、侵占、挪用客户资金,增强市场信心,《暂行办法》规定

① 参见《〈网络借贷信息中介机构业务活动管理暂行办法〉答记者问》,中华人民共和国工业和信息化部政策法规司,见 http://www.miit.gov.cn/n1146295/n1652858/n1653018/c5218820/content.html,发布时间 2016 年 8 月 25 日。在文中提到了"快、偏、乱"的现象具体是指:"一是规模增长势头过快。近两年网贷行业无论在机构数量还是业务规模均呈现出迅猛增长的势头,据不完全统计,截至 2016 年 6 月底全国正常运营的网贷机构共 2349 家,借贷余额6212.61 亿元,两项数据比 2014 年年末分别增长了 49.1%、499.7%。二是业务创新偏离轨道。目前大部分网贷机构偏离信息中介定位以及服务小微和依托互联网经营的本质,异化为信用中介,存在自融、违规放贷、设立资金池、期限拆分、大量线下营销等行为。三是风险乱象时有发生。网贷行业中问题机构不断累积,风险事件时有发生,据不完全统计,截至 2016 年 6 月底全国累计问题平台 1778 家,约占全国机构总数的 43.1%,这些问题机构部分受资本实力及自身经营管理能力限制,当借贷大量违约、经营难以为继时,出现'卷款''跑路'等情况,部分机构销售不同形式的投资产品,规避相关金融产品的认购门槛及投资者适当性要求,在逃避监管的同时,加剧风险传播,部分机构甚至通过假标、资金池和高收益等手段,进行自融、'庞氏骗局',触碰非法集资底线。"

对客户资金和网贷机构自身资金实行分账管理,由银行业金融机构对客户资金实行第三方存管,对客户资金进行管理和监督,资金存管机构与网贷机构应明确约定各方责任边界,便于做好风险识别和风险控制,实现尽职免责。最后,限制借款集中度风险。为更好地保护出借人权益和降低网贷机构道德风险,并与非法吸收公众存款有关司法解释及立案标准相衔接,《暂行办法》规定网贷具体金额应当以小额为主。

四、P2P 网络借贷监管与规制的成型阶段

(一)"1+3 监管制度"的形成

在经历了快速且卓有成效的 P2P 网络借贷监管与规制的部署阶段之后,P2P 网络借贷的监管与规制迎来了成熟期,其中的表现在于行业内"1+3"监管制度框架的形成。所谓的"1+3"监管制度指的是"一个暂行办法"和"三个指引",即上文已经详细介绍过的《网络借贷信息中介机构业务活动管理暂行办法》和在 2016 年年底至 2017 年年中由银监会制定发布的《网络借贷信息中介机构备案管理登记指引》《网络借贷资金存管业务指引》和《网络借贷信息中介机构业务活动信息披露指引》。这里的四个规范性文件都是国家部委级监管政策,可以说在全国性的网络贷款备案细则没有出台之前,"1+3"监管制度是各地制定监管政策的基础和标准。具体而言,除了上文中的《网络借贷信息中介机构业务活动管理暂行办法》,还有具体规定 P2P 网络借贷平台备案登记管理制度的《网络借贷信息中介机构备案登记管理指引》、具体指导建立网络借贷管存业务的《网络借贷资金存管业务指引》以及指导建立信息披露制度的《网络借贷信息中介机构业务活动信息披露指引》。

首先是"三个指引"中最早出台的《网络借贷信息中介机构备案管

理登记指引》。《网络借贷信息中介机构备案管理登记指引》主要由总则、新设机构备案登记申请、已存续机构备案管理特别规定、备案后管理以及附则共 5 章内容组成。其中首先明确了需要按照《网络借贷信息中介机构备案管理登记指引》进行备案登记的主体是在中华人民共和国境内依法设立，从事网络借贷信息中介业务活动的金融信息中介公司。这无疑也是在进一步明确 P2P 网络借贷模式的范围。除此之外，《网络借贷信息中介机构备案管理登记指引》还区别了新设立网络借贷平台和已成立网络借贷平台的登记备案方式。① 而在备案后管控的部分，《网络借贷信息中介机构备案管理登记指引》则进一步规定了P2P 网络借贷平台"与银行业金融机构签订资金存管协议"的要求（详见下文）。对于地方金融监管部门，则规定了公示有关信息、建立平台机构档案等要求。

2017 年年初发布的《网络借贷资金存管业务指引》是根据上文中《关于促进互联网金融健康发展的指导意见》和《网络借贷信息中介机构业务活动管理暂行办法》中"建立客户资金第三方存管制度"的要求进行制定的，该规定要求 P2P 网络借贷平台要与银行业金融机构签订资金存管协议，将客户资金进行第三方存管。建立"资金存管制度"的背景在于长期以来一些网贷机构资金缺乏第三方监管，普遍存在设立资金池，侵占或挪用客户资金的行为，有的甚至卷款"跑路"，极大损害了投资人利益。资金存管机制实现了客户资金与网贷机构自有资金的分账管理，从物理意义上防止网贷机构非法触碰客户资金，确保网贷机构"见钱不摸钱"。同时，商业银行作为资金存管机构，按照出借人与

---

① 新设立的网络借贷信息中介服务的网络借贷信息中介机构及其分支机构，应当在领取营业执照后，于 10 个工作日以内携带有关材料（《网络借贷信息中介机构备案管理登记指引》第六条）向工商登记注册地地方金融监管部门备案登记；对已设立并发展经营的平台，按照分类处置结果，对合规类机构的备案登记申请予以受理，对整改类机构，在其完成整改并经有关部门认定后受理其备案登记申请。申请前还应当先到工商登记部门修改经营范围，明确网络借贷信息中介等内容。

借款人发出的指令或授权,办理网贷资金的清算支付,并由商业银行与网贷机构共同完成资金对账工作,加强了对网贷资金在交易流转环节的监督,有效防范了网贷机构非法挪用客户资金的风险。①《网络借贷资金存管业务指引》由总则、委托人、存管人、业务规范和附则共5章组成。其中除了准确界定网络借贷资金存管业务(《网络借贷资金存管业务指引》第2条)之外,还明确了委托人的职责(《网络借贷资金存管业务指引》第9条)以及存管人的资质要求(《网络借贷资金存管业务指引》第10条)、技术要求(《网络借贷资金存管业务指引》第11条)以及职责(《网络借贷资金存管业务指引》第12条)。在第四章"业务规范"中则具体规定了存管合同的内容、存管人定期提供资金存管报告以及一些程序性的事项等规则。

除此之外,银监会还于2017年发布了《网络借贷信息中介机构业务活动信息披露指引》,从此宣告了P2P网络借贷行业备案、银行存管、信息披露三大主要合规政策悉数落地。《网络借贷信息中介机构业务活动信息披露指引》由总则、信息披露内容、信息披露管理和附则一共四个章节以及《信息披露内容说明》作为附件组成。《网络借贷信息中介机构业务活动信息披露指引》和附件的《信息披露内容说明》主要明确了网络借贷信息中介业务活动中应当披露的具体事项、披露时间、披露频次及披露对象等,为参与网贷业务活动的各当事方进行信息披露提供了规范的标准和依据。其中,主要内容有以下五点:第一,从维护消费者合法权益的角度出发,明确了信息披露的基本概念和原则;第二,明确了在网贷业务活动中应当披露的信息内容;第三,附件中的《信息披露内容说明》,重点对披露的口径、披露标准予以规范;第四,在明确披露内容的同时,强调了相关披露主体责任及管理要求;第五,

---

① 参看《〈网络借贷资金存管业务指引〉答记者问》,中国银行业监督管理委员会宣传部,见 http://www.cbrc.gov.cn/chinese/home/docView/A5A5F5AB66FA4E74A9988D07C79B7BCB.html,发布时间2017年2月23日。

考虑了当前网贷行业的现实情况,明确了整改的过渡期限。[①] 应该说,《网络借贷信息中介机构业务活动信息披露指引》是以清单加模板的方式对应当进行披露的信息作出了详细的规定,这确实在很大程度上可以满足其充分保护网贷业务参与各方的合法权益,促使从业机构控制风险稳健经营,引导网贷行业规范有序发展的规范初衷。

(二)108 条全国性合规检查清单

在上述"1+3"制度体系建立完成之后,网贷整治办根据 P2P 网络借贷行业整治的展开又发布了《关于开展 P2P 网络借贷机构合规检查工作的通知》(以下简称《合规检查通知》)并附《网络借贷信息中介机构合规检查问题清单》(以下简称《合规检查问题清单》)。该规范性文件的最重要意义在于明确了全国性的统一标准。根据此前公布的《网络借贷中介机构备案管理登记指引》的要求,合规检查是平台备案的前提条件,因此本次的全国性检查细则,扫清了此前因各地整改细则不一致带来的一系列问题,随着检查细则在各地的相继落地,可视做一种备案提速的信号。除此之外,这种全面的全国性合规检查清单的下发还有利于解决地方标准不一而引发的监管套利问题。《合规检查通知》中所要求开展的合规检查一共包括机构自查、自律检查和行政核查三部分,这三部分检查在时间安排上可压茬推进,交叉核验,并将根据检查结果进行分类处置(即合规、整改、兼并、清退四种处理方式),对不同类别的 P2P 采取不同的措施。《合规检查通知》最后明确了经过一段时间运行检验后,条件成熟的 P2P 网络借贷平台机构可按要求申请备案。这也意味着,预计在 2019 年,P2P 网络借贷行业应该会有第一批平台顺利通过备案。除了《合规检查通知》的内容,《合规检查

---

① 参见《信息披露指引出台,网贷行业"1+3"制度体系完成》,中国银行业监督管理委员会宣传部,见 http://www.cbrc.gov.cn/chinese/home/docView/DEAF23AEBF564ABEB8479FEA4E-25F185.html,发布时间 2017 年 8 月 25 日。

问题清单》的内容也非常值得注意。《合规检查问题清单》全文分为六大部分：其中自融等禁止性规定共 31 条；定义务及风险管理要求共 21条；履行对出借人和借款人的保护要求共 16 条；信息披露相关要求共18 条；校园贷、现金贷、金交所等重点领域监管要求共 20 条；其他违反有关法律法规、监管规定的情形共 2 条。从总体上可以判断，设资金池、自融、涉嫌自担保、信息披露情况较差、存在违规大额标、未对投资人风险进行足够提示和分级、高息利诱投资人、发售理财产品等违规行为是本轮检查的重点。具体从这 108 条问题清单来看，和之前各地制定的标准相比，整体上并未从严，全国版的《合规检查问题清单》也很接近于上海市 2017 年 12 月 26 日发布的 168 条整改验收细则。① 108条《合规检查问题清单》对于之前各地的细则做了精简合并，相比上海的细则，取消了很多项"其他有关问题"的禁止项，未留可变项目，这应是充分考虑了各地方的执行现状，便于监管统一。

（三）P2P 网络借贷行业合规后时代

在上述全国性监管和规制性措施落地之后，P2P 网络借贷行业正式进入了合规时代。其中表现在于地方金融监管机构工作的具体落实以及行业协会合规监管工作的具体展开。前者的例子是北京金融局于2018 年 8 月 27 日下发的《关于启动在京注册 P2P 网络借贷机构自查工作的通知》，明确了将先后开展在京注册 P2P 网络借贷机构自查、自律检查、行政核查，压茬进行。而行业协会工作的展开则可以见于2018 年 8 月 20—22 日连续三天，中国互联网金融协会下发了《关于加强对 P2P 网络借贷会员机构股权变更自律管理的通知》《关于防范虚构借款项目、恶意骗贷等 P2P 网络借贷风险的通知》和《关于开展 P2P

---

① 参见《上海市网络借贷信息中介合规审核与整改验收工作指引表》（沪金融办〔2017〕226 号），上海市金融办，见 http://sjr.sh.gov.cn/Attachments/file/20180111/20180111134737_6976.pdf，发布日期 2017 年 12 月 26 日。

网络借贷机构自律检查工作的通知》三项通知,要求对 P2P 网络借贷平台会员实现全覆盖的自律检查。

第四节　P2P 网络借贷平台的金融行政监管标准

在纵向系统性地了解有关 P2P 网络借贷平台规制和管理的法规以及体系性监管的发展历程之后,我们有必要再横向专题式地把握 P2P 网络借贷平台的金融行政监管标准。应该说,整个的规制和监管体系是由几项具体的监管标准和内容构建而成,而这些内容主要包括 P2P 网络借贷平台机构备案、明确 P2P 网络借贷融资限额制度、P2P 网络借贷平台信息披露制度、P2P 网络借贷平台的负面清单管理和合规要求以及 P2P 网络借贷平台资金存管制度共五个方面的内容。

一、P2P 网络借贷平台机构备案

P2P 网络借贷平台机构备案是我国对 P2P 网络借贷行业的规制和监管的最重要内容之一,也是国家职能不能介入,P2P 网络借贷行业进行行业内优胜劣汰的最重要手段。首先,备案制度是一种"公开"的审核制度,主要由登记、公示、建立相关机构档案等组成。该制度的基本要求包括三点:第一,必须将依法公开的各种资料完全、准确地向监管机关呈报并申请备案;第二,监管机关需按照信息公开的原则,对申报文件的全面性、准备性、真实性以及准时性进行形式上的审查;第三,申报文件提交后,经法定期间,主管机关如未提出异议,备案即自动生效。备案制度相较于核准制或审批制的优先在于,备案制的准入制度大大降低了准入口槛,减少了事前审批程序,而是将监管着重于事中和事后,从而减轻了地方监管部门的工作量和压力,有助于提高效

率,降低成本以及保持网络金融新型行业市场的活力和创新性。总体而言,对于 P2P 网络借贷平台采取登记备案制度是我国对以 P2P 网络借贷模式为代表的互联网金融采取"半行政、半市场"监管路线的体现。

截至目前,我国有关 P2P 网络借贷平台机构备案的主要规范性文件包括《网络借贷信息中介机构业务活动管理暂行办法》和《网络借贷信息中介机构备案管理登记指引》。其中,《网络借贷信息中介机构业务活动管理暂行办法》的第 2 章(第 5 条至第 8 条)对备案管理的相关性工作做了概括性的规定,具有基本制度性安排性质,主要规定了 P2P 网络借贷平台等级备案、经营范围、变更事项以及终止业务注销时的要求。例如根据《网络借贷信息中介机构业务活动管理暂行办法》第 5 条的要求,拟开展网络借贷信息中介服务的网络借贷信息中介机构及其分支机构,应当在领取营业执照后,于 10 个工作日以内携带有关材料向工商登记注册地的地方金融监管部门备案登记。地方金融监管部门负责为网络借贷信息中介机构办理备案登记和结果公示。而相较于《网络借贷信息中介机构业务活动管理暂行办法》,《网络借贷信息中介机构备案管理登记指引》则是对 P2P 网络借贷平台进行登记备案工作的细化。如前文所介绍的,《网络借贷信息中介机构备案管理登记指引》进一步区别了新设立网络借贷平台和已成立网络借贷平台的登记备案方式。根据《网络借贷信息中介机构备案管理登记指引》第 5 条,今后新设立的 P2P 网络借贷平台机构备案登记需要经过四项程序,即办理工商登记注册并领取企业法人营业执照,并在经营范围中明确网络借贷信息中介等相关内容;向工商登记注册地的地方金融监管部门提出备案登记申请;地方金融监管部门应当在文件材料齐备、形式合规的情况下,办理备案登记,并向申请备案登记的网络借贷信息中介机构出具备案登记证明文件;备案登记证明文件由地方金融监管部门自行设计、印制,其中应当包括网络借贷信息中介机构的基本信息、地方金融监管部门公章等要素。而根据《网络借贷信息中介机构备案管理登记指引》第 6 条,新设立 P2P 网络借贷平台机构在进行登记备案时,则需要提供机构基本信息、股东或出资人名册及其出资额、股权结构、经营发展战略和规划、合规经营承诺书等 9 项材料。

在 P2P 网络借贷平台机构备案的规制和监管模式确立之后,相关的登记备案工作也在不断地深化和推开。2017 年 12 月 13 日,银监会网贷整治办向各地 P2P 整治联合工作办公室下发了《关于做好 P2P 网络借贷风险专项整治整改验收工作的通知》(网贷整治办函[2017]57号文),对下一步的整改验收阶段作出了具体、详细的部署,要求各地在 2018 年 4 月底之前完成辖内主要 P2P 网贷机构的备案登记工作、6月底之前全部完成。由此,2018 年夏天大范围的 P2P 网络借贷平台的"暴雷潮"便可理解为登记备案制度的结果之一,因为正是登记备案制度加快了不符合资质的 P2P 网络借贷平台退出市场,加速了市场内部的优胜劣汰。

二、P2P 网络借贷平台信息披露制度

P2P 网络借贷平台资金和运营情形的透明度是借款人(金融消费者)保障其利益的重要方式,由此相对应的重要规制和监管制度便是P2P 网络借贷平台的信息披露制度。P2P 网络借贷平台的信息披露也是通过政策制定者层面的规范性文件而得到确认的,其中最重要的两个规定是《网络借贷信息中介机构业务活动管理暂行办法》和《网络借贷信息中介机构业务活动信息披露指引》。其中《网络借贷信息中介机构业务活动管理暂行办法》第 5 章"信息披露"系统性地确立和构建了 P2P 网络借贷平台的信息披露制度。根据《网络借贷信息中介机构业务活动管理暂行办法》第 30 条,P2P 网络借贷平台应当在其官方网站上向出借人充分披露的内容范围包括了借款人基本信息、融资项目基本信息、风险评估及可能产生的风险结果、已撮合未到期融资项目资

金运用情况等有关信息。除此之外,《网络借贷信息中介机构业务活动管理暂行办法》还对一些具体的披露方式、注意事项和要求以及平台机构董事监事和高级管理人员的信息披露勤勉义务作出了强调性的规定。在《网络借贷信息中介机构业务活动管理暂行办法》的框架内,《网络借贷信息中介机构业务活动信息披露指引》则将信息披露的内容、管理和要求等事项做了进一步的细化,例如根据《网络借贷信息中介机构业务活动信息披露指引》第7条,P2P网络借贷信息中介机构的基本信息包含了备案信息、组织信息和审核信息,每种信息下面又有更多具体的事项需要逐条进行信息披露。在具体内容上,《网络借贷信息中介机构业务活动信息披露指引》披露内容涵盖了网贷机构基本信息、网贷机构运营信息、项目信息、重大风险信息、消费者投诉渠道信息等网贷业务活动的全过程应当披露的信息。并基于对个人隐私、商业秘密、国家秘密的保护,规定了不同的披露对象。同时考虑到披露内容的重要性、变化频率、披露主体等的不同,《网络借贷信息中介机构业务活动信息披露指引》根据披露内容的特性设定了不同披露的时间、频次,便于披露主体有效履行信息披露义务,保障披露对象及时了解、掌握披露信息。① 而在《网络借贷信息中介机构业务活动信息披露指引》通知后附的《信息披露内容说明》中,银保监会还对披露的各种注意事项、形式、标准以及各项信息的定义进行了全面的说明。最后,《网络借贷信息中介机构业务活动信息披露指引》给予已开展业务的P2P网络借贷平台6个月的整改期限并直接影响其等级备案中的评估,这一点对于信息披露监管的推行以及效果的实现也起到了积极的作用。

---

① 参见《信息披露指引出台,网贷行业"1+3"制度体系完成》,中国银行业监督管理委员会宣传部,见 http://www.cbrc.gov.cn/chinese/home/docView/DEAF23AEBF564ABEB8479FEA4-E25F185.html,发布时间 2017 年 8 月 25 日。

三、P2P 网络借贷平台资金存管制度

同样出于增加 P2P 网络借贷平台及其资金透明度,减少平台机构运营者对资金使用的任意性,避免违法违规风险的目的产生了 P2P 网络借贷平台资金存管制度。P2P 网络借贷平台资金存管制度主要是指 P2P 网络借贷平台将交易资金、平台相关备付金、风险金等存放于第三方账户上,如银行账户或第三方支付机构账户的做法。在资金存管制度作为 P2P 网络借贷模式基本的规制和监管模式被确立下来之前,P2P 网络借贷行业内一共有三种资金存管方式,即银行直连模式、银行直接存管模式以及"银行+支付公司"的联合存管模式。① 在监管制度确立之后,越来越多的平台选择直接与银行实行资金存管。

首先,要求建立 P2P 网络借贷资金存管制度是在《关于促进互联网金融健康发展的指导意见》中提出的,按照该意见的强调性部署,除另有规定外,从业机构应当选择符合条件的银行业金融机构作为资金存管机构,对客户资金进行管理和监督,实现客户资金与从业机构自身资金分账管理。客户资金存管账户应接受独立审计并向客户公开审计结果。人民银行会同金融监管部门按照职责分工实施监

---

① 其中,第一种"银行直连模式"是指 P2P 网贷平台直接与银行开通支付结算通道,在交易过程中,不用提前充值,交易资金直接在线结算,而投资人投标回款后,资金直接返回到投资人原始支付的银行卡中,无须人工提现。在该模式中,平台在银行建有"专用存管账户",该账户平台不能直接操作,资金交易情况受银行监管,但不同平台的"专用账户"体系会略有不同。第二种"银行直接存管模式"是指一共具有两类账户体系,一类是平台在银行开设的存管账户(大账户),一类是投资人在存管银行的个人账户(子账户)。如平台有风险准备金或担保公司等,一般还会开设风险准备金账户和担保账户等,实现平台资金与投资人资金的隔离。该方式下,由于用户的资金从一开始就不在平台体系内运转,有效避免了平台随意挪用资金。该模式也是当前大多数与银行签订资金存管协议的平台所采取的方式。第三种"银行与支付公司联合存管模式"则是一般要求第三方支付机构或 P2P 网贷平台在存管银行开设存管账户,并根据平台发出的相关指令完成充值、投资、提现等功能,而由银行监管资金流向。第三方支付机构则担任技术辅助方,提供支付结算、技术咨询、服务定制、运营维护等服务,协助银行更高效地完成所有借贷资金在出借人与借款人的存管账户之间的划转。但这种存管模式下,一般不会为投资人开设个人账户。

管,并制定相关监管细则。在此之后,具体落实该制度的规范性文件则是《网络借贷信息中介机构业务活动管理暂行办法》和《网络借贷资金存管业务指引》。与上文两个制度相似,《网络借贷信息中介机构业务活动管理暂行办法》勾画出制度轮廓,强调了最基本的原则性要求,而《网络借贷资金存管业务指引》则深化了工作内容和方法。首先,根据《网络借贷信息中介机构业务活动管理暂行办法》第 35 条的要求,"借款人、出借人、网络借贷信息中介机构、资金存管机构、担保人等应当签订资金存管协议,明确各自权利义务和违约责任。资金存管机构对出借人与借款人开立和使用资金账户进行管理和监督,并根据合同约定,对出借人与借款人的资金进行存管、划付、核算和监督。资金存管机构承担实名开户和履行合同约定及借贷交易指令表面一致性的形式审核责任,但不承担融资项目及借贷交易信息真实性的实质审核责任。资金存管机构应当按照网络借贷有关监管规定报送数据信息并依法接受相关监督管理"。这里的资金存管协定是强制性要求,也涉及 P2P 网络借贷平台的登记备案以及合规评定。而具体对于资金托管委托人的职责、存管人的资质要求、技术要求以及职责等具体规定则应当按照《网络借贷资金存管业务指引》进行操作。

四、明确 P2P 网络借贷平台融资限额制度

融资限额制度是 P2P 网络借贷模式的"普惠金融"定位所决定的。按照前面第三章"P2P 网络借贷模式的刑事风险和刑法规制"中所展示的那样,当借款人过于集中或是借款项标的过大时往往会出现"自融"等非法集资的情形。除此之外,P2P 网络借贷模式中,出借人和借款人是一种无担保的借贷关系,出借人需承担的还款风险相较于有更强资金流动能力的银行贷款来讲要大得多,贷款数额越小越有利于平台做好风险控制。由此,国家对平台融资额度作出限定

是必要、合理的。

综上,根据普惠金融 P2P 网络借贷模式分散、小额的特点,政策制定者明确了 P2P 网络借贷平台的融资限额制度。其中主要的规范来自《网络借贷信息中介机构业务活动管理暂行办法》第 17 条。根据该条要求,网络借贷金额应当以小额为主。网络借贷信息中介机构应当根据本机构风险管理能力,控制同一借款人在同一网络借贷信息中介机构平台及不同网络借贷信息中介机构平台的借款余额上限,防范信贷集中风险。同一自然人在同一网络借贷信息中介机构平台的借款余额上限不超过人民币 20 万元;同一法人或其他组织在同一网络借贷信息中介机构平台的借款余额上限不超过人民币 100 万元;同一自然人在不同网络借贷信息中介机构平台借款总余额不超过人民币 100 万元;同一法人或其他组织在不同网络借贷信息中介机构平台借款总余额不超过人民币 500 万元。这里的数额标准实际上也是与《最高人民法院关于审理非法集资刑事案件具体应用法律若干问题的解释》中对非法集资认定标准相对应的。根据该《司法解释》第 3 条,判定构成非法吸收或者变相吸收公众存款的定罪要素是"个人非法吸收或者变相吸收公众存款,数额在 20 万元以上的,单位非法吸收或者变相吸收公众存款,数额在 100 万元以上的"。由此,按照 P2P 网络平台的融资限额制度的要求进行合规也是规避相关刑事风险的有效手段。

五、P2P 网络借贷平台的负面清单管理和合规要求

为了保障以 P2P 网络借贷模式为典型的互联网金融自身的创造性和灵活性,我国对此领域的监管采取的是一种"负面清单管理+合规要求"的规制和监管方式。总体而言,这种规制和监管模式对于新兴行业是可取的。其中,P2P 网络借贷平台的"负面清单"规定主要表现为《网络借贷信息中介机构业务活动管理暂行办法》第 10 条中

的 13 项禁止性业务规则。① 而"合规要求"则是对上述禁止性业务
规则(即负面清单)的细化,中央和地方两层的网贷整治办都发布了
详细合规检查细则,前者最重要的就是全国性的"108 条全国性合规
检查清单",后者的典型代表则包括上海市的《上海市网络借贷信息
中介机构合规审核与整改验收工作指引表》("上海 168 条")以及深
圳市发布的《深圳市网络借贷信息中介机构整改验收工作指引表》
("深圳 106 条")。这种负面清单管理和合规要求细化正是与上文
中的规制监管制度和措施相辅相成的,例如在 P2P 网络借贷平台
的等级备案中就要求平台机构按照负面清单以及合规清单进行整
改和验收。

第五节　他国 P2P 网络借贷平台监管模式的经验借鉴

他山之石,可以攻玉。对 P2P 网络借贷平台较发达国家监管模式
的考察和借鉴有助于我国的学者以及政策制定者理顺监管和规制的头
绪,更好地平衡风险调控以及促进创新之间的关系。本节将主要选取

---

① 根据《网络借贷信息中介机构业务活动管理暂行办法》第 10 条,网络借贷信息中介机
构不得从事或者接受委托从事下列活动:为自身或变相为自身融资;直接或间接接受、归集出借
人的资金;直接或变相向借人提供担保或者承诺保本保息;自行或委托、授权第三方在互联
网、固定电话、移动电话等电子渠道以外的物理场所进行宣传或推介融资项目;发放贷款,但法
律法规另有规定的除外;将融资项目的期限进行拆分;自行发售理财等金融产品募集资金,代销
银行理财、券商资管、基金、保险或信托产品等金融产品;开展类资产证券化业务或实现以打包
资产、证券化资产、信托资产、基金份额等形式的债权转让行为;除法律法规和网络借贷有关监
管规定允许外,与其他机构投资、代理销售、经纪等业务进行任何形式的混合、捆绑、代理;虚构、
夸大融资项目的真实性、收益前景,隐瞒融资项目的瑕疵及风险,以歧义性语言或其他欺骗性手
段等进行虚假片面宣传或促销等,捏造、散布虚假信息或不完整信息损害他人商业信誉,误导出
借人或借款人;向借款用途为投资股票、场外配资、期货合约、结构化产品及其他衍生品等高
风险的融资提供信息中介服务;从事股权众筹等业务;法律法规、网络借贷有关监管规定禁止
的其他活动。

英国和美国两个国家进行考察,除了个人的能力及研究视角的局限之外,原因还在于二者在 P2P 网络借贷平台的监管与规制领域具有领先性。英国作为 P2P 网络借贷模式的发源地,有多家主导的 P2P 网络借贷平台,这些平台之间自身市场定位比较明确,具有一定的差异性,避免了无序的市场竞争。而美国虽然在时间上晚于英国,但其 P2P 网络借贷市场集中程度较高,其间进行了证券化创新,监管也比较全面和严格。由此,对英美两国监管和规制体制的考察和总结,以及中外监管思路的比较等都会对最后提出完善我国 P2P 网络借贷领域监管与规制的意见和建议给予启发。

一、英国

英国作为 P2P 网络借贷模式的发源地,从 2005 年理查德·杜瓦、詹姆斯·亚历山大、萨拉·马休斯和大卫·尼克尔森在英国伦敦创办了全球第一家 P2P 网络借贷平台协议空间发展至今,协议空间等平台机构成长为行业的领导者。而英国对 P2P 网络借贷平台的法律层面的规制和监管也是在稍晚才进行跟进的。其中的主要标志是 2013 年成立的金融市场行为监管局(Financial Conduct Authority,FCA)和 2014 年颁布的世界 P2P 网络借贷行业领域的第一部法案——《关于互联网众筹及通过其他媒介发行不易变现证券的监管方法》。[1] 但并不是说,英国的 P2P 网络借贷行业在国家权力机关及法律介入之前就没有规制和监管,事实是,在规范性的监管机制建立之前,英国 P2P 网络借贷领域内行业秩序主要靠严格的行业自律规则来进行维持,而在监管机制建立之后,行业自律规章也在很大程度上起到了辅助法律、政策规制和监管的作用。由此,英国 P2P 网络借贷行业规制和监管体系的三大支柱便可初见端倪,即国家宏观金融法律法规、行业监管法律法规和行

---

[1] 参见罗俊、宋良荣:《英国 P2P 网络借贷的发展现状与监管研究》,《中国商贸》2014 年第 23 期。

业自律规章。①

其中,第一部分"国家宏观金融法律法规"包括《2012 年金融服务法案》《新的金融监管措施:改革蓝图》白皮书、《金融监法规管的新方法:判断、焦点及稳定性》白皮书、《银行法》《改革金融市场》白皮书以及《电子商务条例》。这一部分大体是在英国立法部门在针对 P2P 网络借贷模式特别规制和监管之前就已经存在的,但也已经将 P2P 网络借贷模式的发展考虑进去,P2P 网络借贷平台在运营过程中必须遵守上述规范。

第二大支柱即"行业监管法律法规",它主要是指 2014 年 3 月由金融市场行为监管局(FCA)发布,与当年 4 月 1 日正式生效的《关于互联网众筹及通过其他媒介发行不易变现证券的监管方法》(以下简称《监管方法》)。根据金融市场行为监管局的《监管方法》,需要纳入监管的众筹方式分为借贷型(也就是本书讨论的 P2P 网络借贷模式)以及股权投资型两类,两类公司或机构均需要取得金融市场行为监管局的授权,并对这两种类型分别制定了不同的监管标准。在对于借贷类众筹平台,也就是 P2P 网络借贷平台规制的内容上,《关于互联网众筹及通过其他媒介发行不易变现证券的监管方法》主要规定了最低运营成本②、客户资金分离③、平台报告要求④、信息披露⑤、投诉管理⑥、消

---

① 参见黄震、邓建鹏、熊明、任一奇、乔宇涵:《英美 P2P 监管体系比较与我国 P2P 监管思路研究》,《金融监管研究》2014 年第 10 期。
② 借贷类众筹平台(P2P 网络借贷平台)的最低营运资本取 2 万英镑和动态营运资本两者的较高值,其中动态营运资本根据公司的借贷余额确定。
③ 借贷类众筹平台(P2P 网络借贷平台)持有的客户资金需独立存管于银行,并承担对存于银行的客户资金尽职调查的义务,并需有人员进行管理。
④ 借贷类众筹平台(P2P 网络借贷平台)定期向英国金融行为监管局(FCA)提供财务报告、客户资金报告、上一季度贷款信息和客户投诉报告等内容。
⑤ 借贷类众筹平台(P2P 网络借贷平台)需在与客户进行交易之前用大众化的语言就投资产品的收益、风险等向客户披露准确、无误导的信息。平台需要披露的信息有:过去和未来投资情况的实际违约率和预期违约率;概述计算预期违约率过程中使用的假设;借贷风险情况评估描述;担保情况信息;可能的实际收益率;有关税收计算信息;平台处理延迟支付和违约的程序等内容。

费者撤销权⑦以及破产安排⑧等。

英国 P2P 网络借贷平台的第三大支柱"行业自律规章"在 P2P 网络借贷行业的规制和监管领域的表现一点也不比前两大支柱要逊色。首先不得不提的就是英国 P2P 网络借贷行业的行业协会——英国 P2P 金融协会(Peer-to-Peer Finance Association, P2PFA)。该协会于2011 年 8 月 15 日成立,会员为包括协议空间在内的多家网贷平台。⑨可见基本上英国境内大型的 P2P 网络借贷平台均有参与英国 P2P 金融协会,该协会的主要目的则是确保该行业继续快速、健康、持续发展。对此,英国 P2P 金融协会要求成员需要履行"8 个必须"和 10 项《P2P金融协会运营原则》(*Peer-to-Peer Finance Association Operating Principles*)。由于上文提及的《关于互联网众筹及通过其他媒介发行不易变现证券的监管方法》也是由英国 P2P 金融协会推动进行制定的,所以可以说,二者具有与生俱来的"亲缘属性"。当前的《P2P 金融协会运营原则》是 2017 年 11 月进行重新修订的,与之前的 10 项版本已经进行了较大的改动。此前英国 P2P 金融协会的 10 项《P2P 金融协会运营原则》的主要内容包含了有关高级管理层、最低运营资本、客户资金分离、信用风险管理、反洗钱和反诈骗要求、网络平台管理法规、信息披露、系统建设、投诉管理和破产安排这 10 项。与此不同,现在2017 年 11 月版本的《P2P 金融协会运营原则》则包含了简介

---

⑥ 借贷类众筹平台(P2P 网络借贷平台)需建立投诉处理程序,但并未对处理程序规定特定的模式,平台可按照其经营模式设置合理的投诉处理程序,使客户的投诉能得到及时公平的处理。平台收到投诉后,应在八周内进行审查并作出回应。若投诉人不满意其处理结果,可向金融申诉专员服务公司(FOS)再次进行投诉。

⑦ 投资者有权在与借贷类众筹平台(P2P 网络借贷平台)签订出借资金协议后的 15 天内解除合同,且不需要提供理由或受到损失。但若平台包含二级市场,同时投资者可在二级市场上转让借贷权益,投资者就不再享有毁约权利。

⑧ 若借贷类众筹平台破产,对于投资者通过平台借出的尚未到期的资金,平台仍负有继续管理的义务。

⑨ P2PFA 网站,见 https://www.p2pfa.org.uk/platforms/,访问时间 2018 年 12 月 1 日。

（Introduction）、权限与诚信（Competence，Honesty and Integrity）、透明性（Transparency）和放弃、否认条款以及检查（Waivers，Disclaimer & Review）以及附件"P2P 金融协会平台待披露指标的定义（Definition of Metrics to be disclosed by P2PFA Platforms）"。

从上述的介绍来看，英国 P2P 网络借贷平台的规制和监管采取的是一条行业自律在先，监管在后，行业自律与政府部门的监管互补的道路。从 FCA 的《关于互联网众筹及通过其他媒介发行不易变现证券的监管方法》和 P2PFA《P2P 金融协会运营原则》的比较来看可以明显看出英国行业监管法律法规和行业自律规章互相补充。其中，FCA 的《关于互联网众筹及通过其他媒介发行不易变现证券的监管方法》更注重宏观层面，关注整个 P2P 网络借贷行业，主要从英国行业整体发展和消费者保护的角度提出要求，对融资类众筹平台（P2P 网络借贷平台）进行监管。而 P2PFA《P2P 金融协会运营原则》则更加倾向于关注微观层面，强调部分规则的具体化和细节化，并侧重于关注平台的经营体系，可以说是对宏观层面行业监管法律法规的一种有效补充，同时也为后来监管部门出台行业法律提供了实践基础。

二、美国

美国目前最大的两家 P2P 网贷平台是 2006 年成立的繁荣以及 2007 年成立的借贷俱乐部。由于证券化模式及监管的介入较早，使得美国 P2P 网络借贷行业发展相对比较集中，截至 2014 年，这两家 P2P 网络借贷平台共同占据了美国 P2P 行业大约 93% 的市场份额。[①] 虽然美国并没有针对 P2P 网络借贷平台特别制定相关的法律条文，但是这并不意味着对 P2P 网络借贷行业规制和监管的缺席。在美国，P2P 网络借贷平台的监管主要是根据平台业务类型将监管的职权划分给现有

---

① 参见零壹研究院：《中国 P2P 借贷服务行业发展报告 2016》，中国经济出版社 2016 年版，第 26 页。

的联邦金融法律和监管部门,并采用多部门分头监管的形式,其中主要
包含了证券监管、电子商务监管和消费者保护三个方面。

其中,证券监管的要求主要是市场准入和信息披露方面,主要的监
管法案是美国《证券法》(Security Law)和《蓝天法案》(Blue Sky Law)
等。① 美国将 P2P 网络借贷平台出售的凭证认定为证券性质始于
2008 年 10 月。美国主管证券交易的美国证券与交易委员会
(Securities and Exchange Commission,SEC)认为,借贷俱乐部与繁荣通
过运营网络借贷平台撮合个人之间贷款的行为涉及了证券销售,其基
础平台借款发行的借款票据属于美国证券法所规定的证券。因为根据
美国《1933 年证券法》(Securities Act of 1933)的规定,"证券"的含义范
围十分广泛,P2P 网络借贷平台所出售的借贷凭证可以包含在其中,平
台本身则成为销售"附有投资说明的借贷凭证"。② 此后,美国证券与
交易委员会也正是成为美国 P2P 网络借贷平台规制和监管的核心力
量。考察美国证券与交易委员会的历史我们知道,该联邦机构是根据
美国《1934 年证券交易法》(Securities Exchange Act of 1934)要求所成立
的直属于联邦的独立准司法机构,同时是负责美国的证券监管的最高
机构。值得注意的是,美国证券与交易委员会具有准立法权、准司法权
和独立执法权,美国无论何种形式的证券发行都必须在美国证券与交
易委员会进行注册,证券交易必须受其监管,而所有投资公司、投资顾
问、柜台交易经纪人以及做市商及所有在投资领域里从事经营的机
构和个人也都必须接受的监管。在 SEC 根据其职权介入美国 P2P

① See GAO, Person-to-Person Lending, New Regulatory Challenges Could Emerge as the Industry Grows, 2011.

② 详言之,根据美国《1933 年证券法》,证券指的是任何票据、股票、库存股票、债券、公司信用债券、债务凭证、赢利分享协议下的权益证书或参与证书、以证券作抵押的信用证书,组建前证书或认购书、可转让股票、投资契约、股权信托征,证券存款单、石油、煤气或其他矿产小额利息滚存权,或一般来说,被普遍认为是"证券"的任何权益和票据,或上述任一种证券的权益或参与证书、暂时或临时证书、收据、担保证书,或认股证书或订购权或购买权。

网络借贷行业的准入和监管以后,由于其登记注册规定的高准入门槛以及高昂的法务费用,一方面有效阻止了许多不成熟的 P2P 网络借贷平台进入市场,另一方面则是大量小型的美国 P2P 网络借贷平台推出相关市场。① 这虽然在很大程度上限制了美国 P2P 网络借贷市场领域的竞争,但也对行业有秩序的合规、健康的发展有较大的积极效果。

除此之外,美国对于 P2P 网络借贷平台的规制和监管还包括电子商务监管以及消费者保护两方面。其中,电子商务监管方面主要的监管内容在于保护信息和交易安全,使信息的使用和交易合乎程序及数据安全,该领域相关的监管法案则包括了美国《统一电子交易法》(Uniform Electronic Transactions Act)、《电子商务转账法案》(Electronic Funds Transfer Act)等。

而消费者保护的监管则希望通过公平、隐私保护以及消费者教育等原则来达到保护消费者合法权益的目标。有关消费者保护的美国联邦金融监管法案则包括了美国《公平信任报告法案》(Fair Credit Reporting Act)、《公平债务征缴法案》(Fair Debt Collection Practices Act)、《诚信借贷法》(Truth in Lending Act)以及《平等信用机会法》(Equal Credit Opportunity Act)等。在这个领域内,美国联邦贸易委员会(FTC)、消费者金融保护局(CFPB)以及联邦存款保险公司(FDIC)则是保护金融行业消费者的主要力量,同时也就成为美国 P2P 网络借贷行业规制和监管的重要组成部分。其中,美国联邦贸易委员会(FTC)主要负责确保国家市场行为具有竞争性,且繁荣、高效地发展并不受不合理的约束。其在 P2P 网络借贷行业所采取的具体监管措施则包括了监督并制止公司一切不公平、欺骗性行为以及对与相关的消费者投诉案例负有执法责任两个方面。消费者金融保护局(CFPB)则对提供

---

① 参见黄震、邓建鹏、熊明、任一奇、乔宇涵:《英美 P2P 监管体系比较与我国 P2P 监管思路研究》,《金融监管研究》2014 年第 10 期。

信用卡、抵押贷款和其他贷款等消费者金融产品及服务的金融机构实施监管,保护金融消费者权益。其具体的监管措施包含了收集整理P2P 网络借贷平台金融消费者投诉的数据库,在借款人的保护中发挥作用;拥有在已有的消费者金融保护法律下制定 P2P 网络借贷领域消费者保护法规的权利。而相较前两个监管部门而言,联邦存款保险公司(FDIC)则主要负责为存款提供保险,检查和监督并接管倒闭机构,以维持美国金融体系的稳定性和公众信息。该监管机构在 P2P 网络借贷领域所采取的具体监管措施包含:对 P2P 网络借贷平台机构关联银行(维伯银行)承保,并对 P2P 网络借贷平台流经银行的款项进行检查和监督;要求 P2P 网络借贷平台关联银行(维伯银行)必须遵守金融消费者隐私条例。

自此,以上三个方面便把美国 P2P 网络借贷平台规制和监管的轮廓大致勾画了出来。可以说,美国的主要监管策略是多部门的分头监管,这样的监管策略有一定的弊端,例如容易出现职权的竞合。而好处则在于,相关的监管部门对于自己领域内的业务和问题所积累的经验有助于更加有效率、正确地处理以及解决问题。另外,美国式的 P2P 网络借贷平台监管路径主要运用了适用已经存在的监管法律和职能部门来进行监管,此举强调了 P2P 网络借贷模式在金融行业整体中的体系定位,但其直接适用已有证券监管规则的办法确实在很大程度上忽视了例如 P2P 网络借贷模式这样金融产品的创新性和活力。

三、经验和借鉴

综合比较上述英国和美国两国的监管体系我们发现,在 P2P 网络借贷模式发展比较发达的两个国家分别采取了两种很不一样的规制和监管策略。其中的不同在于,英国金融行为监管局(FCA)和 P2P 行业自律协会,即 P2P 金融协会(P2PFA)"两架马车"共同对行业进行独立监管;相反,美国则主要由证券交易委员会(SEC)、联邦贸易委员会

(FTC)和消费者金融保护局(CFPB)等机构从三个主要方面对行业进行职能监管。英国的独立监管的特点相较于 FCA 更加强调宏观层面对整个行业的管理,P2PFA 则更加偏向微观层面,将主权职能机关的规制进行具体化和细节化,考虑公司经营体系的内容也较多。而美国智能监管的特点在于其监管体制过于庞大和复杂,交叉监管的现象很明显;监管过于严格,缺少了灵活性,不利于例如 P2P 网络借贷模式这种新型金融模式的发展;将 P2P 网贷纳入证券业的统一监管中,强调了市场准入和信息披露;明确了监管分工,且对借款人,即金融消费者的保护措施比较到位。①

　　比较而言,无论是独立监管还是职权监管的模式都具有一定的利弊,但是笔者更加倾向于英国的独立监管模式,理由在于这种方式把价值权衡略微地朝向了行业创新的价值,该种模式的规制和监管使包含 P2P 网络借贷模式在内的新型金融模式发展的阻力相对较小。而英国模式则从国家部门以及行业自律两个方面进行规制和监管的措施也十分可取,一方面可以权衡不同利益主体的诉求,另一方面则有利于规制和监管措施有效的落地和实施。相比较而言,不太考虑"创新价值"的美国模式比较而言则会束缚 P2P 网络借贷行业的竞争,职能分权和管理比较分散的实践效果常常也不会令人满意,要么造成职能竞合,要么造成部分监管真空。

　　我国最近以来所形成的 P2P 网络借贷行业立体的规制和监管体系则是比较接近于英国模式的,主要表现在以下几个方面:

　　第一,虽然我国存在多个部门对 P2P 网络借贷行业都具有监管职能的情况,但是总体而言我国对 P2P 网络借贷行业的监管模式主要还是以独立监管为主的,其中最重要的监管支柱就是银监会(现在的银保监会)。这点从后期持续采取监管措施可以得出,确立我国 P2P 网

---

　　①　参见黄震、邓建鹏、熊明、任一奇、乔宇涵:《英美 P2P 监管体系比较与我国 P2P 监管思路研究》,《金融监管研究》2014 年第 10 期。

络借贷行业"1+3"监管制度,即"一个暂行办法"和"三个指引"的制定和发布机关全部都是银监会(现银保监会)。

第二,银保监会的普惠金融部主管规制和监管政策的制定和落实,并大致和 FCA 的监管职权相类似。

第三,行业自律组织互金协会的建立,大大增强了 P2P 网络借贷行业从业者与政策制定者之间的沟通,其在 P2P 网贷监管政策落地后的落实实施环节所发挥的作用则不容小视,这与英国模式中的 P2PFA 中的监管权能相类似。但是,不同之处也十分明显,英国模式是先有行业自律协会,后有国家层面的监管部门,行业的监管先于国家的监管,而中国则是先有国家监管体制的构建,在国家部门的倡导下才成立了行业协会。除此之外,英国模式中的行业自律协会也更加主动,很大程度上掌握了政策规则制定的主动权。

应该说,英美两国的监管体系除了可能的路径选择之外,其他监管措施的细节或许对我国 P2P 网络借贷平台的规制和监管进入到合规后时代还存在借鉴的意义。主要的例子有金融消费者(借款人)的保护;建立和完善行业的征信体系;更好地借鉴英国行业自律与国家立法相互补充的方式,让 P2P 网络借贷行业的从业者在政策决议和具体监管的环节都变得更加积极主动,从而使监管体系更加立体。

因此,总的来说,在 P2P 网络借贷平台规制和监管的职权部门上,我国是以银监会为主,其他部门进行职权领域配合的分工模式。其中,人民银行负责把握大方向,银监会(现在的银保监会)是最重要的监管机构,银保监会负责 P2P 网络借贷的实权内设机构是普惠金融部,而银保监会实际提出 P2P 网络借贷整治和监管政策的则是普惠金融部下设的网贷整治办。地方金融办和银保监会对平台机构的备案采取的是双负责制度,而地方金融办中,实际负责并进行 P2P 网络借贷平台整治的是地方金融办下设的网贷整治联合办公室。互金协会则作为自律组织,在今后的规制和监管中发挥了更大的作用。其次,在我国 P2P

网络借贷平台监管与规制的发展历程方面则经历了规制和监管体系的酝酿阶段、部署阶段以及成型阶段。

从 2016 年到 2018 年年底，政策制定者根据《关于促进互联网金融健康发展的指导意见》制定了"两个专项整治工作实施方案"以及"一个暂行办法，三个工作指引"，再到 2018 年年末的 108 条全国性合规检查清单，宣告了我国 P2P 网络借贷行业规制与监管体系的确立，并正式进入了"合规后时代"。

在我国对 P2P 网络借贷模式的规制和监管上一共形成了 5 项十分特殊的监管制度，即登记备案制度、信息披露制度、资金存管制度、融资限额制度和负面清单+合规要求制度。总体而言，这些制度具有全面性和体系性，比较好地兼顾了政策制定中创新性和安全性的平衡，有利于今后的互联网金融行业发展。

最后，反观英美两国的 P2P 网络借贷行业规制和监管经验我们可以知道，因果采取的是独立监管模式，而美国采用的则是职权监管的模式。两种模式各有利弊，我国的模式是介于两种模式之间的模式，但是比较倾向于英国的独立监管模式，这也是我国比较注重以 P2P 网络借贷模式为例的互联网金融的创新性价值的结果。

综上，我国 P2P 网络借贷平台的规制和监管经历了从无到有，从监管真空到密集出台政策，从监管职权不明确到成套规制和监管体系的确立。总结这个过程不仅有利于以我国 P2P 网络借贷模式为重点的互联网金融继续持续健康朝前发展，还对今后我们对于新的金融形势所应该采取的态度和规制措施具有举一反三的借鉴意义。笔者认为，虽然密集出台规制和监管新规、重启备案以及采取其他监管措施使 P2P 网络借贷行业出现了诸如"暴雷潮"的现象，使从业者和投资者的信心受挫，但是这从长期来看是有利于 P2P 网络借贷行业发展的。因为政策制定者一直在争取达到一种在创新性和安全性之间的平衡，从现在的规制和监管体系来看，整体效果还是令人满意的，因此我们有理由对我国的 P2P 网络借贷行业保持乐观和信息。在预期可见的未来里,监管还会继续收严,将不符合资质条件的 P2P 网络借贷平台排除到行业之外,从而真正实现我国的 P2P 网络借贷平台的发展迈入正轨。

结　语

尽管 P2P 网络借贷行业的发展面临诸多质疑,但整个行业的发展能促进社会资金的有效利用,在增加投资者收益的同时,有效增加金融供给,解决中小企业和个人经营者的融资问题。透明化的运作和主动规范自身发展的意识,为行业的健康发展以及在未来数十年获得监管层认可,提供了充分的理由和坚实的基础。

我国的网络借贷发展至今,在发展的过程中出现了不同的问题,借贷发生前,有借贷平台的准入门槛低的问题,借贷交易过程中,借款合同问题、平台自身定位问题、居间合同问题、债权转让问题、监管缺失问题以及所涉及的刑民交叉问题等。这些问题危及网络借贷平台的健康运行,因此要在发现这些问题的情况下及时、有效地解决问题。解决问题不仅要有相对应的解决措施,也少不了有针对性的法律法规进行规制,明确的监管主体和稳定有力的行业自律监管。但是在加强监管的同时也不能阻止其创新性等方面。

P2P 网络借贷是互联网技术与金融相结合的互联网金融的代表。互联网作为信息技术手段还必然与其他传统或现代产业相结合,在创造新的产业和新的产品的同时,必然会对现行法律法规构成新的挑战。无论是基于合理监管还是审理由此而生的纠纷案件的需要,都必须完善法律法规。而完善法律法规的前提是,对新产业和新产品背后的法律关系进行深入的理论探讨,分析其中的权利义务关系,从而指导立法和审判活动。面对互联网技术带来的"新",法学研究不必因为其中有技术因素而惊慌失措,更没必要抛弃长期以来积淀下来的法学基本理论去盲目"创新",而是以现有的基础理论对其进行抽丝剥茧的分析与解构。绝大部分情况下,传统的法学理论还是足以应对"互联网+"的新问题,并以现有的法学理论资源为"互联网+金融"的发展提供充分的理论指导和保障。

民间借贷和互联网金融的发展促使了 P2P 网络借贷的出现,因此对于国内借贷方面的不足给予了有效的弥补,对金融市场的丰富和金融普惠的推广有重要作用。虽然各部门继《网络借贷信息中介机构业务活动管理暂行办法》之后,相继又出台了《网络借贷信息中介机构备案登记管理指引》《网络借贷资金存管业务指引》《网络借贷信息中介机构业务活动信息披露指引》三个指引文件,初步形成了"1+3"的监管体系,但该体系尚不完善,且各地方出台相关细则的进程不统一,在"合规整改期"内,我国目前网贷市场上的平台都或多或少地存在违规现象,在此情况下,就要进一步加强对 P2P 网贷的法律监管和市场导向,各地尽快出台相关细则,明确平台的责任,将 P2P 网贷完全纳入法律监管范畴,充分发挥协会自律,使行业有序发展。

参考文献

[1]艾金娣:《P2P网络借贷平台风险防范》,《中国金融》2012年第14期。

[2]贲寒:《动产抵押制度的再思考——兼评我国民法(草案)对动产抵押与让与担保制度规定》,《中国法学》2003年第2期。

[3]程俊骏:《我国P2P网贷平台发展现状及问题研究》,《电子商务》2015年5月上旬刊。

[4]蔡洋萍:《我国银行系P2P平台发展模式介绍及对策建议》,《金融理论与教学》2015年第3期。

[5]陈万科:《P2P网贷平台违规业务的刑法规制研究——以风险备付金、超级放款人为切入点》,《金融理论与实践》2018年第8期。

[6]崔建远:《合同法》,北京大学出版社2016年版。

[7]戴红兵:《论重复抵押》,《现代法学》2000年第6期。

[8]方圆晓卉:《P2P网贷平台去担保化之路》,《时代金融》2015年第5期。

[9]冯果、蒋莎莎:《论我国P2P网络带宽平台的异化及其监督》,《法商研究》2013年第5期。

[10]甘兆雯:《蚂蚁金服的运行特征分析》,《特区经济》2017年第7期。

[11]郭旻蕙:《P2P网络借贷风险预警体系研究》,《金融监管研

究》2016 年第 12 期。

[12]郜庆、刘天祎:《我国动产抵押制度存在的问题简析》,《法治论坛》2018 年第 1 期。

[13]高佳敏:《P2P 网络借贷模式研究》,西南财经大学 2013 年硕士学位论文。

[14]胡威:《资产证券化法律问题研究》,《浙江金融》2012 年第 1 期。

[15]胡金焱、宋唯实:《借贷意愿、融资效率与违约风险——网络借贷市场参与者的性别差异研究》,《东岳论丛》2018 年第 3 期。

[16]黄瑞钏:《不动产抵押贷款风险控制指标优化探讨》,《中国商论》2018 年第 13 期。

[17]黄震、邓建鹏、熊明、任一奇、乔宇涵:《英美 P2P 监管体系比较与我国 P2P 监管思路研究》,《金融监管研究》2014 年第 10 期。

[18]黄震、邓建鹏:《互联网金融法律与风险控制》,机械工业出版社 2014 年版。

[19]韩世远:《合同法总论》(第四版),法律出版社 2018 年版。

[20]纪海龙:《P2P 网络借贷法律规制的德国经验及其启示》,《云南社会科学》2016 年第 5 期。

[21]蒋莎莎:《网络贷款"宜信模式"的风险特点及监管回应》,《武汉金融》2014 年第 5 期。

[22]孔庆波:《P2P 网贷平台涉嫌违法违规自融行为特征分析》,《辽宁公安司法管理干部学院学报》2016 年第 3 期。

[23]孔庆波、衣美霖:《P2P 网贷平台涉嫌违法违规自融行为特征分析》,《辽宁公安司法管理干部学院学报》2016 年第 3 期。

[24]娄飞鹏:《互联网金融支持小微企业融资的模式及启示》,《武汉金融》2014 年第 4 期。

[25]劳佳迪:《红岭创投陷亿元坏账风波》,《中国经济周刊》2014

年第 9 期。

[26]李钧:《P2P 借贷:性质、风险与监管》,《金融发展评论》2013年第 4 期。

[27]李钧:《P2P 借贷:性质、风险与监管》,《金融发展评论》2013年第 4 期。

李张珍:《互联网金融模式下的商业银行创新》,中国社会科学院研究生院 2016 年博士学位论文。

[28]廖理、贺裴菲:《从借贷俱乐部业务模式转变看 P2P 金融监管》,《清华金融评论》2014 年第 2 期。

[29]刘宪权、金华捷:《P2P 网络集资行为刑法规制评析》,《华东政法大学学报》2014 年第 5 期。

[30]刘定华、易志斌:《对我国金融电子认证法律制度的思考》,《法学评论》2003 年第 1 期。

[31]罗俊、宋良荣:《英国 P2P 网络借贷化发展现状与监管研究》,《中国商贸》2014 年第 23 期。

[32]罗振辉:《互联网金融之 P2P 法律实务》,法律出版社 2017年版。

[33]刘丽丽:《我国 P2P 网络借贷的风险和监管问题探讨》,《征信》2013 年第 11 期。

[34]刘绘、沈庆劼:《我国 P2P 网络借贷的风险与监管研究》,《财经问题研究》2015 年第 1 期。

[35]骆之彬:《P2P 网络借贷中借款人违约风险影响因素测度》,《新疆财经大学学报》2018 年第 4 期。

[36]缪莲英:《P2P 网络借贷中社会资本对违约风险影响研究——以繁荣和拍拍贷为例》,华侨大学 2014 年硕士学位论文。

[37]倪向丽、陈姝妙:《商业银行互联网金融支持小微企业创业融资的新思考——基于招商银"小企业 e 家"案例的研究》,《中国国际财

经》2017 年第 16 期。

[38]彭冰:《非法集资活动规制研究》,《中国法学》2008 年第 4 期。

[39]彭龙、闫琳:《中美两国 P2P 网贷平台发展运营模式对比》,《国际论坛》2018 年第 3 期。

[40]彭红枫、徐瑞峰:《P2P 网络借贷平台的利率定价合理吗?——基于"人人贷"的经验证据》,《金融论坛》2018 年第 9 期。

[41]潘运华:《债权让与在通知前对债务人的效力——以债务人不知悉为中心》,《中国海洋大学学报》2018 年第 2 期。

[42]潘运华:《债权让与对债务人的法律效力——从(2016)最高法民申 7 号民事裁定书切入》,《法学》2018 年第 5 期。

[43]秦锦义、张宁:《灵活的定期理财——招财宝》,《电子商务》2016 年第 2 期。

[44]钱智通、孔刘柳:《我国商业银行 P2P 资金存管业务分析》,《新金融》2016 年第 5 期。

[45]钱金叶、杨飞:《中国 P2P 网络借贷的发展现状及前景》,《金融论坛》2012 年第 1 期。

[46]钱瑾:《P2P 平台风险准备金的法律问题研究》,《西南金融》2016 年第 8 期。

[47]钱金叶、杨飞:《中国 P2P 网络借贷的发展现状及前景》,《金融论坛》2012 年第 1 期。

[48]钱佳月:《"去担保化"对传统网贷平台的借鉴意义》,《管理观察》2018 年第 18 期。

[49]单良:《从余额宝到招财宝看网络金融对商业银行的影响》,《经贸实践》2016 年第 2 期。

[50]沈木珠:《电子商务立法的问题与思考》,《法商研究》2001 年第 1 期。

［51］沈雅萍：《我国 P2P 网络借贷债权流转模式之法律分析——以唐宁模式为例》，《时代金融》2013 年第 29 期。

［52］水名岳、符拓求：《中国式 P2P 网贷》，中国出版集团东方出版中心 2016 年版。

［53］唐筱宓：《电子商务的安全保障：中国金融认证中心》，《信息安全与通信保密》2001 年第 7 期。

［54］屠世超、孙爱平：《重复抵押及其位序关系》，《绍兴文理学院学报》2001 年第 4 期。

［55］王紫薇、袁中华、钟鑫：《中国 P2P 网络小额信贷运营模式研究——基于"拍拍贷"、"宜农贷"的案例分析》，《新金融》2012 年第 2 期。

［56］王俊萍：《商业银行托管、监管、存管业务的风险识别和防控》，《现代商业》2017 年第 17 期。

［57］王溪：《P2P 网络借贷下的投资风险评价指标研究——以"小企业 e 家"为例》，《市场周刊》（理论研究）2016 年第 5 期。

［58］王拓：《P2P 网贷平台债权转让模式的刑事风险分析》，《中国检察官》2016 年第 24 期。

［59］王怀勇：《P2P 信贷"去担保化"及其法律思考》，《人大法律评论》2016 年第 3 期。

［60］王东东：《P2P 网贷平台车贷业务的风险管理对策研究》，《武汉金融》2016 年第 5 期。

王皓：《我国 P2P 网贷平台发展模式研究——以红岭创投为例》，南京大学 2016 年硕士学位论文。

［61］魏振华：《论特殊动产物权的变动与公示》，《西部法学评论》2017 年第 3 期。

［62］吴可奕：《P2P 网络借贷运营风险研究——以"红岭创投"和借贷俱乐部为例》，《时代金融》2014 年第 35 期。

［63］徐征:《拍拍贷信贷风险及控制机制研究》,《财会通讯》2018年第 2 期。

［64］向贞利:《P2P 网贷平台信息披露研究——以红岭创投 7000万坏账事件为例》,《中国乡镇企业会计》2016 年第 8 期。

［65］项燕彪、兰王盛:《互联网"票据贷"兴起的缘由及其风险分析》,《浙江金融》2015 年第 5 期。

［66］徐紫薇:《我国动产抵押登记制度及公信力研究——以〈民法典〉的编纂为契机》,《吉首大学学报》2017 年第 2 期。

［67］薛彬彬:《2014 年中国资本市场最具影响力案件评析,案例七:游走于"灰色地带"的 P2P——对"东方创投非法集资案"的法律思考》,《公司法律评论》2015 年。

［68］闫春英、张佳睿:《完善我国 P2P 网络借贷平台风险控制体系的策略研究》,《经济学家》2015 年第 10 期。

［69］杨东:《P2P 网贷风险保障金制度研究》,《广东社会科学》2016 年第 6 期。

［70］杨东:《P2P 网络借贷平台的异化及其规制》,《社会科学》2015 年第 8 期。

［71］杨振能:《P2P 网络借贷平台经营行为的法律分析与监管研究》,《金融监管研究》2014 年第 11 期。

［72］杨立:《P2P 网贷投资学》,中国金融出版社 2018 年版。

［73］姚文平:《互联网金融》,中信出版社 2013 年版。

［74］壹零财经、零壹数据:《中国 P2P 借贷服务行业白皮书(2014)》,中国经济出版社 2014 年版。

［75］壹零智库:《中国 P2P 借贷服务行业发展报告》,中国经济出版社 2018 年版。

［76］叶湘榕:《P2P 借贷的模式风险与监管研究》,《金融监管研究》2014 年第 3 期。

[77]尤瑞章、张晓霞:《P2P在线借贷的中外比较分析——兼论对我国的启示》,《金融发展评论》2010年第3期。

[78]易燕:《网络借贷法律监管比较研究》,《河北法学》2015年第3期。

[79]于焕超:《P2P网络借贷风险准备金与第三方担保法律问题探究》,《上海金融》2017年第5期。

[80]于斌斌:《不动产民间借贷抵押登记相关问题探讨》,《中国房地产》2018年第28期。

[81]朱琳:《对人人贷公司法律性质的分类研究——以"拍拍贷"和"宜信"为例》,《金融法苑》2012年第2期。

[82]张金艳:《论我国"人人贷"的发展现状、主要风险及法律防范》,《西南金融》2013年第3期。

[83]张雪楳:《P2P网络借贷相关法律问题研究》,《法律适用》2014年第8期。

[84]张强、顾珏、陈林子:《我国P2P平台违约风险防范方式研究》,《扬州大学学报》2016年第3期。

[85]张超宇、陈飞:《P2P网络借贷平台模式异化及去担保化问题研究》,《南方金融》2018年第1期。

[86]张江涛:《P2P网贷去担保化与信用风险防范》,《中国物价》2016年第8期。

[87]张影:《P2P网贷债权转让模式的法律风险与防范》,《哈尔滨商业大学学报》2015年第2期。

[88]张明楷:《刑法学》(第五版),法律出版社2016年版。

[89]赵礼强、刘霜:《P2P网贷借款人逾期率的实证研究——以"人人贷"为例》,《科技和产业》2018年第7期。

[90]赵玲:《我国P2P网络借贷担保法律问题研究》,《金融经济》2016年第6期。

［91］朱伟一编:《美国证券法判例和解析》,中国政法大学出版社2013 年版。

［92］GAO, Person-to-Person Lending, New Regulatory Challenges Could Emerge as the Industry Grows,2011.

［93］银监会关于《网络借贷信息中介机构业务活动管理暂行办法(征求意见稿)》公开征求意见的通知,国务院法制办公室,见 https://web. archive. org/web/20160105195445/http://www. chinalaw. gov. cn/article/cazjgg/201512/20151200479803.shtml,发布时间 2015 年 12 月 28 日。

［94］《人民银行就促进互联网金融健康发展指导意见答问》,中国政府网,见 http://www.gov.cn/xinwen/2015-07/18/content_2899364.htm。

［95］《乘势而为、坚定不移,坚决打赢互联网金融风险专项整治攻坚战——人民银行会同相关成员单位召开互联网金融风险专项整治下一阶段工作部署动员会》,中国人民银行,见 http://www.pbc.gov.cn/goutongjiaoliu/113456/113469/3573837/index.html,发布日期 2018 年 7 月 9 日。

［96］《信息披露指引出台,网贷行业"1+3"制度体系完成》,中国银行业监督管理委员会宣传部,见 http://www.cbrc.gov.cn/chinese/home/docView/DEAF23AEBF564ABEB8479FEA4E25F185.html,发布时间 2017 年 8 月 25 日。

［97］《〈网络借贷信息中介机构业务活动管理暂行办法〉答记者问》,中华人民共和国工业和信息化部政策法规司,见 http://www.miit.gov.cn/n1146295/n1652858/n1653018/c5218820/content. html,发布时间 2016 年 8 月 25 日。

［98］《〈网络借贷资金存管业务指引〉答记者问》,中国银行业监督管理委员会宣传部,见 http://www. cbrc. gov. cn/chinese/home/docView/A5A5F5AB66FA4E74A9988D07C79B7BCB. html,发布时间 2017 年 2 月 23 日。

策划编辑:郑海燕
封面设计:胡欣欣
责任校对:白　玥

图书在版编目(CIP)数据

P2P 网络借贷的实务与法律分析/王　勇　著. —北京:人民出版社,2019.6
ISBN 978－7－01－020806－0

Ⅰ.①P⋯　Ⅱ.①王⋯　Ⅲ.①互联网络-应用-借贷-法律-研究-中国
Ⅳ.①D923.64

中国版本图书馆 CIP 数据核字(2019)第 089824 号

P2P 网络借贷的实务与法律分析

P2P WANGLUO JIEDAI DE SHIWU YU FALÜ FENXI

王　勇　著

人民出版社 出版发行
(100706　北京市东城区隆福寺街 99 号)

中煤(北京)印务有限公司印刷　新华书店经销

2019 年 6 月第 1 版　2019 年 6 月北京第 1 次印刷
开本:710 毫米×1000 毫米 1/16　印张:14.75
字数:200 千字

ISBN 978－7－01－020806－0　定价:60.00 元

邮购地址 100706　北京市东城区隆福寺街 99 号
人民东方图书销售中心　电话 (010)65250042　65289539